SITÉ DE FRANCE.

ACADÉMIE DE DOUAI.   FACULTÉ DE DROIT.

THÈSE
POUR LE DOCTORAT

DES FIDÉICOMMIS EN DROIT ROMAIN
ET
DES SUBSTITUTIONS PROHIBÉES EN DROIT FRANÇAIS.

L'acte public sur les matières ci-après sera soutenu le samedi
2 février 1877, à trois heures du soir.

Par Henri FOSSET,
AVOCAT,
Né à Bas-Lieu, près Avesnes-sur-Helpe.

Le Candidat devra en outre répondre à toutes les questions qui lui seront
faites sur les autres matières de l'enseignement.

PRÉSIDENT : M. DANIEL DE FOLLEVILLE, Professeur.

SUFFRAGANTS :
{ MM. ESMEIN,
POISSEL-LANTILLIÈRE,
JOBBÉ-DUVAL,
BEAUREGARD,
MICHEL, }
Agrégés,
chargés de cours.

LILLE,
IMPRIMERIE L. DANEL.
1878.

THÈSE

POUR LE DOCTORAT.

UNIVERSITÉ DE FRANCE.

ACADÉMIE DE DOUAI.   FACULTÉ DE DROIT.

THÈSE

POUR LE DOCTORAT

DES FIDÉICOMMIS EN DROIT ROMAIN

ET

DES SUBSTITUTIONS PROHIBÉES EN DROIT FRANÇAIS.

L'acte public sur les matières ci-après sera soutenu le samedi
2 février 1877, à trois heures du soir.

Par Henri FOSSET,

AVOCAT,

Né à Bas-Lieu, près Avesnes-sur-Helpe.

Le Candidat devra en outre répondre à toutes les questions qui lui seront
faites sur les autres matières de l'enseignement.

Président : M. DANIEL DE FOLLEVILLE, Professeur.

SUFFRAGANTS : { MM. ESMEIN,
POISNEL-LANTILLIÈRE,
JOBBÉ-DUVAL,
BEAUREGARD,
MICHEL, } Agrégés,
chargés de cours.

LILLE,

IMPRIMERIE L. DANEL.

1878.

SOMMAIRE.

DROIT ROMAIN.

DES FIDÉICOMMIS.

DROIT FRANÇAIS.

DES SUBSTITUTIONS PROHIBÉES,

HISTORIQUE DES SUBSTITUTIONS PROHIBÉES.

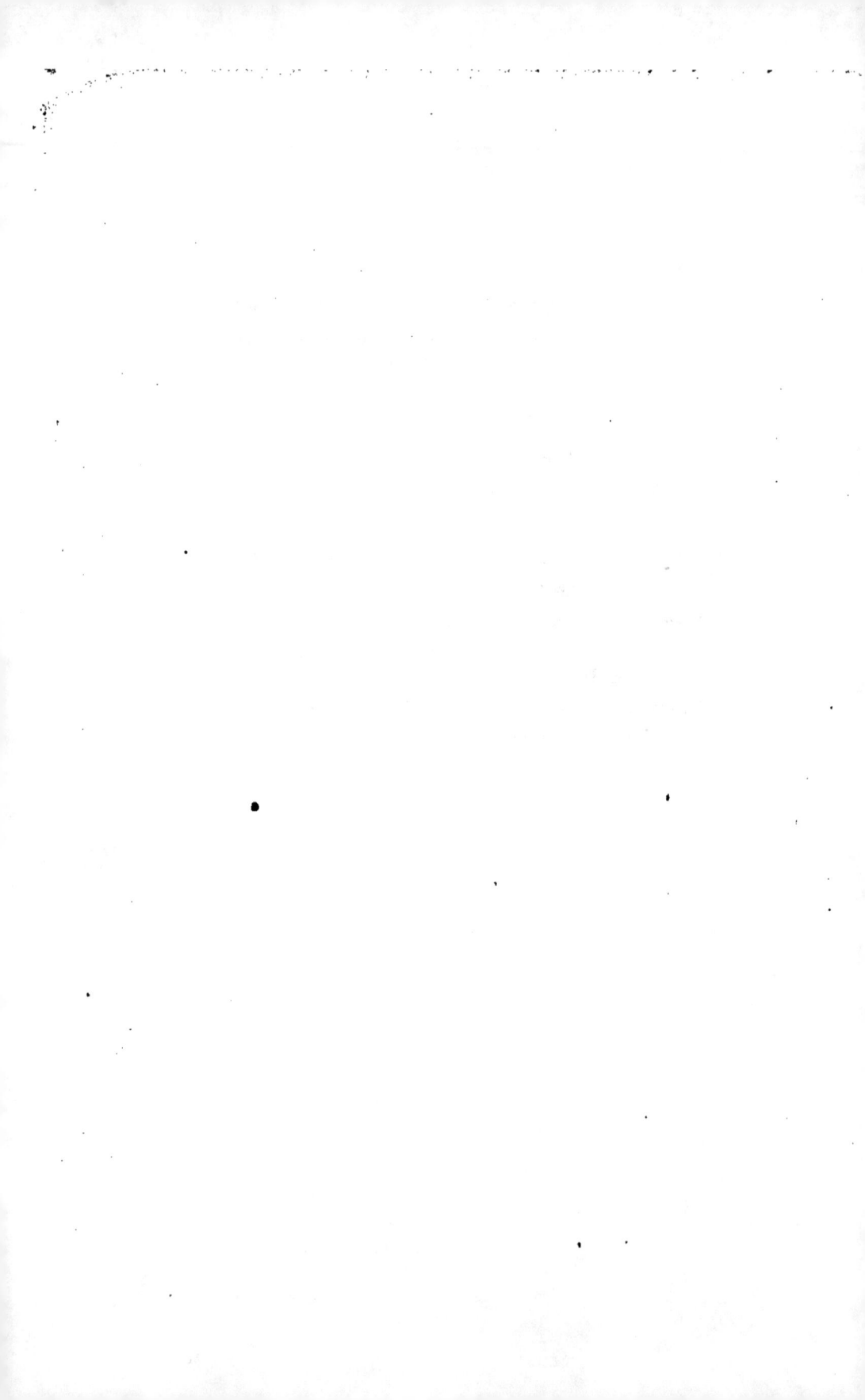

DROIT ROMAIN.

DES FIDÉICOMMIS.

INTRODUCTION.

I. — Droit absolu, perpétuel, exclusif, le droit de propriété confère au maître sur sa chose un pouvoir souverain :

Jus utendi, jus fruendi, jus abutendi : tels sont, en effet, les trois attributs qui, réunis dans une seule main, se confondent pour ne former qu'un droit unique, qu'un seul tout : la propriété parfaite.

Mais ce pouvoir souverain ne pouvait pas être sans bornes; et si, en principe et d'une façon générale, chacun est libre de faire de ses biens ce qu'il veut, il est cependant certaines limites imposées au nom de l'intérêt commun, et devant lesquelles doivent s'arrêter les prérogatives du propriétaire. La prédominance, pour le plus grand bien de tous, de l'intérêt général et collectif sur l'intérêt particulier et individuel est un principe fondamental sur lequel repose toute idée de société. Il appartenait donc au légis-

lateur de fixer ces limites et de régler l'exercice du droit de propriété.

Le droit de disposer à titre gratuit, par les inconvenients de
toutes sortes qu'il présente, devait à cet égard tout particulièrement
attirer son attention ; il était de son devoir de prémunir le propriétaire lui-même contre les dangers de telles dispositions, et de
le mettre à l'abri de tout entraînement irréfléchi ; il lui fallait
surtout empêcher que cette faculté d'aliéner à titre gratuit ne
devînt une arme redoutable contre les principes politiques de
l'État et contre les bases mêmes sur lesquelles repose sa constitution. De là, toutes ces prescriptions de notre code sur la capacité,
sur les formes solennelles à observer, sur la réserve, sur l'action
en réduction, sur les substitutions : autant de restrictions apportées
au droit absolu de disposer, restrictions qu'exigeait impérieu-
sement l'intérêt de la société tout entière.

Rechercher et définir les limites imposées au *jus abutendi*,
tracer d'une façon précise le cercle dans lequel le propriétaire, le
dominus rei, peut se mouvoir en pleine liberté, serait, on le con-
çoit, une matière trop vaste et qui dépasserait les bornes nécessairement étroites de notre sujet : nous nous contenterons donc
d'étudier un seul des aspects, et, pour ainsi dire, un des petits
côtés d'une question dont on saisit facilement toute l'importance,
au point de vue théorique et philosophique, comme au point de
vue pratique. Nous nous occuperons uniquement de certains
actes, dans lesquels le testateur, non content d'exercer, dans toute
sa simplicité, le droit que la raison et la loi lui confèrent, cherche
à se survivre, pour ainsi dire, à lui-même, afin de régler, par
une disposition écrite de sa main, la dévolution de l'objet légué
dans la succession du légataire ; nous avons nommé les substitutions fidéicommissaires.

Rome, on le sait, fut le berceau de cette institution juridique ;
c'est là qu'elle s'est développée et qu'elle a grandi, c'est de là que,
traversant les siècles, elle est partie pour arriver jusqu'à nous.
Prenons donc à leur source ces substitutions qui eurent dans l'histoire de notre droit de si singulières vicissitudes : recherchons ce
qu'elles étaient à leur début, et comment, se modifiant peu à peu,

elles finirent par se transformer complètement au point de devenir l'un des plus puissants éléments de notre organisation féodale, en permettant de porter une si grave atteinte à ce grand principe d'égalité, fondement inébranlable des successions.

———

ORIGINE ET HISTOIRE DES FIDÉICOMMIS.

2. — Le fidéicommis originaire, le vrai fidéicommis, comme son nom l'indique (*fidei tuæ committo*), était une disposition de l'homme confiée purement à la bonne foi, faite en dehors des termes de la loi et dépourvue de sa sanction; « *nullo vinculo juris, sed tantum pudore eorum qui rogabantur, continebatur.* »

Ce mode de disposer, offrant moins de sécurité, ne devait donc certainement être adopté que lorsque le mode légal ne pouvait pas être employé ou ne pouvait l'être que trop difficilement; de telle sorte qu'avec une liberté testamentaire complète et exempte de toute entrave de forme ou de fond, on n'aurait jamais connu le fidéicommis.

3. — Mais cette liberté testamentaire complète n'existait nulle part dans l'antiquité, et, au temps d'Auguste, nous la trouvons restreinte par une foule d'entraves que n'avait cessé d'y apporter la République.

4. — Depuis la loi des Douze-Tables, en effet, qui, malgré le pouvoir que ses termes semblaient laisser absolu : « *uti legassit super pecunia tutelave suæ rei ita jus esto,* » n'en exigeait pas moins déjà le droit de cité romaine pour jouir de la *factio testamenti* tant active que passive, jusqu'aux célèbres lois caducaires d'Octave, nous voyons surgir une véritable phalange d'incapables : outre les pérégrins, les personnes incertaines, les municipes et les temples, il y avait aussi les femmes dans le cas prévu par la loi *Voconia*, les affranchis latins Juniens, les *cælibes* et les *orbi*.

5.—Or, il dut arriver souvent que les sympathies de celui qui disposait de son bien le portassent à vouloir précisément en gratifier une de ces personnes. De là, un obstacle à tourner, et de là aussi l'introduction des fidéicommis. Voici, en effet, comment on s'y prit : On imagina de choisir un citoyen capable en droit civil, et dans lequel on avait pleine confiance ; puis on le fit son héritier ou son légataire, en lui indiquant l'individu à qui l'on voulait, en définitive, voir parvenir sa fortune, et en le chargeant de la restituer à ce dernier. L'héritier ou légataire ainsi institué, et qui fut appelé *fiduciaire*, devenait dès lors un prête-nom, ou ce que notre code civil appelle aujourd'hui une personne interposée.

6. — Dans ces conditions, les fidéicommis se répandirent extrêmement vite ; et, dès le temps de Cicéron, on en faisait un très-fréquent usage. Cependant, aucune sanction juridique, aucune loi civile ne garantissait au disposant que ses dernières volontés seraient exécutées ; et la précaution par lui prise de faire prêter serment à ceux qu'il chargeait de ce mandat, n'empêchait pas toujours les fiduciaires de mauvaise foi de se prévaloir de la rigueur du droit civil, pour se dispenser d'accomplir ce que la conscience publique considérait comme un devoir. (Cic. de Fin., II, 17 ; 2e act. C. Verr., I, 47.)

7. — A plusieurs reprises, l'empereur Auguste, soit par faveur pour certaines personnes, soit parce que certains héritiers avaient été priés au nom du salut de l'empereur lui-même, soit enfin en raison de l'insigne perfidie de quelques-uns, avait ordonné aux consuls d'intervenir. Comme cette intervention paraissait juste et que la chose était populaire « *quia justum videbatur et populare erat* » ; elle se convertit peu à peu en une juridiction permanente et extra-ordinaire, confiée à un préteur particulier, spécialement chargé de régler les difficultés relatives aux fidéicommis, et appelé pour cela « *prætor fideicommissarius.* »

Telle fut l'origine des fidéicommis, ainsi qu'elle nous est rapportée par Justinien dans les Institutes, au § I, *de fideic. heredit.*

8. — Mais les fidéicommis eurent encore un autre but que celui d'éluder les prohibitions du droit civil. — Sous Auguste, nous en

trouvons une seconde source, dans les codicilles, une fois qu'ils eurent acquis la force obligatoire que devait nécessairement leur valoir la rigueur des formes du testament.

Bien qu'en effet le mode de tester en usage au temps d'Auguste, — le testament prétorien, — fût certainement plus facile que l'ancien testament *calatis comitiis*, et que le testament *per æs et libram*, il n'en est pas moins vrai que, indépendamment du formalisme rigoureux qui devait présider à la rédaction des *tabulæ*, il fallait l'assistance de sept témoins citoyens romains, nombre qu'il n'était pas toujours facile de se procurer, si l'on suppose seulement le testateur en pays étranger ou l'un des nombreux fonctionnaires des provinces. Ceux-là donc qui se trouvaient ainsi dans l'impossibilité de tester régulièrement ne pouvaient faire parvenir leur hérédité aux personnes qu'ils voulaient gratifier : d'où un second obstacle qu'on s'efforça encore de tourner.

9. — Cette fois, ce fut, s'il faut en croire Justinien (Inst. liv. 2, tit. XXV pr.), un certain Lucius Lentulus, consul en l'an de Rome 731, qui, près de mourir en Afrique, y réussit le premier, en introduisant le codicille. Ce n'était là rien autre chose qu'un acte de dernière volonté, dépourvu de toutes formalités ordinaires aux dispositions testamentaires, et par lequel il priait l'empereur d'exécuter les fidéicommis qui y étaient écrits. Ce dernier ayant exaucé sa prière, d'autres testateurs disposèrent de leurs biens de la même manière, c'est-à-dire en priant leurs héritiers légitimes ou ceux qu'ils avaient déjà institués dans un testament antérieur, d'exécuter leurs dernières volontés.

10. — L'utilité évidente de ce mode détourné d'agir ayant, dès l'époque d'Auguste, rendu les codicilles excessivement nombreux, quoique toujours dépourvus de toute sanction juridique, cet empereur convoqua alors les Prudents et leur demanda si l'usage des codicilles n'avait rien de contraire aux principes. Sur l'avis de Trébatius, qui lui montra de quelle utilité étaient ces modes de disposer, Auguste, convaincu par ce grand jurisconsulte, rendit définitivement obligatoires les dispositions contenues dans les

codicilles, dispositions qui, nous l'avons vu, n'étaient autres que des fidéicommis.

Telle fut la seconde source de cette institution juridique.

11. — Nous nous trouvons donc désormais en présence de deux espèces de fidéicommis : les uns, tendant à éluder les prohibitions légales ; les autres, à simplifier les dispositions testamentaires.

12. — Les premiers disparurent peu à peu, et l'on arriva assez vite à établir, sous le rapport de la capacité passive (quant à la capacité active, il n'avait jamais fait doute qu'elle ne dût exister, même chez celui qui disposait par codicille), l'égalité entre les fidéicommis d'une part, les institutions d'héritiers et les legs d'autre part.

Ceci nous amène à faire une observation importante. « En » général, dit M. Demangeat (t. I, cours de dr. Rom., des fidéic. » p. 773), dans les différentes matières de droit que nous étudions, » nous pouvons remarquer que les entraves mises dans le principe » à la réalisation de la volonté des parties vont toujours en s'affai- » blissant ; que de jour en jour, une liberté plus grande est laissée » aux citoyes. Or, dans le développement historique de la théorie » des fidéicommis, c'est précisément l'inverse que nous observons : » la liberté, très-grande à l'origine, a été de plus en plus » restreinte. »

Du jour, en effet, où les fidéicommis furent consacrés par la loi, on leur assigna des limites beaucoup moins étendues : Ainsi, le sénatus-consulte Pégasien défendit de gratifier par voie de fidéi commis tous ceux que les lois *Julia et Papia Poppæa* privaient du *jus capiendi*. — De même, un sénatus-consulte, rendu sur la propo- sition d'Adrien, vint prohiber tout fidéicommis qui s'adresserait à des pérégrins, à des personnes incertaines ou même à des posthumes externes (Gaïus, II, 285 et 286), de sorte que, dans la période classique, il n'y avait plus parmi les personnes privées du *jus capiendi* ou de la *factio testamenti* que les latins Juniens qui fussent désormais susceptibles de recueillir en vertu d'une disposition de ce genre (Ulp. reg. tit. XXV, § 7).

13. — Les fidéicommis n'eurent plus alors d'autre but que celui

ae rendre plus facile et plus simple le moyen de tester; aussi,
quand le formalisme qui était de l'essence du testament, commença
à disparaître, les legs et les institutions d'héritiers furent assimilés
aux fidéicommis « *per omnia exæquata sunt legata fidéicommissis.* »
(l. 1, dig. *de leg.* 1°); ce qui signifie qu'on ne fait plus attention à
la forme, mais qu'on doit seulement rechercher avec soin quelle
volonté le disposant a voulu manifester.

14. — Nous en aurions fini avec cet exposé historique, si nous
ne croyions nécessaire d'y relater un dernier fait, dont l'importance
est d'autant plus grande qu'elle a rejailli sur notre droit français;
nous voulons parler de l'emploi qui fut fait du fidéicommis,
comme mode de transmission de son hérédité jusque dans les générations futures.

La grande liberté de disposer de son patrimoine que la loi
laissait au citoyen romain permit bientôt au fiduciaire qui, dans
le principe, étant toujours chargé de rendre immédiatement, ne
remplissait que le rôle d'un simple mandataire, de devenir, dans
certaines occasions, un véritable gratifié en premier ordre. C'est
ainsi qu'il ne fut plus tenu de rendre qu'à temps, que conditionnellement, souvent même, seulement au jour de sa mort; c'est
ainsi qu'à son tour, le fidéicommissaire qui devait recueillir à cette
époque, s'il était alors capable, fut lui-même grevé d'une charge
identique au profit d'un second fidéicommissaire, puis celui-ci au
profit d'un troisième, et ainsi de suite. C'est ainsi, en un mot, que
l'on vit apparaître, relativement aux biens, objet du fidéicommis,
un ordre fictif de succession tout autre que l'ordre légal, et que
l'on arriva à créer un mode de perpétuer les biens dans la famille,
mode qui devait être l'origine de nos substitutions fidéicommissaires
du droit français.

Maintenant que nous connaissons l'origine et le but des fidéicommis, nous pouvons aborder, dans ses détails, l'étude de cette
institution juridique.

CHAPITRE PREMIER.

NOTIONS GÉNÉRALES.

---

15. — La validité d'un fidéicommis se trouve assujettie à de nombreuses conditions qui peuvent être de diverses natures ; il y a, en effet, à observer : d'une part, des conditions de capacité dans la personne de ceux que le fidéicommis met en jeu ; et d'autre part, des conditions de formes auxquelles sont soumis les actes qui les contiennent.

Nous aurons donc à examiner :

1° Par qui, à la charge de qui et au profit de quelles personnes peut être fait un fidéicommis ;

2° Dans quels actes et en quels termes peut être fait un fidéicommis.

D'où les deux sections distinctes que comprend notre chapitre.

SECTION I°

PAR QUI, A LA CHARGE DE QUI ET AU PROFIT DE QUELLES PERSONNES PEUT ÊTRE FAIT UN FIDÉICOMMIS..

16. — Comme on le voit, cette première section comporte trois points différents que nous étudierons séparément dans trois paragraphes successifs.

§ I. — *Par quelles personnes peut être fait un fidéicommis.*

17. — La transmission des biens par fidéicommis exige les deux mêmes conditions qui sont requises pour toute translation de propriété, en général, savoir:

a. La libre disposition de ces biens ;

b. La capacité voulue pour pouvoir consentir l'acte en vertu duquel doit s'opérer la transmission.

Or, de ces deux conditions, la première ne peut nous arrêter dans cette étude ; car la question de savoir quelles personnes ont la libre disposition de leurs biens dominant, pour ainsi dire, le droit civil tout entier, ce serait nous écarter du but de notre travail, que d'en traiter spécialement dans un exposé aussi succinct.

Quant à la seconde, celle de savoir quelles personnes ont la capacité suffisante pour faire un fidéicommis, nous la résoudrons plus amplement dans notre section II, en étudiant les différents actes dans lesquels peuvent se trouver contenues les dispositions qui revêtent ce caractère.

Nous savons déjà d'ailleurs par notre historique, que le codicille et le testament étaient les deux seuls actes où se trouvaient ordinairement insérés les fidéicommis.

Qu'il nous suffise donc de dire ici que le *jus testandi*, requis pour chacune de ces deux dispositions, devait l'être nécessairement aussi pour celle qui nous occupe. — Ainsi, celui-là seul pouvait laisser un fidéicommis, qui avait le *jus testandi* ou autrement la *factio testamenti* active.

Or, aujourd'hui, dans notre droit civil, la faculté de tester est de droit commun ; l'incapacité, l'exception. Mais à Rome, au contraire, il en était autrement, et, pour faire valablement un testament, il fallait avoir obtenu du législateur cette *factio testamenti*. A cet effet, il fallait, avant tout, être *paterfamilias:* ainsi l'esclave, sauf le *servus publicus*, le déditice, le latin Junien, le déporté, le fils de famille, ce dernier, du moins, pour tout ce qui n'est pas pécule *castrens* ou *quasi-castrens*, étaient autant d'incapables. De plus, dans la classe naturellement restreinte des *patrefamilias* eux-mêmes, les incapacités étaient encore nombreuses : les impubères, *quia nullum eorum animi judicium est*, les furieux, *quia mente carent*, le prodigue interdit, *quoniam commercio illi interdictum est, et ob id familiam mancipare non potest*, le muet, le sourd, le citoyen romain retenu chez l'ennemi, quiconque *de statu suo incertus est*, étaient encore autant de personnes privées de la *factio testamenti*, et, par conséquent, incapables de disposer par testament ou par codicille, ainsi que par fidéicommis.

Notons seulement, en ce qui concerne le fidéicommis, que lorsqu'il sera inséré dans un codicille, il pourra être valable lorsque le disposant, bien que n'ayant pas la *factio testamenti* au moment où il l'a rédigé, l'aura acquise depuis, et aura persévéré jusqu'à sa mort dans sa volonté bienfaisante. Le fidéicommis étant, en effet, comme nous le verrons dans notre section II, susceptible de se former à l'aide d'un signe quelconque, se trouvera suffisamment constaté ici par l'expression que le disposant aura précédemment fournie d'une intention dans laquelle il persévère toujours.

§ II. — *A la charge de quelles personnes un fidéicommis peut-il exister.*

18. — A la différence du legs, qui ne peut être imposé qu'à un héritier institué, le fidéicommis peut être mis à la charge de trois ordres de personnes bien distinctes, ce sont :

a. Les personnes instituées ou gratifiées par le disposant;

b. Celles que la loi appelle à lui succéder;

c. Celles enfin qui acquièrent par l'entremise des personnes comprises dans les deux premières catégories.

Voyons donc séparément quels sont ceux qui sont susceptibles d'être compris dans chacune de ces trois divisions :

19. — *A. Première catégorie.* — Il faut citer ici non-seulement les héritiers institués, mais encore les légataires, les donataires à cause de mort (l. 77, § 2, dig., *de leg.* 2° et l. 3 *pr. de leg.* 3';

junge l. 11, dig. *de dote præleg.*; et l. 1, code, *de donat. mort. caus.*),
et même un premier fidéicommissaire, que l'on charge de restituer
à un second. — Cette dernière hypothèse constitue le fidéicommis
graduel, sur lequel nous nous réservons de donner quelques détails spéciaux dans le chapitre suivant.

20. — Mais que faut-il décider en ce qui concerne le donataire
entre-vifs ? La solution que comporte cette question est différente,
suivant l'époque à laquelle on se place.

Dans le principe, en effet, il est certain que le fidéicommissaire
n'avait, dans notre cas, aucune action pour contraindre le
donataire à exécuter la restitution dont celui-ci était grevé à son
profit : tout ce qui pouvait résulter d'une pareille disposition,
c'était, au cas d'inexécution, le droit pour le donateur, soit de reprendre l'objet donné au moyen d'une *condictio*, soit d'actionner le
donataire à l'effet de le contraindre à exécuter la charge qui lui
était imposée.

Ce fut un rescrit des empereurs Dioclétien et Maximien qui
vint modifier cet état de choses regrettable, en autorisant le
fidéicommissaire lui-même à actionner, à l'aide d'une action utile,
le donataire grevé de restitution (l. 3, Code, *de donat. quæ sub
modo*).

Une seule différence dès lors sépara sur ce point la donation
entre-vifs de la donation à cause de mort, c'est que la première,
sortant son plein et entier effet, par le seul fait de la stipulation,
et même, sous Justinien, par le simple pacte intervenu entre les
parties, ne pouvait renfermer valablement un fidéicommis, qu'autant que celui-ci était inséré dans la donation elle-même (*in ipsâ
donatione, non ex intervallo*), tandis que la seconde, au contraire,
ne produisant aucun effet avant la mort du disposant, était susceptible de recevoir utilement une pareille disposition jusqu'à ce
moment suprême. Telle est du moins l'opinion émise par Pothier,
dans ses Pandectes, *de leg. et fidéic.*, section VI, art. I, note 5.

Ainsi donc, tout gratifié quelconque pouvait être valablement
grevé d'un fidéicommis : il suffisait, pour cela, que la gratification,
faite en sa faveur, lui eût été valablement consentie. C'est, en
effet, ce que dit Scævola, dans la loi 37, dig. *de leg.* 3°. Et com-

ment eût-il pu en être autrement, le fidéicommis n'étant, en réalité, qu'une condition ajoutée à l'acte dans lequel il était inséré, et devant, par conséquent, en suivre le sort.

21. — *B. Deuxième catégorie.* — Nous avons dit, en second lieu, qu'un fidéicommis pouvait être mis à la charge des personnes que la loi appelle à succéder au disposant.

Ce second ordre de personnes comprend tous les héritiers légitimes ainsi que les *bonorum possessores* appelés par le Préteur. C'est ce qu'exprime Ulpien dans la loi 1 § 6. dig. *de leg.* 3° « *Sciendum est autem eorum fideicommitti quem posse, ad quos aliquid perventurum est morte ejus; vel dum eis datur, vel dum eis non adimitur.* »

22. — Faisons toutefois, en ce qui concerne les personnes comprises dans cette deuxième catégorie, une remarque qui a son importance; c'est qu'elles ne peuvent être valablement grevées de fidéicommis, qu'autant qu'elles n'arrivent pas à l'hérédité du disposant « *contrà voluntatem suam.* » (Pothier, Pandect. *de leg et fidelc*, sect. VI, art. 1. N° XCI).

C'est ainsi, par exemple, que Gaïus décide que le fils omis venant comme héritier *ab intestat* à la succession de son père, après avoir attaqué son testament et l'avoir fait annuler pour vice de prétérition, ne pourrait être tenu de l'exécution d'aucune clause fideicommissaire mise à sa charge (*l.* 2, dig. *de leg.* 3° *l.* 31, Code *de fidelc*).

C'est ainsi également, et *à fortiori*, que l'enfant exhérédé qui, ayant fait annuler le testament paternel pour une cause quelconque, par exemple, en vertu de la *querela inofficiosi testamenti*, viendrait ensuite recueillir comme héritier *ab intestat*, serait déchargé de tout fideicommis qui aurait pu être constitué à sa charge. (*l.* 8, § 16, dig. *de inoff. test.* [1])

Mais, à part cette restriction, on peut toujours imposer un fidéicommis à son héritier *ab intestat*, et même Marcien nous apprend

---

[1] Ceci n'est du reste plus vrai depuis que Justinien, dans la Novelle 115, (chap. IV, § 9) a décidé que la *querela inofficiosi testamenti* ne faisait tomber que l'institution et laissait intactes les autres dispositions à cause de mort contenues dans le testament.

que le *de cujus*, qui saurait à l'avance que ses biens seront vacants et devront appartenir au fisc, pourrait grever ce dernier comme tout autre successible (*l.* 114, § 2, dig., *de leg.* 1°; *junge l.* 3, § 5. dig. *ad sen. Cons. Trebellianum.*

23. — *C. Troisième catégorie.* — Nous avons enfin cité, comme pouvant être grevées d'un fidéicommis, toutes les personnes susceptibles d'acquérir les biens du disposant, en tout ou en partie, par l'entremise d'un des individus compris dans les deux ordres précédents.

24. — Cela comprend : *a* ceux sous la puissance desquels se trouvent lesdits institués ou gratifiés quelconques;

                         b les héritiers de ces mêmes institués.

25. — *a.* Et d'abord, ceux sous la puissance desquels se trouvent les personnes comprises dans nos deux premières catégories, c'est-à-dire le maître ou le père de famille de l'esclave ou de l'enfant qui aurait été institué héritier ou gratifié d'une façon quelconque.

C'est bien là, en effet, ce qu'exprime Ulpien dans ses *regula* : « *Filio qui in potestate est, servove haeredibus institutis, seu se his legatum sit; patris vel domini fidei committi potest, quamvis ab eo legari non possit.* » (Ulp. *reg.* tit. xxv, § 10).

Et ceci est vrai dans tous les cas, c'est-à-dire, sans qu'il y ait à distinguer si le fidéicommis se trouve constitué au profit d'un étranger ou bien en faveur du fils ou de l'esclave lui-même, pour le cas où ces derniers viendraient à être émancipés ou affranchis ; le père ou le maître sera toujours tenu d'opérer la restitution que le disposant à mise à sa charge (*l. l.* 91, § 4, dig. *de leg.* 1° ; 25, § 1, dig. *ad Sen, Cons. Trebell*).

Le seul intérêt qui puisse résulter de cette distinction à l'égard du père de famille est relatif à la quarte Falcidie. Au premier cas, en effet, (si le fidéicommis est à la charge d'un étranger), le père, étant le représentant de son fils, est tenu *veluti heres ;* il aura donc le droit de retenir la quarte falcidie : au second cas, au contraire, (s'il est constitué à la charge du fils lui-même), le père n'est plus alors *quasi heres*, et ne représente plus son fils, car ce dernier ne peut être obligé envers lui-même. Dès lors tenu, comme le dit

Cujas, *non ut heres, sed ut pater, ut quilibet ad quem pervenerit morte testatoris*, il devra restituer le tout à son fils, sans pouvoir retenir la quarte.

26. — Toutefois, il peut, dans notre hypothèse, se présenter quelques complications. — Qu'arrivera-t-il, par exemple, si le maître d'un esclave institué, tenu à ce titre, d'un fidéicommis, a affranchi cet esclave avant l'adition d'hérédité ? Le maître, n'ayant rien reçu, ne peut être bien évidemment obligé de restituer ; quant à l'esclave, en droit strict, il ne serait point non plus obligé de rendre, puisqu'il n'a pas été chargé de le faire. Cependant, comme il retire tout l'avantage de l'hérédité, et comme il est de toute justice que celui-là soit tenu des charges qui recueille le bénéfice, on décide que ce sera à lui d'opérer la restitution mise à la charge de son maître ; et l'on accorde, à cet effet, au fidéicommissaire une action utile contre lui.

La même solution s'applique naturellement au fils de famille émancipé par son père avant l'adition d'hérédité, pour le cas où ce dernier aurait été grevé d'un fidéicommis du chef de son fils. (L. l. 4, dig. *de leg.* 3° ; 63, dig. *de leg.* 2°.)

27. — Quid maintenant si, dans ces mêmes conditions, le maître a, non plus affranchi, mais vendu son esclave avant l'adition ? Ici, la solution est différente, et le fidéicommis restera à la charge du vendeur. Cela, en effet, est de toute justice, car le prix par lui touché se sera certainement trouvé augmenté de toute la valeur de l'hérédité à laquelle était appelé cet esclave. C'est, du reste, ce qu'exprime Cujas ; *« Videtur etiam eam hereditatem vendidisse, id » est, eo pluris, servum vendidisse. »* Le prix se trouve donc substitué à l'hérédité : *« itaque pro hereditate videtur pretium accepisse »*; et le maître reste toujours d'ailleurs, même après la vente, tenu de la charge de rendre.

28. — *b.* Nous arrivons maintenant aux héritiers de ces mêmes institués ou gratifiés quelconques.

C'est, en effet, ce qui ressort du principe contenu dans cet adage ; *« nemo oneratus, nisi honoratus »*, qui domine toute notre matière, et ne distingue pas à quel titre doit être gratifié le fidu-

ciaire. Qu'il le soit expressément (héritier institué, légataire, etc.)
ou tacitement, (héritier *ab intestat*), directement ou indirectement;
peu importe, pourvu qu'il le soit valablement. Tels sont les termes
de la loi 5, § 1, dig. *de leg. 3°*.

29. — Pothier, toutefois, croit devoir apporter une restriction
à ces généralités, en ce qui concerne la manière dont doit être
désigné cet « *heres heredis* ». Il ne pourra l'être, dit-il, « *sub
» nomine proprio* », c'est-à-dire sous un nom propre déterminé,
mais seulement « *sub nomine appellativo* », à l'aide d'un terme
générique, et comme héritier de l'institué. Le motif qu'il donne
de cette distinction est, du reste, bien facile à saisir, car, si le
pouvoir du disposant lui permet de grever son hérédité « *cujus
» est dominus* », de telle charge que bon lui semble, (et c'est ce
qu'il fait lorsqu'il impose un fidéicommis à l'*heres heredis sub
nomine appellativo; car alors « fideicommissum magis injungitur rei
» seu hereditati quàm personæ* », puisqu'il n'y a aucune personne
déterminée qui en soit spécialement chargée), il ne saurait, toutefois, aller jusqu'à l'autoriser à imposer cette obligation à un
individu déterminé qu'il ne gratifie pas personnellement « *cum
» nihil jure injungere possis ei cuinihildederis* ». (Pothier, Pandect. *de leg et fideic*, sect. VI, art. 1, N° XCIV, note 2.)

30. — Terminons ce paragraphe relatif à la capacité du fiduciaire,
en ajoutant qu'en dehors des conditions générales qui y sont indiquées, aucune condition de capacité spéciale n'est exigée dans sa
personne.

Ainsi, un fidéicommis pouvait être à la charge d'un sourd ou d'un
muet (l. 77 § 3 de leg. 2°); on pouvait même l'imposer valablement à une personne non encore née, pourvu qu'elle naquît en
temps utile pour succéder (l. 1 § 8, de leg. 3°).

La volonté du défunt était la seule règle à suivre en matière de
fidéicommis, toutes les fois que cette volonté ne blessait pas les
principes du droit.

Aussi, pouvait-on l'imposer encore : soit à un *impuber*, soit à une
corporation : dans ces cas, le tuteur de l'*impuber* ou l'administrateur
de la corporation étaient tenus de l'obligation de restituer (l. 1 § 15,
dig. *ad sen. cons. Trebell*).

Enfin, il pouvait également être mis à la charge d'un homme
élevé en dignité ou placé dans des charges honorables ; et cela,
eût-ce été par un gladiateur ou une femme publiquement prostituée
(l. 5 dig. *ad sen. cons. Trebell*).

31. — Toute personne capable de recevoir à titre de legs, pouvait
être appelée à un fidéicommis. « *Fideicommissa dari possunt his
quibus legari potest.* » (Ulp. reg. de fidéic. tit. xxv, § 6).

32. — Cette règle, toutefois, n'est exacte que dans le dernier état
du droit ; car, nous avons vu, dans l'origine des fidéicommis, que
l'un des motifs qui les avaient fait introduire, était précisément la
facilité qu'ils procuraient au disposant, de gratifier une personne
que l'ancien droit déclarait incapable, et dont pourtant celui-ci
pouvait avoir le désir de rémunérer les services.

C'est donc seulement sous la période classique, que l'on peut
dire que ceux-là peuvent être gratifiés par voie de fidéicommis, qui
sont susceptibles de recueillir comme légataires.

33. — Et, même à cette époque, certaines différences existent
encore entre le legs et le fidéicommis, sous le rapport de cette
capacité.

Ainsi : 1° Les affranchis latins qui, aux termes de la loi *Junia
Norbana*, ne peuvent pas directement recueillir soit une hérédité,
soit un legs, peuvent, au contraire, recevoir les biens du disposant
ex fidéicommisso. (Gaïus, ii, § 275 ; Ulp. reg. tit. xxv, § 7.).

2° Les femmes qui, d'après la loi *Voconia*, ne peuvent être
instituées héritières par un citoyen possédant plus de 100,000 as,
peuvent, au contraire, recueillir de lui, par voie de fidéicommis,
toute sa succession. (Gaïus, ii, § 274).

3° L'esclave, mineur de trente ans, ne pouvait être affranchi
et institué pour héritier par son maître ; par fidéicommis, au
contraire, il pourra acquérir la liberté et l'hérédité lors de sa
trentième année. (Gaïus, ii, § 276).

4° Enfin, on ne pouvait donner directement la liberté à l'esclave d'autrui; on le put au contraire par voie de fidéicommis. (Gaïus II, §273; comp. Inst. § 2 *de sing. reb. per fidéic. relictis*).

SECTION II.

DANS QUELS ACTES ET EN QUELS TERMES PEUT-ON FAIRE UN FIDÉICOMMIS ?

34. — Deux points sont à résoudre sous ce titre et feront l'objet de deux paragraphes distincts :

1° Dans quels actes peut-on valablement insérer un fidéicommis ?

2° De quelles expressions le disposant doit-il se servir pour l'établir ?

§ Ier. — *Dans quels actes peut on valablement insérer un fidéicommis.*

35. — Nous avons vu sous le § 2 de la section précédente, que tous actes de dernière volonté, testament, donation à cause de mort et codicille pouvaient renfermer des fidéicommis. Nous avons vu également que, vers l'an 290, la donation entre-vifs acquit cette même compétence.

Mais les deux actes qui étaient sans contredit de beaucoup les plus usités à cet effet, étaient le testament et le codicille.

36. — Ce n'est pas ici le lieu de traiter la longue matière des testaments qui n'ont d'ailleurs rien de spécial à notre sujet; il nous suffira de rappeler, en ce qui les concerne, trois points particulièrement relatifs aux fidéicommis.

a. Dans tous les cas où un fidéicommis se trouve renfermé dans un testament, il dépend, comme dépendrait un legs, de la validité intrinsèque de ce testament;

b. Ceci cesse toutefois d'être vrai, lorsque le testateur a eu soin d'insérer une clause codicillaire, par laquelle il manifeste l'intention de faire valoir comme codicille le testament qui, en cette qualité, serait nul ou caduc, et de mettre ainsi, pour le cas où cette circonstance viendrait à se réaliser, le fidéicommis à la charge de son héritier *ab intestat* (l. 29, code, *de fidéic*, l. 83 § 9, *de leg. 2°*).

Papinien a même été jusqu'à déclarer obligatoire pour l'héritier, nonobstant la nullité du testament, et en dehors de toute clause codicillaire, un fidéicommis que celui-ci aurait promis avec serment d'exécuter fidèlement (l. 77 § 23, dig. *de leg. 2°*);

c. Enfin, même avant Justinien, un fidéicommis ne cessait pas d'être valable, par ce qu'il aurait été écrit avant l'institution d'héritier : c'est, qu'en effet, sa validité ne se trouvait nullement subordonnée à la présence de cet héritier.

37. — Telles sont les seules observations que nous suggère à cette place le testament; il n'en sera pas de même du codicille, sur lequel nous croyons devoir nous arrêter plus longuement, et cela pour deux motifs : d'une part, c'est bien l'acte par excellence, destiné à contenir des fidéicommis, et, d'autre part, il a avec eux une origine commune et une connexité tellement intime que comme l'a dit, avec tant de justesse, M. Demangeat, « quand on parle des » fidéicommis, on est naturellement amené à parler des codicilles.» C'est ce qu'ont d'ailleurs très-bien compris les rédacteurs des Institutes, qui ont placé le titre *de Codicillis* immédiatement à la suite de ceux consacrés aux fidéicommis.

38. — Déjà nous avons vu quelle a été l'origine de cette institution si utile et si répandue ; sans donc revenir sur son intéressant historique, nous aborderons, dès à présent, l'examen des règles qui lui sont propres.

Et d'abord, le codicille peut être défini : un acte susceptible de contenir certaines dispositions à cause de mort, quoique n'étant, à la différence du testament, soumis à aucune forme solennelle.

39. — Ceci posé, voyons, avant tout, à quelles conditions de forme se trouvait subordonnée sa validité.

Ces conditions ont varié suivant les époques : à l'origine, la codicille n'est assujetti à aucune forme particulière : c'est une simple lettre-missive (*epistola fideicommissoria*), ou même une déclaration purement verbale : il suffit absolument que la manifestation de la volonté du disposant soit exempte d'ambiguité.

Mais plus tard, une première restriction est apportée à cet état de choses déjà élevé à la hauteur d'un principe. C'est une constitution des empereurs Constantin et Constant, rapportée dans le Code Théodosien, et dont voici la teneur : « *In codicillis quos testamentum non præcedit, sicut in voluntatibus testamenti septem testium vel quinque interventum non deesse oportet.* » (Code Théodosien, l. 4, liv. iv, tit. i).

Cette constitution fut elle-même complétée par une autre de Théodose le Jeune, confirmée ensuite par Justinien, et d'après laquelle tout acte de dernière volonté, autre que le testament, nécessite l'intervention de cinq témoins *in uno codemque tempore*, et même, quand il s'agit d'un acte écrit, l'apposition de leur signature. Seulement, et c'est là une autre différence notable avec le testament, il n'est pas besoin que ces témoins soient *specialiter rogati* : on peut choisir à cet effet la première personne venue, « *sed rogati*, dit le texte, *vel qui fortuitu venerint.* » (l. 8 § 3, Code, de Codic.).

40.— Faut-il conclure de ces constitutions qu'un fidéicommis, qui ne se trouve pas dans un testament, ne peut valoir qu'autant qu'il a été fait dans la forme dont il s'agit ? Justinien n'admet pas cette conséquence. Celui qui prétend qu'un fidéicommis a été fait en sa faveur à la charge de Titius (héritier légataire ou fidéicommissaire) peut, après avoir lui-même prêté serment *de calumnia*, c'est-à-dire, après avoir juré qu'il ne fait pas un procès par esprit de chicane, déférer le serment à Titius sur le point de savoir quelles intentions a manifestées le *de cujus* : il faut alors que Titius jure qu'il n'a point entendu le défunt exprimer l'intention de gratifier son adversaire ; faute de quoi, il sera condamné. (Inst. § 12, de fideic. hered.).

41. — Des codicilles peuvent être laissés soit par un homme qui a fait un testament, soit par un homme qui meurt *intestat*.

42. — Mais, du moment qu'il y a un testament, le sort des codi-

cilles en dépend nécessairement, et ils sont réputés faire partie
intégrante avec lui : « *perinde habentur ac si in testamento scripta
essent.* » (*l.* 2, § 2, dig, *de jur. codic.*)

Ainsi : « *Testamento facto*, dit Julien, *etiamsi codicilli in eo con-
firmati non essent, vires tamen ex eo capient.* » (*l.* 3, § 2, dig, *de
jur. codic.*) Et Paul dit de même : « *intestato patrefamilias mortuo,
nihil desiderant codicilli, sed vicem testamenti exhibent ; testamento
autem facto, jus sequuntur ejus.* (*l.* 16, *de jur. codic.*

43. — C'est ce que dit également Cujas , lorsqu'il veut justifier
la validité d'un fidéicommis établi dans un codicille en faveur d'un
enfant dont la naissance a été postérieure à la rédaction du testament, mais antérieure, bien entendu , à celle du codicille (*l.* 2 *pr.
de jur. codic*). La raison en est , dit-il , en effet, que l'enfant est
censé né au moment où le testament a été rédigé : *quia pro eo est
ac si facti testamenti tempore natus fuisset.* » (Cujas, liv. xxxvii,
dig. *ad leg.* 2, *de jur. codic.*).

Même motif et même décision en ce qui concerne la *l.* 2 § 2, dig.
de jur. codic. — C'est un esclave qui , lors de la confection du testament, appartenait à autrui, et est devenu la propriété du testateur,
au moment ou le disposant rédige le codicille ; on ne pourra pas
l'affranchir directement, le codicille ne pouvant être pris isolément,
puisqu'il fait partie du testament et l'époque où ce dernier a été rédigé devant dès lors être seul envisagée. C'est ainsi , du reste, que
répond Julien : « *Intelligitur alieno servo libertas data ; et ideo
» licet directa libertates deficiunt , attamen ad fideicommissarias
» eundum est.* »

44. — Mais cette règle que le codicille fait partie intégrante du
testament ne doit toutefois pas être exagérée ; et il faut au contraire
la tempérer par cet autre principe : que la capacité du bénéficiaire
est encore nécessaire au moment même de la rédaction du codicille. C'est ce que va faire suffisamment ressortir l'examen des deux
textes, dont l'intelligence a été forcée , selon nous , par la plupart
des auteurs qui les ont commentés.

Le premier de ces textes est le commencement du § 2 de la loi 2
précitée *de jur. codic.* ainsi conçu « *Ideoque servo qui testamenti facti*

tempore testatoris fuisset, codicillorum tempore alienus, libertas directe non datur. » Cujas et Pothier, (Pandect. liv. xxix, tit. vii, *de jur. codic.*, art iv, § 3, N° 20) en présence de ce texte qui paraît, au premier abord, en contradiction formelle avec la règle précédemment émise, que tout codicille fait partie intégrante avec le testament qui l'accompagne, n'ont pas hésité à retrancher le mot *non* et à faire ainsi rentrer ce texte dans le sens de cette règle qu'ils présentent comme absolue.

Mais cette mutilation a déjà été blâmée, à bon droit par Fabre (*Semestr.* liv. ii, chap. 19); et nous pensons, à notre tour, qu'elle n'est rien moins qu'arbitraire, d'autant plus qu'il est facile d'expliquer le fragment, en le respectant dans son intégrité, et en le rapprochant simplement de notre principe restrictif.

L'affranchissement direct ne pouvant, en effet, s'adresser qu'à l'esclave du disposant, toute clause d'un codicille qui contient un affranchissement du genre de celle-ci, ne saurait être valable; et, par suite, elle ne peut remonter rétroactivement à l'époque où le testament a été rédigé, pour s'adjoindre à ce testament; non plus que, sous l'empire du Code Napoléon, un deuxième testament, sous prétexte d'en compléter un premier, ne pourrait appeler à recueillir une personne devenue incapable depuis la rédaction de celui-ci.

45. — Le deuxième texte que l'on peut apporter à l'appui de notre opinion, est le § 1 de cette même loi 2, *de jur· codic.* Il est ainsi conçu : «*Quod si ei, qui post testamentum factum, et antequam codicilli scriberentur, mortuus est, datum esset, pro non scripto habetur.*» N'est-ce pas suffisamment clair et précis ? Il ne suffit donc pas que le bénéficiaire soit capable au moment du testament ; il doit l'être encore « *antequam codicilli scriberentur.* »

Nous savons bien que M. Demangeat a cru devoir expliquer cette décision par des considérations empruntées aux lois caducaires : en effet, dit le savant jurisconsulte, si l'on se reportait à l'époque du testament, le bénéficiaire étant encore existant, la disposition ne serait pas *pro non scriptâ*; elle ne serait pas nulle *ab initio*, mais simplement *in causâ caduci* ; toutefois, comme à Rome, on évitait, autant que possible, l'application de ces lois, on a préféré dire que la disposition serait simplement non écrite. (Demangeat, cours élém. III, des codic. p. 799).

Malgré l'autorité de son éminent auteur, nous ne pouvons nous empêcher de trouver cette conjecture un peu hazardée; et nous ne sommes nullement disposé à aller chercher aussi loin une explication qui nous semble se présenter d'elle-même. Sans doute, M. Demangeat se sera laissé entraîner à cette opinion, si ingénieuse d'ailleurs, par la terminologie « pro non scripto, » alors en usage dans la théorie des lois caducaires. Mais il n'en est pas moins certain que ces mots signifient par excellence, et avant tout une nullité radicale, existante *ab initio*, et abstraction faite de toute idée d'application spéciale de ces lois. Et tel est assurément le sens de notre texte, où rien ne fait présumer ce cas d'application spéciale, mais qui, statuant dans une hypothèse générale, prévoit et justifie le principe restrictif que nous avons apporté à la règle trop absolue que le codicille qui suit un testament fait partie de ce testament même. »

45. — Cela étant, demandons-nous maintenant quelles sont les conditions de capacité requises dans la personne de celui qui veut laisser un codicille.

La réponse à cette question est que notre disposition ne peut émaner que de ceux-là qui ont la *factio testamenti* active.

Le seul point important à résoudre ici, c'est celui de savoir à quel moment doit exister cette *factio testamenti*.

47. — Or, en principe, le disposant doit avoir faction de testament au moment où il fait le codicille; toutefois, il paraît que, sur ce point, on se montrait assez peu rigoureux, et que l'on admettait la validité du codicille, pourvu que le testateur eut acquis la *factio testamenti* avant son décès, et qu'il eut persévéré jusqu'à ce moment dans son intention de faire la disposition en question. C'est ce que nous apprend, au reste, la loi 1, § 1, dig. *de leg.* 3° : « *Si filius familias vel servus fideicommissum reliquerit, non valet; si tamen manumissi decessisse pronuntur, constanter dicemus, fideicommissum relictum videri : quasi nunc datum, cum mors et* »

» contingit : videlicet si duraverit voluntas post manumissionem. »
(Voir aussi § 5, même loi.)

48. — Ce tempérament s'explique par cette considération que le codicille n'est assujetti à aucune solennité : on comprend, en effet, que, du moment où l'intention du disposant subsiste jusqu'à l'instant où il acquiert la *factio testamenti*, cette intention ayant été précédemment manifestée, c'en est assez pour que le codicille soit valable *quasi ex nová voluntate.*

49. — Examinons enfin quelles sont précisément les dispositions que peut contenir un codicille.

Plusieurs distinctions sont nécessaires pour répondre à cette question.

Et d'abord, le codicille a pu être fait par un homme mort *intestat*; dans ce cas, il ne peut renfermer que des fidéicommis, car il n'y a que ce genre de dispositions qui puisse être mis à la charge des héritiers *ab intestat.*

Il a pu, au contraire, être fait par une personne ayant laissé un testament, et alors, une sous distinction est nécessaire. Ce codicille est-il confirmé par le testament ; il peut, soit contenir un legs ou un affranchissement direct, soit révoquer un legs ou encore nommer un tuteur : au contraire, n'est-il pas confirmé par le testament; il ne peut, comme le codicille *ab intestat*, renfermer que des fidéicommis. — Confirmé ou non, il ne peut, au surplus, dans aucun cas, contenir ni institution directe, ni révocation d'une institution, ni exhérédation.

50. — De ce fait qu'un codicille ne peut comprendre une institution d'héritier, résulte cette conséquence que le même disposant peut laisser plusieurs codicilles. On comprend, en effet, que plusieurs legs pouvant coexister, divers codicilles peuvent aussi se superposer, sans pour cela se détruire. Il ne peut y avoir à ce principe qu'une seule exception ; c'est au cas où les codicilles postérieurs contiendraient une manifestation expresse de révoquer ceux qui les précèdent, ou au moins quelque chose d'incompatible avec eux.

51. — Nous en aurons fini avec les codicilles, et par suite avec la

première partie de notre dernière section, quand nous aurons
résolu une dernière question d'une importance incontestable. —
Il s'agit de savoir si , lorsque le défunt a voulu faire un testament,
l'acte qui se trouve nul comme tel , pourra valoir au moins comme
codicille. En principe, il faut répondre négativement; cet acte ne
vaudra pas plus comme codicille que comme testament. Il en serait
cependant autrement s'il était démontré que le testateur a entendu
lui attacher subsidiairement la valeur d'un codicille , et cette
volonté pouvait même , dans le droit classique , s'induire de circonstances quelconques (l. 1, *de jur. codic.*). Mais l'empereur
Théodose le jeune a exigé qu'elle fût constatée par une clause
expresse. — C'est la clause codicillaire , dont nous avons parlé au
début de nos développements sur cette matière, et sur laquelle nous
ne voulons pas revenir plus longuement. — Qu'il nous suffise
d'ajouter à cette place que la solution que nous venons de donner
n'est et ne peut être vraie qu'autant que la nullité dont le testament
est atteint, est une nullité de forme.

Abordons à présent la seconde partie de notre deuxième section.

§ II. — *De quelles expressions peut résulter l'existence d'un fidéicommis.*

52. — En montrant l'introduction successive du fidéicommis
dans la législation romaine , au fur et à mesure que l'usage des
formes solennelles tendait de plus en plus à s'évanouir, nous avons
suffisamment fait pressentir qu'il n'était pas besoin d'expressions
sacramentelles pour les constituer. La condition nécessaire , mais
suffisante, pour l'existence d'une pareille disposition , c'était que
le disposant eût manifesté son intention d'une façon claire et
précise.

Ceci rappelé, disons qu'un fidéicommis pouvait être établi de
deux manières : expressément et tacitement.

53. — *Du fidéicommis exprès.* — A la différence du legs, qui
se formule en termes impératifs, le fidéicommis résulte le plus
souvent de termes précatifs, tels que les suivants : *rogo, peto,*

3

mando, *deprecor*, *fidéicommi'to*, *cupio*, *desidero*, ou même *volo*, *injungo*, *impero* : Ces trois dernières expressions, bien qu'impératives, n'étaient pas, en effet, des expressions du droit civil susceptibles de constituer un legs.

Toutefois, nous ne saurions trop le répéter, il n'y avait, à ce sujet, aucune formule sacramentelle.

54. — Ainsi, Pothier et les textes nous apprennent que l'existence d'un fidéicommis pouvait, sans aucun doute, s'induire de paroles qui, dans la bouche du disposant, ne sont que l'expression d'un conseil, d'un espoir ou d'un simple désir (l. 31, § 7, *de leg.* 2°; l. 11, § 9, *de leg.* 3°; l. 118, *de leg.* 1°).

Nous ne pouvons d'ailleurs citer ici toutes les locutions susceptibles de produire un fidéicommis; d'autant moins que la pensée du disposant doit toujours seule dominer, quels que soient les termes dont il s'est servi pour l'exprimer; pourvu néanmoins qu'ils ne soient pas ambigus.

55. — Il est, entre autres, une expression au sujet de laquelle il s'est élevé quelques doutes, c'est le mot *relinque*.

Paul ne reconnaît pas dans ce terme l'intention chez le disposant de créer un fidéicommis; mais l'opinion contraire a été admise par le jurisconsulte Scévola; et nous pensons que cette dernière solution se trouve mieux en harmonie avec les vrais principes du droit romain que nous venons d'exposer, et d'après lesquels il suffit que l'intention du disposant soit clairement manifestée.

Quant aux mots « *Titium tibi commendo* », il paraît qu'ils n'ont jamais pu donner naissance à un fidéicommis; car, ainsi que le fait fort bien remarquer le jurisconsulte Ulpien, autre chose est de recommander une personne à une autre; autre chose de créer un fidéicommis en sa faveur. (l. 11, § 2, dig. *de leg.* 3°).

56. — Ajoutons enfin que le fidéicommis peut être énoncé dans une langue quelconque: en latin, en grec, en carthaginois ou en gaulois. (Ulp. reg. tit. xxv, § 9, et l. 11, pr. dig., *de leg.* 3°).

Bien plus, un fidéicommis peut même résulter d'un simple signe de tête « *nutu* ». C'est ce qu'atteste Paul de la façon la plus explicite, lorsqu'il dit: « *nutu etiam relinquitur fideicommissum.* » (l. 21, dig. de leg. 3ᵉ).

57. — *Du fidéicommis tacite.* — Le fidéicommis peut encore exister indépendamment d'une déclaration formelle, et résulter, par voie de conséquence, d'une autre disposition.

C'est ce que vont établir surabondamment quelques exemples empruntés aux textes du Digeste.

1° Un testateur lègue le fonds A à deux colégataires, en priant le dernier mourant de le restituer intégralement à Titius. Il est clair qu'il n'y a pas seulement là un fidéicommis au profit du Titius, mais qu'il y en a eu préalablement un autre au profit du colégataire survivant ; ce dernier ne pouvant restituer la totalité du fonds à Titius, qu'autant qu'il aura recueilli lui-même, en vertu d'un premier fidéicommis, la moitié précédemment échue au légataire prémourant. C'est, du reste, en ce sens que se prononce le jurisconsulte Paul. (*l.* 87 § 2, dig. *de leg.* 2ᵉ)

58. — 2° Un testateur, en instituant pour héritier son fils, le prie d'émanciper ses propres enfants, qu'il institue conjointement avec lui. Ces derniers, ayant fait adition *jussu parentis*, acquièrent par lui l'hérédité. — Mais, dans ce cas, on décide que le fils se trouve tenu, en vertu d'un fidéicommis tacite, de leur restituer l'hérédité après les avoir émancipés; car, en dehors de cette obligation, la prière d'émanciper deviendrait inexplicable. C'est ce qu'exprime fort bien Papinien : « *Mater filio suo cohæredes sine ulla conditione filias ipsius dedit; ac petiit ut filias suas emanciparet, ita ut curatores a prætore acciperent. Filii videri fideicommississe placuit, ut eas sui juris constitutas ad hereditatem aviæ pervenire pateretur.* » (*l.* 93, dig, *de condit. et demonstr.*)

59. — 3° Un testateur, en instituant plusieurs héritiers, s'adresse à l'un d'eux de la façon suivante : *Peto, Luci Titi, ut contentus sis centum aureis.* » Dans ce cas encore, Lucius Titius sera tenu, nous dit le texte, en vertu d'un fidéicommis tacite, de restituer à ses cohéritiers sa part héréditaire, sauf les *centum aurei* que le testateur lui a adjugés. (*l.* 69, dig. *de leg.* 2ᵉ).

60. — Nous pourrions multiplier les exemples de ce genre, en parcourant les textes du Digeste ; mais nous pensons que les espèces précitées suffiront pour bien montrer la nature du fidéicommis tacite : pour la validité d'une pareille disposition, il faut, en effet, mais il suffit que des paroles du disposant on puisse induire d'une façon suffisamment certaine l'intention d'établir un fidéicommis.

61. — Reste à examiner une question aussi importante en droit romain qu'en droit français ; c'est celle de savoir si la prohibition d'aliéner peut donner naissance à un fidéicommis.

Ainsi, je lègue à Paul le fonds Cornélien, en lui défendant expressément de le vendre ou de l'aliéner à quelque titre que ce soit ; faudra-t-il conclure de cette prohibition à l'existence d'un fidéicommis ?

La négative est évidente, toutes les fois que la prohibition d'aliéner se trouve ainsi formulée d'une manière générale, sans autre addition. Mais, si des paroles du disposant il ... te que son intention a été de favoriser une tierce personne, en concentrant, pour ainsi dire, à l'aide de cette précaution, dans les mains de Paul, des biens qui doivent lui revenir à la mort de ce dernier, alors il faudra décider que la défense d'aliéner équivaudra à un fidéicommis tacitement exprimé (l. 114 § 14, dig. *de leg.* 1°; l. l, 38 § 4, et 93 *pr.* dig. *de leg.* 3°).

Ce sera donc là un fidéicommis pur et simple, et qui devra profiter, quoi qu'il arrive, à celui en faveur duquel cette défense a été prononcée.

Mais, si l'on suppose qu'au lieu d'une prohibition générale, le disposant n'a interdit au premier gratifié que certains modes d'aliénation déterminés par exemple l'aliénation entre-vifs, nous aurons un fidéicommis conditionnel : car, le grevé conservant le droit de disposer par testament, la disposition se trouvera subordonnée au non exercice de ce droit (l. 4, code, *de fideic;* l. 38, § 3, dig. *de leg.* 3°).

62. — Changeons l'hypothèse, et supposons un disposons qui, en léguant un certain immeuble à Titius, lui impose l'obligation de restituer cet immeuble à une personne de son choix : nous nous trouvons ici en présence d'un fidéicommis pur et simple ; car, ce qui

est abandonné au l'bre arbitre du légataire, ce n'est pas le fait
même de la restitution, qui doit être opérée, quoi qu'il arrive ; mais
bien tout simplement la désignation de la personne appelée à en
profiter (l. 7, § 1, dig. *de reb. dubiis*).

63. — Que si le fiduciaire néglige d'exercer l'option à laquelle il
est convié par le disposant, cette négligence ne saurait évidemment
l'exonérer du fidéicommis mis à sa charge. Aussi, ceux entre lesquels son choix pourrait valablement s'exercer, seront-ils appelés à
se partager également les biens grevés de restitution. Telle est, en
effet, la décision que nous trouvons formulée dans plusieurs textes,
notamment dans celui-ci, de Pomponius : « *Pactumeius Clemens*
« *atebat : si ita sit fideicommissum relictum cui eorum voles rogo*
« *restituas ; si nullum elegisset cui restitueret omnibus deberi impe-*
« *ratorem Antoninum constituisse.* » (l. 21, § 1, dig. *de stat. lib;*
junge, l. 1, § 2, *de leg.* 2°; l. 24, *ibid.*)

Notons, pour terminer ce qui est relatif à cette dernière hypothèse de la faculté d'élire, que, malgré la désignation faite par le
fiduciaire , le fidéicommissaire n'en est pas moins censé tenir son
droit du disposant lui-même. D'où la conséquence que les biens
compris dans le fidéicommis ne devront jamais être imputés sur la
masse des biens laissés par ce dernier pour le calcul de la quarte
falcidie accordée à son héritier (l. 67, § 1, dig. *de leg* 2°).

CHAPITRE II.

---

61. — Toute personne, ainsi que nous l'avons vu, est maîtresse de disposer de ses biens par fidéicommis, comme elle l'entend. Aussi, et d'une part, selon l'objet sur lequel elle v ut le faire porter ; selon, d'autre part, la manière dont elle e rimera sa volonté, le fidéicommis pourra revêtir diverses for produire des effets différents, et avoir plus ou moins d'étendue. — Il pourra être à titre universel ou à titre particulier, simpl a graduel, unilatéral ou réciproque; il pourra encore constituer l déicommis *de eo quod supererit*, qui n'est, il est vrai, qu'un ge e de fidéi commis universel; mais qui, par les différences qu'il sente avec lui, mérite une étude particulière.

Étudions donc successivement, sous les quatre sec ns suivan-tes, chacune de ces différentes espèces de fidéicommi.

SECTION I.

DES FIDÉICOMMIS A TITRE UNIVERSEL ET A TITRE PARTICULIER.

65. — Le plan que nous avons cru devoir adopter, in de don-ner à l'ensemble de notre travail le plus de clart ossible, et surtout aussi d'éviter les redites qui nous paraissaient éritables,

en suivant toute autre marche, nous oblige à ne faire, sous cette section, que préciser les choses qui peuvent être l'objet de chacune de ces deux espèces de fidéicommis, nous réservant d'ailleurs de traiter de leurs effets respectifs sous la rubrique du chapitre suivant :

§ Ier. — *Du fidéicommis à titre universel.*

66. — Le fidéicommis à titre universel est celui par lequel l'héritier est tenu de remettre à un autre la totalité ou partie de l'hérédité.

Il y en a trois espèces distinctes : 1° le fidéicommis d'hérédité ou de portion héréditaire proprement dit ; 2° le fidéicommis *de eo quod pervenerit* ; et 3° le fidéicommis *de eo quod supererit*, que nous examinerons séparément dans notre section IV.

Voyons, dès à présent, les choses que peut affecter chacune des deux premières espèces.

A. — Du fidéicommis d'hérédité ou de portion héréditaire.

67. — Sans entrer dans l'énumération approfondie de toutes les choses qu'il comprend, non plus que dans les détails relatifs aux déductions qu'il peut comporter, détails qui trouveront leur place naturelle dans les développements qui concerneront la délivrance des fidéicommis, nous nous contenterons de poser ici, comme règle générale, que le fidéicommis d'hérédité porte sur tous les objets de la succession : « *Lucius Titius heres esto* », dit le testateur ; puis il ajoute : « *Rogo te, Luci Titi, ut, cum primum poteris hereditatem meam adire, eam Gaio Seio reddas, restituas.* » C'est donc bien la succession, telle qu'elle se comportait à la mort du testateur, que doit restituer Lucius Titius.

On peut dire, en effet, que le fidéicommis universel correspond à l'institution d'héritier ; le défunt charge le continuateur juridique de sa personne de restituer à un tiers tout ou partie de sa succession, et crée, à la place d'un héritier légitime, un héritier fidéicommissaire : aussi, les jurisconsultes romains désignent-ils le fidéicommis universel sous le nom d'*hereditas fideicommissaria*,

Ainsi, en principe, et d'une façon générale, ce fideicommis porte sur tous les objets de la succession ; mais, ce qu'il faut ajouter, c'est qu'il ne peut contenir que ces objets. Cette limitation est très-bien exprimée dans la loi 96 *de leg.* 3°, qui décharge l'héritier institué de l'obligation de rendre ce qu'il a reçu à titre de prélegs et de fidéicommis, à moins que le testateur n'ait manifesté une volonté contraire : « *Divus Antoninus consultus respondit non* » *debere restituere,quia hereditatis appellatione, neque legata neque* » *fideicommissa continentur.* » — Elle ressort également des lois 17 pr. Dig. *ad sen. cons. Trebell.*, et 114, § 6, dig. *de leg.* 1°, qui enlèvent au disposant le droit de charger son héritier d'instituer lui-même pour héritière une personne déterminée. — Tout ce qu'elles accordent, dans cette hypothèse, c'est que l'héritier institué par le disposant sera tenu de restituer l'hérédité de ce dernier à la personne déterminée.

B. — Du fidéicommis *de eo quod pervenerit.*

68. — C'est celui par lequel le disposant charge l'héritier de rendre tout ce qu'il recueillera de sa succession : il a lieu, par exemple, dans le cas où l'on se serait servi des mots « *portionem tuam* », ou bien « *quidquid ad te pervenerit rogo ut restituas* » (l. 3, § 4, dig. *ad sen. Cons. Trebell.*) — Il se distingue du précédent, en ce qu'il embrasse, non plus seulement les biens que l'héritier a reçus du défunt en cette qualité, mais encore ceux qu'il en aurait reçus à un tout autre titre ; par exemple, en vertu d'un legs *per præceptionem*, dont il aurait été gratifié par le disposant. Seule, la *dos prælegata*, c'est-à-dire la dot léguée par le mari à sa femme instituée, avec charge de rendre, ne serait pas grevée de fidéicommis, « *quoniam reddi potius quam dari videtur* », (l. 77, § 12, dig. *de leg.* 2°, l. 78, § 14, dig. *ad sen. Cons. Trebell.*) La femme reprend ce qui lui appartient, ou du moins ce qu'on devait lui rendre ; il n'y a là qu'un legs « *per repræsentationem.* » « *Et ideo*, dit Cujas, *ab eâ* « *non potest fideicommissum relinqui, excepto quod pro modo com-* « *modi repræsentationis ab eâ fideicommitti potest.* » Le fidéi-

commis portera donc uniquement sur l'émolument que retire la femme de ce legs *per repræsentationem.*

69. — Nous devons ajouter, d'ailleurs, que notre espèce de fidéicommis ne comprend pas non plus les biens qui auraient été donnés entre vifs à l'héritier institué (l. 68, Dig. *de leg. 2ᵉ.*)

Laissant un instant de côté le fidéicommis à titre universel, que nous reprendrons avec le fidéicommis *de eo quod supererit*, abordons, à présent, le fidéicommis à titre particulier.

§ II. — *Du fidéicommis à titre particulier.*

70. — Ce fidéicommis correspond au legs, comme le fidéicommis à titre universel correspond à l'institution d'héritier : à la place d'un légataire, le défunt fait un fidéicommissaire d'objet particulier : « *Res per fideicommissum relinqui possunt quæ etiam per damnationem legari possunt.* » (Ulp., *reg.* tit. XXV, § 5.)

71. — Disons cependant tout de suite qu'à la différence de ce legs, qui est nul lorsqu'il porte sur des choses se trouvant hors du commerce à l'égard du légataire, le fidéicommis, qui a pour objet même des choses qui se trouvent hors du commerce vis-à-vis du fidéicommissaire, produit un certain effet : car, si le fidéicommissaire ne peut pas exiger la délivrance de l'objet lui-même, il n'en a pas moins le droit d'en réclamer l'estimation (l. 40, Dig., *de leg.* 1ᵉ). Nous ne croyons pas, en effet, que l'on puisse accepter ici la mutilation que Pothier a cru devoir faire subir au texte de cette loi, en supprimant la particule *non;* elle nous semble d'autant plus arbitraire, que la décision que comporte ce texte dans toute son intégrité, est suffisamment justifiée par les principes qui régissent le fidéicommis, principes dont le but, nous le répétons encore une fois, est, avant tout, d'assurer à la volonté du disposant un effet prédominant.

72. — A part cette observation, la règle que nous avons tracée au début de ce paragraphe est générale, et ne comporte aucune difficulté.

Ainsi : les meubles, les immeubles, les créances, les servitudes,

un droit d'usufruit peuvent faire l'objet d'un fidéicommis. — Quant
au droit d'usufruit, cependant, il semble y avoir difficulté pour le
cas d'un fidéicommis dont la mort du grevé serait la condition.
Comment, en effet, comprendre que ce droit d'usufruit puisse être
fidéicommissé, puisqu'il s'éteint par la mort de l'usufruitier?
Gaïus, qui prévoit cette difficulté dans la loi 29, Dig. *de usu et
usuf.*, la résout ainsi : « *Si quis usum fructum legatum sibi, alii
» restituere rogatus sit......, licet jure civili morte et capitis
» deminutione ex personâ legatarii pereat usus fructus, quod huic
» ipso jure adquisitus est; tamen prætor jurisdictione suâ id agere
» debet, ut idem servetur, quod futurum esset, si ei, cui ex fidei-
» commisso restitutus esset, legati jure adquisitus fuisset.* » Le
prêteur devait donc, en interposant son autorité, faire que l'usufruit
fût remis, *jure legati*, au fidéicommissaire. Remarquons, cependant,
que ce n'est pas le même usufruit qui passe à ce fidéicommissaire ;
c'est plutôt un nouvel usufruit qui est réputé créé par le testateur
à son profit : il en résulte que le premier usufruitier n'est pas un
véritable grevé, et qu'à proprement parler, il n'y a pas de fidéicommis.

73. — De même, tout fidéicommis peut affecter indifféremment :
soit une chose actuellement existante, soit une chose future ; il
peut également porter sur un objet appartenant à l'héritier institué
ou sur une *res aliena;* et, dans ce dernier cas, le fidéicommissaire
doit, en principe, prouver que le défunt avait su que la chose ne
lui appartenait pas. (Sent. de Paul, IV, 1, § 8.)

74. — Gaïus nous apprend encore, en ce qui concerne ce cas
d'une *res aliena* laissée par fidéicommis que, suivant certains
jurisconsultes, si le propriétaire ne voulait pas se défaire de la
chose, le fidéicommis s'évanouissait, et, par conséquent, le fiduciaire se trouvait libéré ; tandis qu'en pareille circonstance, l'héritier tenu d'un legs *per damnationem*, devait payer l'estimation.
(Gaïus, Comment. II, § 262.) — Mais cette opinion isolée n'avait
sans doute pas prévalu: car, aux Institutes, on ne prend même pas
la peine de la mentionner. (Inst. § 1, *de sing. reb. per fideic. rel.*)

75. — Nous avons dit que le fidéicommis peut aussi porter sur

une chose appartenant au fiduciaire ; et même, dans ce cas, il n'y
pas à rechercher si cette chose qu'il doit restituer vaut plus que
ce qu'il a reçu. (Gaïus, ii, § 261 ; l. 70, § 1, dig. *de leg.* 2°.) C'est
là, du reste, une dérogation à cette règle : « *Hoc solum observan-*
» *dum est, ne plus quisquam rogetur alicui restituere quàm ipse*
» *ceperit : nam quod amplius est, inutiliter relinquitur.* »

76. — On peut enfin, par fidéicommis, laisser la liberté à un
esclave, c'est-à-dire charger l'héritier ou un légataire d'affranchir
cet esclave ; et peu importe qu'il appartienne au *de cujus*, au fiduciaire, ou même à un étranger. (Gaïus, ii, §§ 263 et 264.) — Dans
ce dernier cas, c'est-à-dire lorsque l'esclave appartient à un étranger, le fiduciaire doit commencer par l'acheter, pour pouvoir
ensuite l'affranchir.

Mais que décider si le propriétaire de cet esclave ne veut pas le
vendre pour un prix raisonnable ? D'après les anciens jurisconsultes, en cas pareil, le fidéicommis s'évanouissait : « *Alieno servo*
» *per fideicommissum datâ libertate*, dit Ulpien, *si dominus eum*
» *justo pretio non vendat, extinguitur libertas, quoniam nec pretii*
» *computatio pro libertate fieri potest.* » (Fragm. ii, § 11; Gaïus, ii,
§ 265.) Cette doctrine fut corrigée par l'empereur Alexandre, qui
proposa la solution diamétralement opposée « *quia possit tempore*
» *procedente, ubicumque occasio redimendæ ancillæ fuerit, præstari*
» *libertas.* » (L. 6, code, *de fideic. hered.*) Et c'est cette décision
qu'a consacrée Justinien dans ses Institutes : « *Non statim extin-*
» *guitur fideicommissaria libertas, sed differtur.* » (Inst., § 2,
de sing. reb. per fideic. relict.)

Notons, pour terminer, que l'affranchissement fidéicommissaire,
lors même qu'il s'applique à l'esclave du *de cujus*, se distingue pro-
fondément de l'affranchissement direct. Au cas d'affranchissement
fidéicommissaire, l'esclave devient l'affranchi, non pas de son
maître défunt, mais du fiduciaire qui lui procure la liberté par un
mode de *manumissio inter vivos :* c'est donc à ce fiduciaire qu'appartiendra la qualité de patron. — Au contraire, l'esclave « *qui*
» *directo testamento liber esse jubetur, ipsius testatoris libertus fit,*
« *qui etiam orcinus appellatur.* » — Cette différence entre la *li-*

bertas fideicommissaria et l'affranchissement direct est dans la nature même des choses : aussi subsiste-t-elle dans le droit de Justinien, malgré l'assimilation des legs et des fidéicommis.

SECTION II.

DES FIDÉICOMMIS SIMPLES ET GRADUELS.

77. — Le fidéicommis *simple* est celui par lequel la personne à qui l'institué doit rendre, n'est pas chargée elle-même de rendre à une autre : c'est, en d'autres termes, un fidéicommis qui ne contient qu'un degré de substitution.

78. — Le fidéicommis *graduel*, au contraire, est celui par lequel le fidéicommissaire est lui-même grevé envers d'autres personnes de la restitution des choses qu'il a recueillies; il est donc graduel, en ce sens qu'il contient plusieurs degrés de restitution; exemple : Primus, en instituant Secundus son héritier, l'a prié de restituer à Tertius soit un objet particulier, soit l'hérédité elle-même, en tout ou en partie; puis il prie en même temps Tertius de rendre à Quartus, Quartus à Quintus et ainsi de suite.

Cette variété de fidéicommis se pratiquait souvent chez les Romains et se trouvait ordinairement dans les fidéicommis faits à la famillle : mais ce serait une erreur de croire que ce fût là leur seul cas d'application; la loi 87, § 2, Dig. *de leg.*, 2° prouve surabondamment le contraire.

Comme tout fidéicommis, le fidéicommis graduel pouvait s'établir expressément ou tacitement, c'est-à-dire qu'il pouvait résulter non-seulement de termes manifestant l'intention du disposant d'une manière expresse, mais encore de simples présomptions. La loi 69, § 3, Dig. *de leg.* 2° en est la preuve la plus convaincante, lorsqu'il appelle au fidéicommis les parents les plus éloignés aussi bien que ceux au premier degré; c'est-à-dire lorsqu'il admet la gradualité résultant de ces mots « *ne domus alienaretur, sed ut in familid relinqueretur.* »

79. Jusqu'à Justinien , le droit de disposer de la sorte put s'exercer d'une façon illimitée ; et les fidéicommis purent être perpétuels.

80. — Ce n'est que dans le chapitre ii de la novelle 159, qu'on trouve une décision contre la perpétuité d'un fidéicommis qui avait été établi dans une famille. Justinien déclare par cette constitution que les biens ayant parcouru *quatre générations*, il lui a paru trop scrupuleux de laisser au fidéicommis un plus long cours.

Est-ce là une décision générale ou particulière ? Nos anciens jurisconsultes, Cujas, Ricard, Furgole, pensent que Justinien n'a jamais eu l'intention de faire une décision générale qui comprît tous les fidéicommis graduels, mais bien une décision particulière et spéciale à l'espèce soumise à son jugement. Ils ajoutent, à l'appui de leur solution, que les termes dont se sert Tribonien pour donner tort au demandeur Alexandre, le dernier survivant des quatre fils de Hérius *major*, montrent que ce jurisconsulte a fondé sa décision sur des points de fait, et sur ce qu'il était impossible d'admettre, après quatre générations, un procès sur une affaire aussi ancienne, surtout quand la fille de Constant est morte impubère. Aussi, n'hésitent-ils pas à déclarer que la novelle ne contient aucune limitation à la durée du fidéicommis, et que l'on est ici en présence d'un jugement acheté à Tribonien par les plaideurs : « *Et videtur,*
» dit Cujas, (*ad nov.* 159, t. II, col 1161), *hæc novella ex earum nu*
» *mero esse, quas Harmenopulus Tribonianum composuisse narrat, et*
» *obscuré et ambiguë pecunià corruptum ut et nov.* 2 *et* 106, *et*
» *recantata pleraque.* »

SECTION III.

DES FIDÉICOMMIS UNILATÉRAUX ET RÉCIPROQUES.

81. — Les fidéicommis unilatéraux, qui sont les plus ordinaires, sont ceux dans lesquels le grevé est chargé de rendre à l'appelé, celui-ci n'étant, du reste, nullement tenu envers le fiduciaire.

— 47 —

82. — Les fidéicommis réciproques, au contraire, sont ceux par lesquels deux personnes sont grevées mutuellement l'une envers l'autre : J'institue Primus et Secundus, et je les substitue l'un à l'autre, lorsqu'ils mourront. Voilà un fidéicommis réciproque.

83. — Comme le fidéicommis graduel, et tous autres, le fidéicommis réciproque peut être établi expressément ou tacitement, c'est-à-dire résulter de termes exprès ou simplement de conjectures ou présomptions qui découlent des dispositions faites par le *de cujus*. Nous avons des exemples de cette dernière espèce de fidéicommis réciproque, dans les lois 16, code *de pactis*, et 87, § 2, *de leg. 2°*. Cette dernière est ainsi conçue : « *Fidei autem vestræ, Vero et Sapide, committo, ne eum reddatis ; eumque qui ex vobis ultimus decesserit, cum morietur, restituat Symphoro....* » Il y a là comme on le voit, d'une part, un fidéicommis exprès au profit de Symphore ; et, d'autre part, un fidéicommis tacite et réciproque au profit du dernier mourant des deux légataires institués. Comment, en effet, celui-ci pourrait-il rendre le fonds entier à Symphore (ce dont il est tenu), si la portion du prédécédé ne lui avait pas été remise préalablement ?

SECTION IV.

DU FIDÉICOMMIS DE EO QUOD SUPERERIT.

84. — C'est la troisième espèce de fidéicommis universel que nous avons mentionnée. Elle a lieu toutes les fois que le grevé est chargé de rendre ce qui restera des biens dont il a été gratifié.

Ainsi que nous l'avons annoncé au début de ce chapitre, ce fidéicommis présente certaines différences avec le fidéicommis universel lui-même. Pothier (Pandect. liv. 36, tit. I, sect. II, art. 2) croit devoir en signaler trois, savoir :

85. — PREMIÈRE DIFFÉRENCE. — Le *fidéicommissum hereditatis* comprend, sans exception, tous les objets composant l'hérédité : le fidéicommis *de eo quod supererit*, au contraire, ne comprend que ceux de ces objets qui se retrouvent dans la succession, soit en nature, soit en équivalent, lors du décès de l'héritier institué.

Ce n'est pas à dire pour cela que le grevé puisse disposer à son gré des objets compris dans l'hérédité : il ne peut, au contraire, les aliéner en aucun cas à titre de don : et même, pour pouvoir le faire à titre onéreux, il fallait que l'aliénation fût nécessitée par des besoins réels. En d'autres termes, la bonne foi devait servir de règle ; et le substituant était censé l'avoir ainsi entendu (ll. 54 et 58, § 8, dig. *ad sen. Cons. Trebel.*)

86. — Du reste, et dans ces conditions, la faculté d'aliéner était illimitée dans le principe : ce fut la novelle 108 de Justinien qui vint y apporter une restriction assez considérable, en défendant au fiduciaire d'aliéner plus des trois quarts de l'hérédité, sauf dans le cas : 1° d'une constitution de dot ; 2° d'une donation *propter nuptias* ; 3° d'une vente consentie par le grevé dans le but de racheter des captifs ou de se procurer les ressources nécessaires aux besoins de la vie (Code, l. 6 *in fine, ad sen. Cons. Treb.*)

87. — Deuxième différence. — Pothier ajoute que le fidéicommis *de eo quod supererit* se distingue, en second lieu, du *fideicommissum hereditatis*, en ce que le premier entraînait pour le grevé l'obligation de restituer les fruits existants lors de l'ouverture du fidéicommis, tandis que ce dernier ne comporte aucune obligation de ce genre.

Mais nous ne croyons pas pouvoir admettre aussi facilement cette seconde distinction, qui repose tout entière sur deux lois de Papinien, au premier abord en complète contradiction, et pour la conciliation desquelles Cujas, et, après lui, Pothier n'ont pas craint d'altérer un texte.

La première de ces lois est la loi 3, § 2, au Digeste, *de Usuris*, ainsi conçue :

« *Nonnumquam evenit ut, quanquam fructus hereditatis aut*
« *pecuniæ usura nominatim relicta non sit, nihilominus debeatur.*
« *Ut puta si quis rogetur post mortem suam quidquid ex bonis*
« *supererit Titio restituere. Ut enim ea, quæ bonâ fide diminuta*
« *sunt, in causâ fideicommissi non deprehenduntur, si pro modo*

« *cæterorum quoque bonorum diminuantur; ita quod ex fructibus*
« *supererit, jure voluntatis restitui oportebit.* »

Dans la seconde de ces lois, qui forme la loi 58, § 7, *ad Senat.
Trebell.*, le jurisconsulte, au contraire, s'exprime de la façon suivante :

« *Quod ex hæreditate superfuisset cum moreretur, restituere*
« *rogatus, fructus superfluos restituere non videtur rogatus; cum*
« *ea verba deminutionem quidem hæreditatis admittunt, fructuum*
« *autem additamentum non recipiant.* »

On le voit, à leur première lecture, ces deux textes présentent
deux solutions différentes que, ainsi que nous l'avons dit plus haut,
Cujas et Pothier (1) s'efforcent de concilier, en retranchant dans le
deuxième, c'est-à-dire la loi 58, § 7, la particule *non*, qu'ils pré-
tendent avoir été introduite par une erreur de copiste. Dès lors,
ils se croient autorisés à dire que, dans tous les cas, l'héritier grevé
d'un fidéicommis *de eo quod supererit*, doit comprendre dans la
restitution les fruits *existantes* au moment du *dies cedit*.

Nous n'osons, pour notre part, adopter cette conciliation que
nous trouvons trop hasardée, en présence de la mutilation du texte
qu'elle nécessite, et que repoussent si énergiquement la plupart
des interprètes, notamment : Voët, *ad Pandect.*, liv. xxxvi, tit. 1,
N° 59 ; et Wissembach, dont l'avis est rapporté par Pothier,
loc. cit.. Nous nous en écartons même d'autant plus volontiers,
qu'en réalité, ces deux lois comportent, dans leur intégrité, une
explication qui nous paraît aussi simple que juste.

Que prévoient, en effet, ces deux lois ? deux hypothèses toutes
différentes : car, dans la seconde, le testateur a chargé son héritier
de rendre au fidéicommissaire « *quod ex hæreditate supererit* » ;
or, l'hérédité ne comprend certainement pas les fruits perçus postérieurement à son ouverture ; et, par suite, rien n'indique chez le
disposant l'intention de les comprendre dans la restitution. Au
contraire, dans la première loi citée, le testateur se sert d'expressions tout opposées ; il veut que l'héritier rende à Titius, au

_____

(1) Cujas, comment. *in lib. XIX*; *quæst. Papinian. ad leg. III de usuris*, et
comment. *in lib. IX, respons. Papin. ad leg. 58, ad sen. cons. Trebell.*
Pothier, Pandect. liv. XXXVI, tit. 1, sect. 2, art. 2, note 1.

4

moment de son décès, « *quidquid ex bonis supererit* » ; et l'on comprend, en présence de termes aussi généraux, que les juris-consultes romains aient été amenés à considérer les *fructus existantes*, comme devant être compris dans la restitution, surtout si l'on a présente à l'esprit cette règle fondamentale qui veut qu'en matière de fidéicommis, on se réfère avant tout, et pardessus tout, à l'intention vraisemblable du disposant.

Et d'ailleurs, rien ne peut autoriser à tirer de la loi 3, § 3 *de usuris*, une règle générale. Papinien a eu assurément pour seul but d'y résoudre, par une décision particulière, une question née dans une espèce déterminée ; et, ce qui le prouve suffisamment, ce sont les termes mêmes qu'il emploie « *jure voluntatis restitui oportebit.* » La solution proposée puisant, en effet, sa source dans une inter-prétation raisonnable de la volonté du disposant, rien ne permet de la généraliser.

Enfin, il suffit d'examiner le texte de la loi 58, § 7, pour se convaincre que, loin de contredire notre solution, il lui est émi-nemment favorable. Que dit, en effet, la dernière phrase ? Elle dit que, bien que les termes de la disposition fassent admettre les diminutions que la succession aurait éprouvées dans les mains de l'héritier, ils ne sauraient cependant comporter le *fructuum addi-mentum*, l'adjonction des fruits. Rien, ce nous semble, n'est plus clair, ni plus précis.

Aussi, nous croyons-nous fondé à dire que la question de savoir si la restitution doit comprendre les *fructus existantes*, dans le cas d'une disposition *de eo quod supererit*, est, comme pour tous les fidéicommis universels, une question d'interprétation qui dépend des expressions dont s'est servi le disposant ; mais qui, en règle générale, doit être résolue par la négative ; et nous sommes d'au-tant plus porté à le décider ainsi, que ce fidéicommis imposant à l'héritier des obligations moins étendues que le fidéicommis ordi-naire, il serait bien singulier de lui imposer un surcroît de restitu-tion que ne comportent pas ces derniers, ainsi que nous le verrons plus loin.

88. — TROISIÈME DIFFÉRENCE. — Enfin, Pothier présente la troi-

sième distinction suivante : Dans le fidéicommis de l'hérédité,
l'héritier déduit ce que lui devait le défunt ; mais, dans notre
fidéicommis *de eo quod supererit*, il ne le déduit que jusqu'à concurrence de ce dont l'obligation excède ce qu'il a consommé de la
succession.

C'est, en effet, ce qui résulte d'un passage de Scévola qui, sur ce
point, n'est que l'interprète d'un jurisconsulte, nommé Claudius. Ce
passage est la loi 80, dig. *ad. sen. Cons. Trebell.*

Lucius Titius avait institué pour héritiers sa mère et son oncle
maternel, qui se trouvaient être ses créanciers ; puis il les avait
chargés par fidéicommis de restituer, après leur mort « *quod ex re
familiari testatoris superfuerit* ». Les héritiers consommèrent en
grande partie les biens du testateur, et laissèrent eux-mêmes des
héritiers qui savaient fort bien que Septicius était détenteur de plusieurs effets subsistants de la succession de Lucius Titius. — Scévola, interrogé sur le point de savoir si les héritiers de la mère et
de l'oncle maternel seraient fondés à demander à Septicius ce que
Lucius Titius devait à leur auteur, répondit négativement. —
Claudius, de son côté, fait, à cet égard, la remarque suivante : Il
est vrai que par l'acceptation qu'ont faite de la succession la mère
et l'oncle, les obligations résultant des créances qu'ils avaient
contre la succession sont éteintes, par la confusion de droits qui
s'est opérée en eux ; mais ils n'ignoraient pas que l'action en répétition du fidéicommis avait lieu contre eux ; ils ont donc manqué
d'équité en consommant, comme ils l'ont fait, une grande partie de
la succession qu'ils devaient restituer.

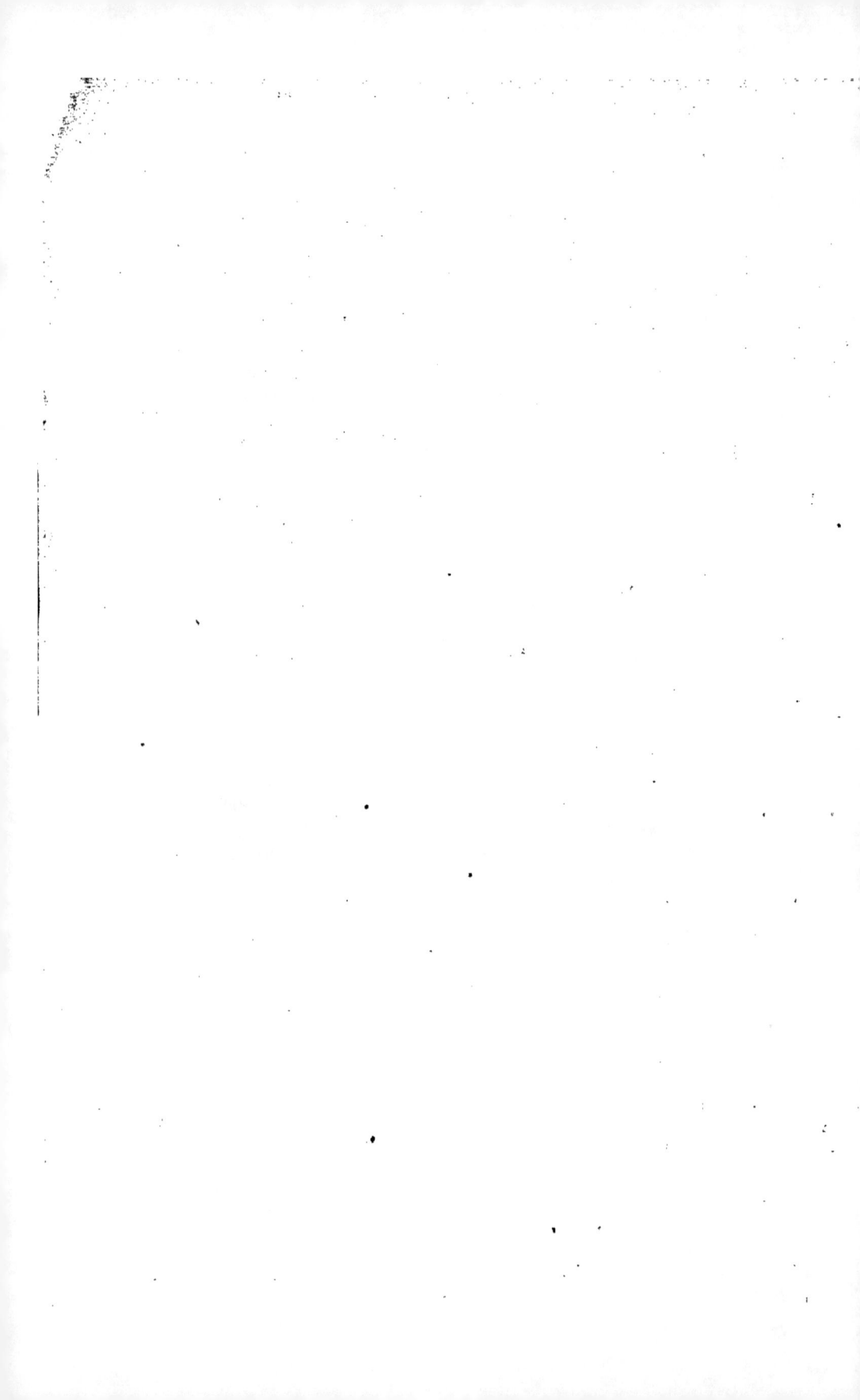

CHAPITRE III.

OUVERTURE DU FIDÉICOMMIS.

89. — Nous entendons par ouverture d'un fidéicommis le jour de l'échéance de ce fidéicommis; c'est-à-dire, ainsi que le dit Pothier, le jour où « *jus est fideicommissario quæri* ».

90. — Cette ouverture des fidéicommis rappelle deux expressions fort usitées en matière de legs parmi les jurisconsultes romains, et qui, également applicables à la nôtre, méritent d'être signalées à cette place : nous voulons parler du *dies cedit* et du *dies venit :* double expression qui, dans les dispositions de dernière volonté, servait à désigner deux époques fort importantes.

« La langue juridique, nous dit si bien M. Accarias (précis de
« droit romain, t. I, p. 873), établit une antithèse entre les expres-
« sions de *cedit* (le terme s'avance) et *dies venit* (le terme est
« venu). Quand il s'agit d'obligations contractées entre vifs, *dies*
« *cedit* signifie que le droit a une existence certaine; *dies venit*,
« qu'il est exigible (l. 213, *de verb. signif.*). En matière de legs,
« cette dernière expression, d'ailleurs peu usitée, conserve abso-
« lument son sens et sa portée ordinaires : mais *dies cedit* n'ex-
« prime pas que le droit au legs ait dès à présent une existence
« certaine; en effet, comme on le verra bientôt, le moment de la
« *diei cessio* se confond presque toujours avec le moment du décès
« du testateur : or, à ce moment, l'effet du legs reste encore subor-
« donné à cette condition que l'héritier institué puisse et veuille

« faire adition. L'expression *dies legati cedit* ne marque donc que
« la fixation éventuelle du droit. »

91. — Ces explications relatives aux legs sont absolument vraies
en ce qui concerne le fidéicommis : une seule observation reste à
faire, à l'égard de ces derniers, c'est que pouvant, à la différence
des premiers, et ainsi que nous l'avons montré plus haut, se
trouver constitués à la charge d'héritiers *ab intestat*, ils n'offriront
pas toujours cette sorte d'éventualité que signale M. Accarias,
comme résultant du sort qui est réservé au testament : la validité
du fidéicommis, au contraire, devra, dans ce cas, être considérée
intrinséquement et en elle-même, abstraction faite du sort de tout
testament; et dès lors, le droit du fidéicommissaire acquerra, du
jour même où il s'ouvrira, une pleine et entière consistance.

92. — Quant à l'importance de la détermination de ce *dies cedit*,
elle est triple, dans les legs comme dans les fidéicommis :

93. — 1° Et d'abord, en effet, le *dies cedit* détermine d'une
façon précise et irrévocable quelle sera la personne appelée à bénéficier du fidéicommis : nous n'en voulons d'autres preuves que la
loi 5, § 7, dig. *quand. dies leg. ced.*, et le titre XXIV, § 23, des
règles d'Ulpien. Si, en effet, au jour du *dies cedens*, le fidéicommissaire se trouve sous la puissance d'autrui, à un titre quelconque,
c'est au profit de la personne investie de la puissance que le droit
se fixe ; et c'est elle ou ses héritiers qui recueillent, encore que postérieurement le fidéicommissaire soit devenu *sui juris*.

94. — 2° Le *dies cedit* détermine également les choses sur lesquelles le fidéicommis doit porter. En voici la preuve la plus irréfutable : le fidéicommis comprenait-il, par exemple, une chose
principale et une chose accessoire? Si la chose principale a péri avant
le *dies cedens*, le fidéicommis disparaît faute d'objet. (L. 17 *de leg.*
Inst. II, 20.) Porte-t-il, au contraire, sur une *universitas* susceptible d'augmentation ou de diminution, comme un troupeau ou un
pécule? Le droit du fidéicommissaire se détermine d'après l'état et
la consistance de l'*universitas* au jour du *dies cedens*. (§ 20, *de leg.*
Inst. II, tit. xx, L. 65 *pr.* dig. *de leg.* 2°.)

95. — 3° Enfin, et c'est là sans doute l'effet le plus important, le

dies cedit rend transmissible le droit du fidéicommissaire. Ici encore, les textes sont formels et explicites ; et la loi 5 *pr.* dig. *quando dies leg. ced.*, ainsi que le titre xxiv, § 30, des règles d'Ulpien, ne peuvent laisser aucun doute sur ce point que, du moment où le fidéicommissaire est vivant et capable au jour du *dies cedens*, vînt-il à mourir ensuite, il transmettra nécessairement son droit à ses héritiers ou autres successeurs universels.

96. — Ces courts préliminaires, que nous avons jugés nécessaires sur la nature et la valeur du *dies cedit* étant ainsi résumés, nous pouvons, dès à présent, aborder avec plus d'assurance notre première section, c'est-à-dire les causes d'ouverture des fidéicommis, ou, en d'autres termes, l'examen de l'époque précise et exacte où se place , dans la matière qui nous occupe, ce point en quelque sorte saillant, que nous venons de mettre en lumière.

SECTION Ire.

CAUSES D'OUVERTURE DES FIDÉICOMMIS.

97. — L'ouverture des fidéicommis varie, suivant que le disposant a mis ou non une condition à sa libéralité. Étudions la donc séparément dans les fidéicommis purs et simples ou à terme d'abord, puis ensuite, dans les fidéicommis conditionnels.

98. — A. En ce qui concerne les fidéicommis purs et simples, et les fidéicommis à terme (nous parlons, bien entendu du *dies certus*; puisque, dans les dispositions de dernière volonté, « *dies incertus* » *pro conditione habetur* »), le *dies cedit* se trouve placé, en principe, à l'instant même du décès du disposant. Cette époque, d'ailleurs, n'a pas varié avec la loi *Papia Poppœa*, qui l'avait reculée, pour les legs, au moment de l'*apertura tabularum* : car, ainsi que l'ont fait justement observer Cujas et Pothier, (Cuj. Comm. sur le titre ii du code, *ad leg. un.* § *Cum igitur*; Poth. Pand. liv. *de leg. et fidéic.*, sect. 1, art. 1, N° cclxxiii), cette loi qui statuait sur les legs, étant restée muette en ce qui touche les fidéicommis, ne pou-

vait pas atteindre ces derniers qui, dès lors, restèrent soumis à l'ancien droit.

Ainsi, en règle générale, et à quelque époque que l'on se place, le *dies cedit*, dans les fidéicommis purs et simples ou à terme, se trouve concomitant à l'époque de la mort du disposant.

99. — Quelques cas cependant font exception à cette règle, et nous présentent le *dies cedit* confondu avec le *dies venit* qui, lui, ne se produit jamais qu'au jour de l'adition, si le fidéicommis est pur et simple, ou à l'expiration du terme et l'accomplissement de la condition, si le fidéicommis est à terme ou sous condition. Ainsi :

100. — 1° Dans l'hypothèse où le fidéicommis s'adresserait à un esclave du disposant que ce dernier aurait chargé son héritier d'affranchir, comme la première condition pour que cet esclave puisse avoir un droit fixé à son profit, c'est qu'il soit devenu libre, le *dies cedit*, pour son fidéicommis, n'aura lieu qu'au moment où la liberté lui sera acquise, c'est-à-dire, non pas à la mort du disposant, mais seulement à l'adition d'hérédité ; et c'est effectivement ce qu'ont décidé les lois 7, § 6 et 17, dig. *Quand. dies leg. ced.*

101. — 2° De même, lorsque le fidéicommis porte sur un de ces droits d'usufruit, d'usage ou d'habitation, droits exclusivement attachés à la personne, le *dies cedit* n'a lieu que lorsque le *dies venit* lui-même est échu : « *Tunc enim constituitur usufructus*, dit Ulpien pour rendre compte de cette différence, *cum quis jam frui potest.* » (l. 1. § 2, dig. lib. VII. tit. 3); il l'explique ailleurs d'une manière plus claire, en disant : « *Nam cum persona cohæreat, recte dicitur ante aditam hereditatem diem non cedere,* » (l. 9 dig. *quand dies leg. ced.*) ; et enfin, plus explicitement encore : « *Nam cum ad heredem non transferatur, frustrà est si ante quis diem ejus cedere dixerit.* » (l. 3, *loc. cit.*). On ne peut, en effet, concevoir l'existence d'un pareil droit, indépendamment de l'exercice.

102. — B. Quant au fidéicommis conditionnel, nous devons, avant d'aborder la question du *dies cedit*, en ce qui le concerne, faire une observation importante ; c'est que, à la différence des legs qui, avant Justinien, ne pouvaient être reportés à la mort de l'héritier institué ou du légataire, on avait toujours admis la vali-

dité des fidéicommis faits sous l'une de ces deux conditions, *cùm heres morietur*, ou *pridie quam morietur*. C'est ce que disent du moins les règles d'Ulpien, au titre XXV, § 8, et les Institutes, liv. II, t. XX, 35 *in fine*.

Voyons maintenant à quel moment a lieu le *dies cedit* pour ces fidéicommis conditionnels, comme pour les fidéicommis à terme incertain.

103. — La règle générale est que le *dies cedens* n'a lieu que quand la condition qui suspend l'existence de ces fidéicommis vient à se réaliser; et cela, sans qu'il y ait à distinguer si la condition est casuelle ou potestative de la part du fidéicommissaire. (L. 5, § 3, dig. *Quand. dies leg. ced.*)

104. — Les seules exceptions que comporte cette règle sont les suivantes :

1° Si la condition apposée au fidéicommis est de celles « *quas prætor remittit* », le *dies cedit* a lieu immédiatement, sans qu'il soit nécessaire d'attendre l'évènement de la condition ; (l. 5, § 3, dig. *quand. dies leg. ced.*);

2° De même, si la condition à laquelle est subordonné le fidéicommis est impossible, le *dies cedit* échoit comme dans un fidéicommis pur et simple ; (l. 5, § 4, dig. *loc. cit.*);

3° Si la condition est telle que son évènement ne dépende pas du fidéicommissaire, mais du seul fait de l'héritier ou du tiers qui est chargé de la remplir, comme dans les exemples de la loi 5, § 5, *loc. cit.* : dans ce cas, le *dies cedit* a encore lieu, comme si la condition était réellement accomplie, du moment où ce dernier se trouve à même d'y satisfaire.

105. — Il nous reste maintenant à voir si, en dehors des quelques cas que nous venons de montrer comme faisant exception au jour ordinaire de l'échéance du *dies cedit* dans les fidéicommis purs et simples comme dans les fidéicommis conditionnels, il ne peut exister d'autre cause à cette échéance que la mort du disposant, pour les premiers, et l'évènement de la condition pour les seconds.

Et d'abord, que déciderons-nous au cas de mort civile du fiduciaire ? D'après Ricard, elle n'aurait pas pour effet de donner ouverture au fidéicommis. — Cet auteur appuie son opinion sur les deux textes suivants : l. 77, §4, Dig. *de leg. 2°*, et l. 48, § 1, *de jure fisci*. Ces deux lois, relatives : la première, à un cas de déportation ; la seconde, à une condamnation prononcée au profit du fisc, décident que le fidéicommissaire n'a droit au fidéicommis, dans chacune de ces hypothèses, que du jour de la mort du grevé qui avait subi ces condamnations. Donc, conclut Ricard, la mort civile n'ouvre pas le fidéicommis.

La réponse à cet argument n'est pas difficile : car, ainsi que le fait si justement remarquer Cujas, aucune de ces deux hypothèses ne suppose une condamnation entraînant la mort civile, la *condemnatio in metallum* pouvant être seule comparée à la mort : « *damnatio in metallum morti comparatur semper,* » la loi 17, §6, Dig. *ad sen. cons. Trebell*, est d'ailleurs décisive sur ce point : et il faut dire avec elle que la condamnation *in metallum* est la seule qui ouvre le fidéicommis au profit du substitué.

106. — Mais donnerons-nous la même solution au cas d'abus de jouissance de la part du fiduciaire qui, nous le verrons bientôt, était tenu de jouir en bon père de famille? Tel n'est pas notre avis; et ici encore, nous sommes disposé à nous écarter de l'opinion de Ricard qui, s'appuyant sur les termes de la loi 50 *ad Sen. Cons. Trebellianum*, pensait que l'abus de jouissance entraînait la déchéance du fiduciaire, et donnait, par suite, ouverture au droit du fidéicommissaire. A notre sens, il ne faut voir dans le texte de la loi précitée qu'une situation tout à fait exceptionnelle : c'est, en effet, un père qui est chargé de rendre à son fils encore sous sa puissance ; or, dans ce cas, et comme le dit très-bien la loi elle-même, « *cautiones non poterant interponi* » (car le fils en puissance qui stipule acquiert pour son père ;) et le fils était dès lors dépourvu de toute garantie. Aussi, est-on en droit de supposer que ce n'est sans doute qu'à cause de cette situation exceptionnellement défavorable, qu'a été rédigée au profit du fils la susdite loi 50, à laquelle il serait dangereux de donner une portée trop générale.

107. — Nous terminerons cet ordre d'idées par l'examen de la question de savoir quel effet il convient d'attribuer à l'abandon

anticipé de la part du grevé au profit du fidéicommissaire. Cette remise anticipée est-elle valable, et par suite, donne-t-elle lieu à l'ouverture du fidéicommis ?

Il faut, sans hésiter, répondre affirmativement, avec la loi 12 *de fideic*, code, liv. VI, tit. 43, qui est ainsi conçue : « *Post mortem suam rogatam restituere hæreditatem, defuncti judicio, et ante quàm fati munus impleat, posse satisfacere, id est restituere hæreditatem..... explorati juris est.* » Et la loi 19 dig, *quæ in fraud. credit.* n'est pas moins explicite en ce sens, quand elle refuse aux créanciers du grevé le droit de se plaindre de l'abandon anticipé qu'il aurait fait au profit du fidéicommissaire. Voici, en effet, sa teneur : « *Patrem qui, non expectatâ morte suâ fideicommissum hæreditatis maternæ filio soluto potestate restituit, omissâ ratione Falcidiæ, plenam fidem ac debitam pietatem secutus exhibitionis, respondi, non creditores fraudasse.* » Le fiduciaire, en faisant cet abandon, est donc censé avoir rempli plus complètement la volonté du disposant.

108. — La seule restriction que l'on doive apporter à cette décision, que l'abandon anticipé ouvre définitivement le fidéicommis, c'est qu'elle cesserait d'être vraie, si cette remise anticipée pouvait porter préjudice au fidéicommissaire. Tel serait le cas de l'hypothèse prévue par la loi 114, § 11, Dig. *de leg.* 1ᵉ, où un fidéicommis aurait été fait au profit des fils non émancipés d'un tiers, avec fixation de son ouverture à une époque ultérieure. Le grevé ne pourrait pas, dans cette hypothèse, (la loi le décide ainsi avec juste raison) faire valablement un abandon anticipé; et, en effet, les fils étant, à cette époque, sous la puissance de leur père, il en résulterait que celui-ci acquerrait à leur place, tandis qu'eux, devenus peut-être *sui juris*, au moment de l'ouverture du fidéicommis, se trouveraient avoir été victimes de cette remise anticipée. Ce texte ajoute que la solution resterait la même, encore bien que la remise eût été faite « *ex voluntate filiorum.* »

109. — Notons, en terminant, que, bien que l'ouverture du fidéicommis puisse résulter, ainsi que nous venons de le voir, de l'abandon anticipé, il n'en est pas moins vrai que les actions ne

peuvent être transférées qu'au jour du *dies venit*. La loi 10, *ad. sen. Cons. Trebell.* est formelle à cet égard : « *Sed etsi ante diem vel ante conditionem restituta sit hereditas, non transferuntur actiones; quia non ita restituitur hereditas ut testator rogavit.* Mais une fois que « *conditio extiterit vel dies venerit, benignius est translatas videri actiones.* »

SECTION II.

EFFETS DE L'OUVERTURE DES FIDÉICOMMIS.

110. — Nous abordons avec cette section le point vraiment important de notre sujet. Pour le rendre aussi clair que possible, et lui consacrer tous les développements qu'il comporte, nous le diviserons en deux paragraphes distincts, et traiterons successivement :

1° De la délivrance en matière de fidéicommis ;

2° Des actions qui appartiennent au fidéicommissaire pour obtenir cette délivrance, et de l'exception qui compète à celui qui était déjà possesseur des objets à lui donnés par fidéicommis.

§ I. — *De la délivrance en matière de fidéicommis.*

111. — Il importe, pour l'étude de cette question, de se reporter à la distinction que nous avons établie au chapitre précédent entre les fidéicommis universels et les fidéicommis particuliers. Nous l'examinerons d'abord dans ces derniers, qui demandent à ce sujet des développements beaucoup moins étendus.

A. — De la délivrance des fidéicommis particuliers.

112. — Nous résoudrons sous ce titre les deux questions suivantes :

a. Quelles choses doivent être remises par le fiduciaire au fidéicommissaire.

b. En quel lieu, à quel moment, et entre les mains de quelles personnes doit se faire la restitution.

113. — *a.* Quelles choses doivent être remises par le fiduciaire au fidéicommissaire?

Avant de répondre à cette question, nous avons à faire une observation importante : c'est que le fidéicommis, comme le legs *per damnationem*, n'est point un moyen d'acquérir la propriété : la tradition seule produit cet effet; et, tant qu'elle n'est point opérée, le fidéicommissaire n'a qu'une action, *persecutio extraordinaria*, contre l'héritier ou tout possesseur, pour le forcer à lui remettre les biens grevés de fidéicommis.

114. — Ceci posé, nous résolvons notre question ci-dessus par la distinction suivante : ou le fidéicommis porte sur un objet déterminé, ou il porte sur une chose *in genere.* — Au premier cas, le fiduciaire, débiteur d'un corps certain, devra, comme tout débiteur, remettre au fidéicommissaire l'objet du fidéicommis dans l'état où il se trouve lors de la tradition, non détérioré par son dol ou par sa faute.

115.—Ainsi, quant aux détériorations survenues par suite d'une force majeure ou d'un cas fortuit, le fiduciaire n'en est nullement responsable; (à moins qu'il n'ait été mis préalablement en demeure par le fidéicommissaire, au quel cas il serait tenu de prouver que l'accident serait également arrivé, en supposant que la restitution de l'objet eût été effectuée), et il sera absolument quitte vis-à-vis du fidéicommissaire, en lui restituant la chose dans l'état où elle se trouve; (l. 24, § 3, l. 8, *pr.* Dig. *de leg.* 1°).

Que si, au contraire, elles résultaient d'une faute imputable au fiduciaire, ce dernier, sans contredit, verrait sa responsabilité engagée vis-à-vis du fidéicommissaire. Nous verrons, du reste, à propos de la délivrance des fidéicommis universels, de quel degré de faute il est responsable. — En vertu de ce même principe, les améliorations survenues à l'objet du fidéicommis, sont réputées faire partie intégrante du dit objet, et, par conséquent soumises, comme lui, à la restitution. Tel est le cas de l'alluvion, par exemple; (l. 16, Dig. *de leg.* 3°).

116. — Mais cette solution n'est plus vraie quand le fidéicommis porte sur une chose *in genere* : car « *genera non pereunt.* » Aussi, la délivrance s'appliquera-t-elle toujours ici et nécessairement à la quantité désignée par le disposant, à moins que le fiduciaire ne préfère payer la valeur estimative.

Que si enfin l'objet du fidéicommis est : soit un droit de créance, soit un fait à accomplir par le grevé, celui-ci se libérera envers le fidéicommissaire, en lui cédant les actions destinées à garantir le recouvrement de cette créance, ou bien en accomplissant le fait mis à sa charge, dans les conditions où il doit être accompli, conformément aux intentions du disposant; (l. 39, § 3, Dig. *de leg*, 1°, et l. 73 *de cond. et demonstr.*).

117. — Voilà tout ce qui concerne la délivrance de la chose même, objet du fidéicommis. Nous avons à voir, à présent, si, en dehors de cet objet principal, certaines choses ne doivent pas être également restituées. Examinons à cet égard : 1° celle qui forme l'accessoire de l'objet du fidéicommis; 2° les fruits produits par cet objet.

118. — 1° En ce qui concerne la première catégorie, on doit appliquer l'adage bien connu : « *accessorium sequitur principale,* » c'est-à-dire que la restitution doit nécessairement comprendre, outre l'objet principal du fidéicommis, tout ce qui lui est inhérent ou nécessaire pour son plein et entier usage; (l. 4, § 2, Dig. *si servit. vindic.*; L. 25, § 1, *de usu et usuf.*) — La loi 24, code, *de fideic.*, contient toutefois une exception à cette règle, relativement aux titres de propriété des biens compris dans le fidéicommis. Un rescrit des empereurs Dioclétien et Maximien, dispense, en effet, le fiduciaire de les remettre au fidéicommissaire, exigeant simplement de lui qu'il donne caution de les communiquer, en cas de besoin, et à la première réquisition de ce dernier.

119. — 2° Quant à la deuxième catégorie d'objets soumis à la restitution, (c'est-à-dire les fruits de l'objet du fidéicommis), elle ne comprend que ceux que le grevé a perçus ou aurait pu percevoir postérieurement à sa mise en demeure, à moins, bien entendu, que le fiduciaire n'ait été chargé spécialement de les restituer.

120. — C'est là, du reste, ainsi que l'affirme Gaïus, un point de

différence entre le fidéicommis et le legs *per damnationem*. Voici,
en effet, comment s'exprime ce jurisconsulte, dans le § 280 de son
commentaire II . « *Fideicommissorum usuræ et fructus debentur, si*
» *modo moram solutionis fecerit qui fideicommissum debebit : lega-*
» *torum vero usuræ non debentur; idque rescripto divi Hadriani*
» *significetur.* » — Il est vrai que Pothier (Pand. tit. *de leg et*
fideic. pars III, N° CCCXXXVI, note 2,) restreint singulièrement
l'étendue de ce texte, en se ralliant à l'opinion de Schulting,
d'après lequel on ne devait voir là que le cas où il y aurait eu
inficiatio de la part du fiduciaire.

Ainsi, d'après ces deux auteurs, dans le cas d'un fidéicommis,
si le fiduciaire constitué *in mord* niait l'existence de la disposition
mise à sa charge, et qu'il succombât ensuite dans l'action dirigée
contre lui, on décidait qu'il devrait restituer tous les fruits qu'il
avait perçus depuis sa mise en demeure. Au contraire, dans l'hypothèse d'un legs *per damnationem*, si l'héritier chargé de l'acquitter
venait à nier l'existence de ce legs, le juge ne pouvait comprendre
dans sa sentence que le montant des fruits perçus depuis la *litis*
contestatio; mais, pour punir le légataire, on le condamnait à
payer le double de la valeur léguée.

Pour nous, nous ne voyons rien dans le texte ni dans les idées
du jurisconsulte, qui puisse justifier cette restriction : et elle nous
paraît d'autant plus arbitraire que ce texte, à notre sens, consacre
dans ses termes généraux, un principe en parfaite harmonie avec
les règles du droit romain. Ne suffit-il pas, pour s'en convaincre,
de se reporter aux différences qui existaient entre les contrats de
bonne foi et ceux de droit strict, et de se rappeler que la mise en
demeure (*mora*) ne faisait courir les intérêts et les fruits que dans
les premiers ? « *in bonæ fidei contractibus ex mord debentur.* »
(l. 32, § 2, Dig. *de usuris*).

D'une part, en effet, il est certain que Gaïus ne prévoit dans
notre loi que le cas d'intérêts moratoires, car l'hypothèse d'une
mise en demeure est la plus normale et la plus ordinaire ; et
d'autre part, il est non moins manifeste qu'il y a, entre le legs et
le fidéicommis, les mêmes différences qu'entre un contrat de droit
strict et un contrat de bonne foi : Le premier puise sa source dans

le droit civil lui-même, qui seul le sanctionne et l'astreint à des
formes rigoureuses et solennelles : le second, au contraire, n'avait
sa base que dans l'équité et ne se trouvait garanti que par un
« judicium extraordinarium. » Les legs, d'ailleurs, n'engendrant
pour le légataire qu'une obligation purement unilatérale, ne pouvaient, comme toutes les autres obligations de cette nature, qu'être
considérées comme étant de droit strict. — Et ce qui achève de
prouver ce que nous avançons, c'est que l'action *ex testamento*, à
l'aide de laquelle le légataire pouvait obtenir la délivrance du legs
était elle-même une *condictio*, c'est-à-dire une action *stricti juris*.
Aussi, est-il remarquable que, de tous les textes du digeste, qui
traitent des intérêts moratoires en matière testamentaire, nous n'en
trouvions qu'un seul qui paraisse assimiler sur ce point les legs et
les fidéicommis, tous les autres nous montrant ces intérêts comme
devant courir à partir de la mise en demeure, lorsqu'il s'agit de
ces derniers, sans jamais mentionner rien de pareil en ce qui concerne les legs (l. l. 3, *pr.* et 8, Dig. *de usuris;* l. 87, § 1, Dig. *de
leg.* 2° ; l. 26, Dig. *de leg.* 3° ; l. 18, *pr.* Dig. *ad sen. Cons. Trebell.*). Le seul texte qui, avons-nous dit, fasse exception à cette
exclusion des legs est le § 4, tit. VIII, liv. III, des sentences de
Paul : et encore, est-il permis de supposer qu'il est le résultat
d'une erreur de la part de ce jurisconsulte ; car, dans la loi 26, *de
leg.* 3° précitée, il ne mentionne que les fidéicommis comme engendrant pour le fiduciaire l'obligation de restituer les fruits à partir
de la mise en demeure : *« Is qui fideicommissum debet, post moram
» non tantum fructus sed etiam omne damnum quo adfectus est fidei-
» commissarius præstare cogitur. »*

121. — Nous avons toujours raisonné jusqu'ici dans l'hypothèse
d'une chose, objet du fidéicommis, susceptible d'être remise elle-
même, *in naturâ specificâ*. Mais, comment s'opèrerait notre délivrance, au cas contraire, c'est-à-dire si le fidéicommis portait sur
un objet dont le grevé n'a pas la libre disposition, ou dont il ne
veut pas se dessaisir en alléguant un motif juste et sérieux, comme
celui prévu dans la loi 71, § 3, Dig. *de leg.* 1°. La réponse à faire
ici n'est, ainsi que le décide cette même loi 71, autre que celle que

nous avons faite pour le cas d'un fidéicommis ayant pour objet la chose d'autrui ; c'est-à-dire que le fiduciaire se libèrera envers le fidéicommissaire en lui payant le montant de l'estimation, (l. II, § 17, Dig. *de leg.* 3ᵉ)

122. — Il est bien entendu d'ailleurs que le cas où le corps certain, qui serait l'objet du fidéicommis, viendrait à périr sans la faute du grevé doit être absolument écarté : car alors, le fidéicommis se trouverait éteint faute d'objet ; et le fiduciaire serait entièrement libéré en cédant au fidéicommissaire les actions qui pourraient lui appartenir à raison de cet objet (l. 53, § 9, Dig. *de leg* 1ᵉ).

123. — *b.* Nous arrivons ainsi à la seconde question que nous nous sommes posée au début de ce paragraphe : En quel lieu, à quel moment et entre les mains de quelles personnes doit être opérée la délivrance ?

124. — Et d'abord, en quel lieu ?

Si cet endroit a été désigné par le disposant lui même, il est évident que c'est là, et là seulement, que devra avoir lieu la délivrance (L. 47. *pr.* Dig. *de leg.* 1ᵉ) : il n'est même pas besoin pour cela d'une désignation expresse ; il suffit que la volonté du défunt soit susceptible d'être connue à cet égard (l. 47, *pr. supra*).

125. — Mais si le disposant ne s'est pas exprimé à ce sujet ; et si son intention ne ressort pas suffisamment des termes de la disposition, voici les règles à suivre pour déterminer le lieu de la délivrance :

126. — L'objet du fidéicommis est-il une chose déterminée, une chose *in specie :* la règle est que la restitution devra être effectuée dans le lieu même où se trouvait l'objet grevé de restitution. Il y a toutefois une exception à cette règle, pour le cas où le fiduciaire aurait transporté la chose sans fraude dans un autre lieu ; car alors la délivrance serait valablement faite dans l'endroit où elle aurait été transportée (l. 47, *pr. supr.*)

127. — Consiste-t-il, au contraire, dans une quantité, dans une chose *in genere :* la règle reste la même, si c'est un corps certain, c'est-à-dire s'il a été individualisé, par exemple, si l'on a dit : du froment de tel grenier, du vin de telle cave ; et la restitution devra, par conséquent encore, s'effectuer à l'endroit où se trouve situé le grenier ou la cave ; mais, au cas contraire, c'est-à-dire si rien n'a été précisé à ce sujet, les choses *in genere* n'ayant pas d'assiette fixe, ce sera à l'endroit où la demande sera poursuivie, que devra avoir lieu la délivrance (l. 47, § 1, Dig. *de leg.* 1°).

128. — A quel moment doit-elle se faire ?

Nous avons par anticipation répondu à cette question, par nos développements relatifs au *dies cedit* et au *dies venit.* Sans donc revenir ici sur le moment ou a lieu le *dies venit*, c'est-à-dire celui où, comme nous l'avons vu, la disposition devient susceptible d'une exécution immédiate, nous nous contenterons de mentionner certains cas où la délivrance est encore retardée, même postérieurement à l'échéance de ce *dies venit.*

129. — C'est d'abord le délai de grâce, qui produit cet effet dilatoire : ce délai est accordé au fiduciaire par la loi 71, § 2, Dig. *de leg.* 1° ; car, quoique ne visant expressément que les legs, cette loi s'applique nécessairement et même *à fortiori* aux fidéicommis, où doivent toujours dominer les principes d'équité.

C'est ensuite le cas où l'esclave laissé par fidéicommis avait été chargé de quelque affaire : la délivrance alors ne pouvait en être faite, que lorsqu'il avait rendu compte de sa gestion (l. 69, § 4, Dig. *de leg.* 1°).

C'est encore l'hypothèse où le fidéicommissaire aurait refusé de remplir la condition sous laquelle le fidéicommis lui avait été consenti (l. 22, § 1, *de alim. leg.*)

130. — C'est enfin le résultat du droit de rétention conféré au fiduciaire, pour le cas où les impenses qu'il aurait faites sur la chose ne lui auraient pas été remboursées par le fidéicommissaire (l. 58, Dig. *de leg.* 1°). Nous pensons toutefois que ce droit de rétention devait être restreint aux cas d'impenses occasionnées par de grosses réparations ; celles nécessitées par des réparations d'entretien, devant se compenser avec les fruits par lui perçus depuis l'adition d'hérédité jusqu'à la mise en demeure (l. 61, Dig. *de*

leg. 1°). — Que si, d'ailleurs, sans user de son c it de rétention, le fiduciaire avait opéré la restitution, avant de s ve fait payer le montant de ses déboursés, son droit n'en demeur it pas moins plein et entier ; et il aurait, pour en obtenir l'acquitt ent, la *condictio incerti* (T. 60, Dig. *de leg.* 1°).

131. — Entre les mains de quelles personnes doit opérer la délivrance ?

La réponse est bien simple : ce sera toujours entre les ns du fidéicommissaire lui-même. Il ne peut y avoir d'exception à ce prin- cipe que dans les deux cas suivants : 1° Si le fidéicommissa est un esclave ou un fils de famille en puissance, ce sera au malt u au père de famille qu'elle devra être faite. Et cependant, mé dans ce cas, Ulpien pense qu'elle devra encore être opérée entre les mains du fils de famille lui-même, si telle a été la volonté exprimée par le disposant (l. 14, § 2, Dig. *quand. dies leg. ced.*)

2° Si le disposant a désigné une tierce personne entre les mains de laquelle devrait être effectuée cette délivrance, ce sera, confor- mément à cette intention formelle, à cet exécuteur de ses dernières volontés qu'elle devra être faite en réalité (l. 21, § 4, Dig. *de annuis leg.*).

B. — De la délivrance des fidéicommis universels.

132. — Avant d'aborder les deux mêmes questions que nous venons de résoudre dans le paragraphe précédent, il nous semble nécessaire de faire à cette place une remarque importante, relati- vement à la manière différente dont s'opère la délivrance dans les fidéicommis universels et dans les fidéicommis particuliers.

Tandis, en effet, que, ainsi que nous l'avons vu au début du cha- pitre précédent, la délivrance d'un fidéicommis particulier n'est parfaite que par la tradition réelle et effective, ici, au contraire, elle peut résulter du simple consentement des parties, et du seul accord de leurs volontés.

C'est là, du moins, ce qu'exprime très-bien Gaïus, dans la loi 63 *pr.*, Dig. *ad sen. Cons. Trebell.*, ainsi conçue : « *Factâ in* « *fideicommissarium restitutione, statim omnes res in bonis sunt*

: ejus, cui restituta est hereditas, etsi nondum earum nactus fuerit
« possessionem. »

Et Ulpien émet la même opinion plus explicitement encore, dans
la loi 37, *pr.* Dig. *ad. sen. Cons. Trebell.*

Cette différence n'est, du reste, que très-juste ; car, si l'on veut
se rappeler ce que nous avons dit du fidéicommis universel, à
savoir qu'il constituait une *hereditas fideicommissaria*, ou, en d'autres termes, qu'il consistait en un *« jus hereditarium »*, on comprendra qu'il ne peut, à son égard, être question d'une tradition
qui, on le sait, implique nécessairement l'idée d'objets matériels
faisant ici absolument défaut ; mais que l'on a dû recourir à une
sorte de quasi-tradition dérivant du simple consentement des
parties.

133. — Ceci posé, examinons les deux mêmes questions que
nous avons résolues en ce qui concerne la délivrance des fidéicommis particuliers.

a. Quelles choses doivent être comprises dans la restitution ;

b. En quel lieu, à quel moment et entre les mains de qui doit se
faire cette restitution.

Nous examinerons ensuite, sous ce même paragraphe, quelles
modifications ont été introduites par les deux sénatus-consultes
Trébellien et Pégasien.

134. — *a.* Quelles choses doivent être comprises dans la restitution du fidéicommis universel ?

Nous avons répondu par avance à cette question dans la section I
du chapitre II, en disant que le fidéicommis universel comprenait
tous les objets héréditaires : et ces termes généraux s'appliquaient
non-seulement aux choses corporelles, mais encore aux droits et
créances qui, depuis le sénatus-consulte Trébelien, passent directement sur la tête du fidéicommissaire par le seul fait de la restitution (l. 47, Dig. *ad. sen. Cons. Trebell,*).

135. — Mais, avons-nous ajouté *loc. cit.*, il ne comprend que
ces biens seulement. Et, en effet, sans vouloir nous engager, dès à
présent, dans la question des prélèvements, que nous examinerons

dans un instant, nous pouvons citer comme devant rester définitivement entre les mains du fiduciaire :

1° Les biens qui, précédemment, lui auraient été donnés entre-
vifs par le disposant ;

2° Les droits qui sont inhérents à sa personne d'héritier, tels que
les *jura patronatus* et les *jura sepulchrorum*. (l. 42, Dig. *ad sen.
Cons. Trebell.*) ;

3° Enfin les objets volés par le fidéicommissaire (l. 48, Dig. *ad
sen Cons. Trebell.*) : on ne doit, en effet, jamais admettre quelqu'un à posséder une chose qu'il a tenté de s'approprier frauduleu-
leusement (1).

136. — Quant au point de savoir à quelle époque précise il faut
se placer, pour pouvoir déterminer d'une façon exacte les objets
qui devront être compris dans la restitution, il faut décider, (bien
que l'on soit tenté de répondre que c'est au jour du *dies cedit* qu'il
convient de se reporter à cet effet) que c'est surtout au moment de
la mise en demeure qu'il faut se placer pour apprécier cette consistance. Et, en effet, c'est une règle bien connue, et que nous avons
encore rappelée tout à l'heure, que le débiteur d'un corps certain
n'est tenu à autre chose qu'à délivrer la chose dans l'état où elle se
trouve, lors de sa mise en demeure, non détériorée par son dol ou
par sa faute.

137. — Ainsi, l'un des objets héréditaires a-t-il été détruit par
cas fortuit dans l'intervalle de temps qui sépare le *dies cedit* de la
mise en demeure, nul doute que le fiduciaire se trouve déchargé de
toute obligation de restituer cet objet.

De même, ces objets héréditaires ont-ils subi des dépréciations
ultérieures, nul doute encore qu'il doive en être tenu compte au
fiduciaire. Mais ici encore, il faut nécessairement pour qu'il en soit
ainsi, et en sens inverse, en ce qui concerne les accroissements,
que cet accroissement ou la détérioration soit le résultat d'une force

(1) Cette même pensée se trouve encore exprimée dans le code Napoléon, qui
déclare l'héritier non recevable à recueillir les biens par lui détournés dans l'actif
héréditaire (art. 792).

majeure ou d'un cas fortuit ; car, si le grevé était en faute, sa responsabilité demeurerait engagée.

138. — C'est ici, nous semble-t-il, le moment d'étudier une question aussi grave que délicate, et que nous avons réservée dans le paragraphe précédent : nous voulons parler du point de savoir de quel degré de faute, en matière de fidéicommis, le grevé doit être déclaré responsable vis-à-vis du fidéicommissaire.

Nous avons, sur ce vaste problème, trois textes au Digeste qui, au premier abord, semblent contradictoires : Ainsi, l'un, la loi 47, § 5, *de leg.* 1°, nous montre l'héritier grevé d'un legs, comme étant tenu, non-seulement de sa faute légère, mais encore *diligentiâ*, tout aussi bien que de la faute lourde; d'un autre côté, la loi 22, § 3, *ad sen. Cons. Trebell.* décide que l'héritier, grevé d'un fidéicommis universel, n'est absolument tenu que de la *lata culpa, quæ dolo proxima est.* Enfin, la loi 108, § 12, *de leg.* 1°, assimilant les legs aux fidéicommis, consacre pour les uns comme pour les autres, une distinction de responsabilité basée sur l'intérêt que le grevé peut ou non trouver dans la disposition.

Que conclure de cette antinomie ? Faut-il, comme Cujas et Pothier (Pandect *ad sen. Cons. Trebell.* 1ʳᵉ partie, sect. I, art. 1, n° 2, note 2), dire qu'il y a là réellement une solution différente pour les legs et les fidéicommis ? Nous ne le pensons pas, surtout en présence de leur asssimilation formelle dans la loi 108, § 12 précitée; mais nous préférons décider que cette antinomie n'est qu'apparente, et que nous nous trouvons simplement, en présence de trois lois, dont l'une dicte un principe (la loi 108, § 12) que les deux autres mettent en application dans deux hypothèses différentes.

Que dit, en effet, cette loi 108, § 12 ? Elle pose, comme règle générale, que, dans les legs, comme dans les fidéicommis, les principes du droit commun, en ce qui concerne la prestation des fautes, sont seuls applicables : « *Sicut*, dit-elle, *in contractibus » fidei bona servatur, ut si quidem utriusque contrahentis com- » modum versetur, etiam culpa : sin unius solius, dolus malus so- » lummodo præstetur* »; c'est-à-dire que le principe qui domine la théorie des fautes est ici, comme partout ailleurs, basé sur l'intérêt que peut retirer de l'acte intervenu celui qui en est tenu. Or, comme en définitive, le grevé, dans un fidéicommis, ne peut être considéré comme ayant intérêt à conserver l'hérédité, qu'autant qu'il doit lui en rester quelque chose, notre loi fournit l'application du principe susnommé, en concluant que ce dernier ne sera tenu de sa faute légère, que dans le seul cas où il recueillera quelque chose, *prætereà ex testamento :* « *cum quid tibi legatum, fideice* » *tuæ commissum sit, ut restituas ; si nihil quidem prætereà ex* » *testamento capias, dolum malum duntaxat in exigendo eo legato ;* » *alioquin etiam culpam te mihi præstare debere existimacit.* »

Revenons maintenant à nos deux lois précitées ; et voyons si elles sont autre chose que deux applications distinctes de ce même princip : d'une part, la loi 47, § 5, suppose un legs portant sur un objet particulier ; et elle nous dit que le légataire sera tenu, dans ce cas, non-seulement de sa faute lourde, mais encore de sa faute légère : n'est-ce pas là la deuxième hypothèse de la loi 108, § 12, et la solution correspondante ? d'autre part, la loi 22, § 3, supposant l'héritier grevé d'un fidéicommis portant sur l'hérédité tout entière, décide qu'il n'est tenu que de sa *lata culpa ;* en d'autres termes, elle prévoit la première hypothèse de la même loi 108, § 12, à laquelle elle donne encore la solution prévue.

Rien donc de contradictoire dans nos trois lois qui se complètent et s'expliquent l'une l'autre ; aussi ne pouvons nous comprendre comment Cujas et Pothier ont pu découvrir sur ce point des antinomies qui n'existent point et que dément si formellement la loi 108.

139. — Nous avons vu que les dépréciations subies par les choses composant l'hérédité dans l'intervalle de temps qui sépare le *dies cedit* de la mise en demeure du grevé, sont à la charge du fidéicommissaire.

Le même principe veut que ce dernier profite des augmentations survenues dans l'espace intermédiaire qui peut séparer le *dies cedit* de l'adition d'hérédité : mais il n'en est pas ainsi de celles qui sont postérieures à cette adition, fussent-elles d'ailleurs antérieures à la mise en demeure. — Il n'y a à ce second principe que deux exceptions :

1° Pour le cas où le disposant aurait manifesté l'intention que ces augmentations profitassent au fidéicommissaire ; (l. 63, § 4, Dig. *ad sen. Cons. Trebell.*).

2° Pour le cas où les accroissements sont tels qu'ils font partie intégrante avec la chose sujette à restitution. Telle est, par exemple, l'île née vis-à-vis d'un fonds héréditaire. Mais il n'en serait plus de même, selon nous, pour le *partus ancillæ* (l. 14, § 1, Dig. *de usuris*), quoique cette dernière solution eût été controversée à Rome, (l. 58, § 4, Dig. *ad sen. Cons. Trebell.*).

140. — La règle reste la même, en ce qui a trait aux fruits : ceux perçus avant l'adition d'hérédité doivent être capitalisés, pour être compris ultérieurement dans la restitution à effectuer au fidéicommissaire : c'est là l'application de cet adage bien connu : « *Fructus augent hereditatem* ». Mais, quant à ceux perçus posté-rieurement à cette adition, ils appartiendront au fiduciaire (l. 18, § 2, Dig. *ad sen. Cons. Trebell.*). Ils ne peuvent, en effet, être censés avoir été dans la succession au moment où celui-ci l'a acceptée, puisqu'alors il n'y en avait point : dès lors, l'héritier qui les a perçus depuis, est censé les avoir touchés ou pris plutôt sur les effets héréditaires, que sur la succession qu'il a acceptée : « *non hereditati, sed ipsis rebus accepto feruntur* » ; il s'ensuit que ces fruits ne peuvent être compris dans le fidéicommis de l'hérédité. (Poth. Pandect. liv. XXXVI, 1re part., sect. I, art. 1, § 2, n° VII, note 1).

141. — Nous venons de voir ce que comprend, en général, la restitution d'un fidéicommis universel ; mais nous avons déjà fait remarquer que certains prélèvements pouvaient être exercés, dans certains cas, par le fiduciaire. Examinons donc en quoi ils con-sistent :

Ces prélèvements sont de trois sortes, et comprennent :

1° Les impenses faites par le grevé sur les biens héréditaires ;

2° Les créances que ce dernier pouvait avoir sur le défunt ;

3° Les legs particuliers laissés par le disposant.

142. — Nous n'avons aucun détail à fournir sur les deux pre-miers chefs, dont l'application est si juste et si naturelle. Il nous suffira de rappeler ici, relativement aux impenses faites par le

grevé, une observation que nous avons déjà présentée en ce qui concerne les fidéicommis particuliers, c'est qu'il ne peut être question, sous ce premier chef, que des dépenses autres que celles qui se compensent d'ordinaire avec les fruits perçus. (Voët, *ad sen. Cons Trebell.*, N° 61).

143. — Quant aux legs particuliers, laissés par le disposant en même temps que le fidéicommis universel, ils peuvent être de deux sortes : ou ils sont laissés à des personnes étrangères, ou, au contra re, ils le sont, par précipat, à l'héritier lui-même.

Au premier cas, c'est-à-dire s'ils ont été faits au profit d'étrangers, le grevé devra nécessairement, pour les acquitter, opérer sur l'hérédité qu'il doit restituer au fidéicommissaire, une déduction égale au montant de ces legs.

Au second cas, au contraire, c'est-à-dire s'il s'agit de legs par précipat faits au grevé lui-même, le montant de la déduction que celui-ci pourra opérer sur l'hérédité sera, non plus, comme dans l'hypothèse précédente, de tout le *quantum* du legs, mais seulement de la portion de ce legs « *quod a cohærede accepit*, » (l. 18, § 3, Dig. *ad. sen. Cons. Trebell*). Supposons, par exemple, qu'après avoir institué Titius et Mœvius pour ses héritiers, le disposant lègue à Titius une somme de 1000 sesterces, et prie ce dernier de bien vouloir remettre sa part héréditaire à une tierce personne. Le montant du prélèvement que Titius aura le droit d'effectuer sur sa portion héréditaire qu'il est tenu de restituer, sera non pas de 1000 sesterces qui lui ont été légués, mais bien de la moitié seulement, c'est-à-dire de 500 sesterces. — La raison en est que, le legs *per præceptionem* devant être également supporté par les deux héritiers, Titius ne doit recueillir, en réalité, comme légataire, que la moitié de la somme formant la libéralité dont il était appelé à bénéficier. Quant à l'autre moitié, il la recueille à titre d'héritier ; et elle doit par conséquent être comprise dans la restitution (1).

(1) Ces explications ne sont vraies que si l'on se place à une époque antérieure à la Constitution de Philippe ; car, d'après celle-ci, ainsi que nous le verrons plus loin, c'était le fidéicommissaire qui se trouvait assujetti de plein droit au paiement des legs, comme au paiement des dettes, *ex senatus consulto Trebelliano*. Elles le seraient encore cependant, même depuis cette constitution, si l'on se trouvait dans le cas où la restitution ne peut s'effectuer conformément à ce sénatus-consulte.

144. — Il y a encore une quatrième espèce de prélèvement à laquelle a droit le fiduciaire; c'est celle qui a été introduite par le sénatusconsulte Pégasien. Mais, comme nous devons traiter plus loin avec détail de ce sénatusconsulte, nous reportons à cette place nos développements sur ce point.

145. — Terminons donc cette première question de notre paragraphe, en ajoutant que si, en thèse générale, les aliénations consenties par le fiduciaire, relativement aux objets de l'hérédité, doivent être réputées non avenues, ce principe fléchit cependant dans les cinq cas suivants :

1° En ce qui concerne les aliénations faites pour payer les dettes du disposant (L. 114 § 14, Dig. *de leg.* 1°) ;

2° Ou bien, relativement à celles consenties avec l'autorisation du magistrat, dans le cas d'un fidéicommis conditionnel ou à terme, pour convertir en argent des choses sujettes à dépérissement (*Peregrinus, de fideic.*, art. XL, N° 32) ;

3° Ou bien encore, en ce qui a trait à celles faites par un fiduciaire ignorant le fidéicommis dont il est grevé, si toutefois cette ignorance est excusable de sa part (l. 89 § 7 Dig., *de leg.* 2°) ;

4° De même, les affranchissements portant sur les esclaves héréditaires ne peuvent être révoqués par le fidéicommissaire, par faveur pour la liberté. Dans ce cas, comme dans le précédent, celui-ci n'a d'autre droit que d'exiger une indemnité équivalente au dommage résultant pour lui de l'aliénation ou de l'affranchissement (l. 25 § 2, Dig. *ad sen. cons. Trebell.*) ;

5° Enfin, les aliénations consenties par le fiduciaire sont encore valables, lorsque ce dernier est un des fils du disposant, et qu'elles ont eu lieu soit à titre de donation *propter nuptias* soit à titre de constitution de dot en faveur de ses propres enfants, si d'ailleurs la légitime qui leur est laissée se trouve insuffisante pour les gratifier dans une proportion convenable (nov. 39, chap. 1).

146. — *b.* En quel lieu, par qui, à quel moment et entre les mains de qui doit se faire la restitution ?

Nous avons donné sous le titre de la délivrance des fidéicommis particuliers les différentes solutions que comportent ces questions :

nous ne les reprendrons donc pas ici, d'autant plus que ce sont les règles du droit commun qui toutes sont applicables à notre matière. Ainsi, veut-on savoir par qui doit être effectuée la délivrance ? Ce sera, en principe, par le débiteur lui-même, c'est-à-dire le grevé, ou bien par son fondé de pouvoirs (l. 37, Dig. *ad sen. Trebell.*), ou bien encore par son héritier, si le grevé est mort avant d'avoir fait cette restitution. Si, du reste le fiduciaire est une personne *alieni juris* ou un *furiosus*, ce sera à son père, à son maître ou à son curateur qu'appartiendra cette mission (l. l. 40 § 1, 55 § 4 et 35, Dig. *ad sen. cons. Trebell.*). Est-il, au contraire, un pupille sorti de l'*infantia*, la restitution devra être effectuée par le pupille lui-même, avec l'assistance de son tuteur (l. 37, § 1, Dig. *ibid.*). Que si enfin le fidéicommis se trouve imposé à une corporation, la délivrance ne pourra être faite qu'après une décision émanée des membres de cette corporation (l. 1 § 15, Dig. *ad sen. cons. Trebell.*).

De même, veut-on savoir entre les mains de quelles personnes doit se faire la restitution ? La réponse sera encore identique à celle que nous avons présentée au chapitre précédent : ce sera, en principe, entre les mains du fidéicommissaire lui-même ou de son fondé de pouvoir (l. 37, *ad sen. cons. Trebell.*) ou bien encore d'une personne placée sous sa puissance « *quia perinde est ac si mihi restituta esset hereditas* » (l. l. 40 § 2, 41 et 42, Dig. *ad sen. cons. Trebell.*). Il n'y a d'exception à cette règle que dans le cas où le fidéicommissaire est une personne *alieni juris*, c'est-à-dire un esclave ou un fils de famille, ou bien un incapable. Dans le premier cas, la restitution devra s'opérer entre les mains de celui sous la puissance duquel il est placé (l. 65, l. 30 § 2, Dig. *ad sen. cons. Trebell.*). Que si, d'ailleurs, c'est un pupille sorti de l'*infantia*, il aura besoin de l'assistance de son tuteur pour figurer à la restitution (l. 37 § 2, *ad sen. cons. Trebell.*).

Enfin, veut-on connaître le moment auquel doit avoir lieu cette restitution, il faut encore se reporter à la réponse faite au paragraphe précédent, et dire qu'il coïncide toujours avec le *dies venit*, c'est-à-dire le jour où le fidéicommis devient exigible, soit en vertu de l'adition faite par ce dernier, soit par l'expiration du terme ou l'accomplissement de la condition dont il se trouvait affecté.

147. Maintenant que nous connaissons les développements qui se rattachent à la délivrance des fidéicommis universels, il est nécessaire de rechercher quelle était, après son accomplissement, la position juridique du fidéicommissaire.

Examinons donc les quatre époques successives qui ont apporté de si nombreuses variations à la législation romaine en cette matière.

PREMIÈRE ÉPOQUE ANTÉRIEURE AU SÉNATUS-CONSULTE TRÉBELLIEN.

148. — Appelé à un fidéicommis particulier, le fidéicommissaire, investi par la restitution réelle du droit de propriété, peut immédiatement revendiquer; il n'en demeure pas moins absolument étranger aux actions et aux dettes : l'héritier fiduciaire seul peut agir, et seul aussi il peut être actionné La situation du fidéicommissaire est donc, à cet égard, celle d'un légataire particulier.

149. — Mais cette situation se complique singulièrement quand le fidéicommis est universel. L'héritier qui a restitué toute l'hérédité reste, en effet, toujours héritier. Au point de vue du droit civil pur, il n'y a d'*heres*, de continuateur de la personne juridique du défunt, que celui à qui ce rôle a été confié ou par la loi générale des successions *ab intestat*, ou par la loi particulière d'un testament valable : lui seul représente le défunt, lui seul peut agir ou se voir poursuivi et actionné. Le fidéicommis dont il est grevé, la restitution même de toute l'hérédité au fidéicommissaire, rien ne peut modifier sa condition; *nihilominus heres permanet*. Il fallait pourtant, au nom de l'équité et de la raison, arriver à faire supporter au fidéicommissaire sa part des dettes héréditaires, et, en même temps, lui permettre de profiter des créances qui pourraient se trouver dans la succession. Voici, s'il faut en croire Gaïus, comm. II, § 252, comment on y parvint. L'héritier vendait fictivement, *nummo uno*, la succession au fidéicommissaire, et les stipulations *emptæ et venditæ hæreditatis*, qui avaient coutume de se faire entre le vendeur et l'acheteur, intervenaient entre eux. Le fidéicommissaire s'engageait à indemniser le fiduciaire de tout ce qu'il serait forcé de payer en sa qualité d'héritier, tandis que,

de son côté, l'héritier promettait au fidéicommissaire de le constituer *procurator in rem suam*, contre les débiteurs de la succession,
s'engageant d'ailleurs à lui tenir compte de tout ce qu'il pourrait
recevoir en cette même qualité d'héritier.

150. — Les mêmes stipulations intervenaient au cas de fidéicommis portant sur une quote-part de l'hérédité : mais, bien
entendu, elles étaient alors restreintes à cette quote-part, et le
fidéicommissaire, par conséquent, en supposant une restitution du
quart, n'était tenu envers le grevé que de l'indemniser du quart
des sommes que ce dernier aurait pu débourser.

DEUXIÈME ÉPOQUE. — SÉNATUS-CONSULTE TRÉBELLIEN.

151. — Les stipulations *emptæ et venditæ hereditatis* présentaient de graves inconvénients, et sauvegardaient mal les intérêts
et des uns et des autres, l'insolvabilité des parties contractantes
rendant souvent illusoires les recours réciproques de chacun des
contractants contre l'autre.

152. — Le sénatus-consulte Trébellien, rendu sous Néron,
en l'an de Rome 815, vint remédier à cet état de choses, en déclarant que désormais la restitution de l'hérédité entraînerait, comme
conséquence forcée, le transfert des actions. L'effet de ce sénatus-
consulte est double : d'une part, l'héritier peut invoquer, contre
les créanciers héréditaires, l'exception *restitutæ hæreditatis*, exception que pourront du reste, à leur tour, lui opposer les débiteurs
de la succession; d'autre part, les actions actives et passives sont
transférées pour et contre le fidéicommissaire. Celui-ci peut donc,
ipso jure, actionner, tandis que, de leur côté, les créanciers peuvent le poursuivre. Mais il faut ajouter que, par respect pour le
droit civil, ces actions ainsi conférées ne l'étaient que comme
actions utiles, et par l'entremise du préteur.

153. — Il est bon d'examiner, à propos de ce sénatus-consulte :

1° Dans quels cas il était applicable;

2° En quoi consistent les actions ainsi transférées.

1° Dans quels cas le sénatusconsulte Trébellien était-il applicable?

154. — Il l'était toutes les fois que ces deux conditions coexistaient, à savoir :

a. Qu'il s'agit d'un fidéicommis universel : c'est l'application de cette maxime aussi vraie en droit français qu'en droit romain : « *æs alienum est onus universi patrimonii, non certarum rerum.* »

b. Que le fiduciaire, chargé de restituer tout ou partie de la succession, le fût en qualité d'héritier. Un légataire, tenu de rendre, n'aurait donc pu invoquer le sénatus-consulte Trébellien. Comment, en effet, aurait-il transféré des actions qu'il n'avait pas, et qui, toutes, sont restées à l'héritier institué?

155. — Tout successeur, du reste, héritier testamentaire, héritier *ab intestat*, ou même *bonorum possessor*, pourrait restituer « *ex Trebelliano.* » (L. 1. §§ 5 et 7, Dig. ad sen. cons. Trebell.) — Un fidéicommissaire universel, chargé de rendre à un second fidéicommissaire, le pouvait également : car, lui aussi, était investi des actions; et, dès lors, lui aussi pouvait les transmettre. (L. 1, § 8, ad sen. cons. Trebell.)

156. — Nous trouvons toutefois, dans les textes, deux exceptions à cette règle : la première, qui est assez remarquable, est contenue dans la loi 16, § 6 de notre titre. Ce texte prévoit l'hypothèse d'un fidéicommis *ex certâ re*, compris dans un testament militaire. Nous venons de voir qu'en principe, lorsqu'un testateur *paganus* prie son héritier de restituer à un tiers une *certa res*, les actions ne passent point au fidéicommissaire : notre loi, cependant, fournit une solution différente pour le cas qui nous occupe; et il le justifie par ces termes : « *Nam, ut eleganter Mæcianus ait, quâ* » *ratione ex certâ re miles heredem instituere potest, actionesque* » *ei dabantur, pari ratione transibunt actiones.* » Par exception, et par faveur, la loi considère l'objet de ces libéralités comme « *universitas juris* »; ces dispositions, toutes spéciales, tombent donc, à ce titre, sous le coup du sénatus-consulte Trébellien.

La seconde exception, que nous avons indiquée, se rapporte au

cas où le fidéicommissaire de l'hérédité aurait été lui-même chargé
de restituer à l'héritier direct. La loi 70, *ad sen. cons. Trebell.*, qui
prévoit cette hypothèse, décide, en effet, que le senatus-consulte
ne sera pas nécessaire, puisqu'il suffira à l'héritier de conserver les
actions directes, auxquelles l'addition des actions utiles serait
superflue.

2. En quoi consistent les actions transférées en vertu du sénatus
consulte Trebellien ?

157.—Le fidéicommissaire, étant mis par ce sénatus-consulte *loco
hæredis*, et étant appelé, par suite, à représenter le défunt dans tous
ses droits, il s'ensuit naturellement que toutes les actions héréditaires, quelles qu'elles soient, civiles ou prétoriennes, pures et simples ou conditionnelles, lui sont acquises et données contre lui :
« *Imo*, dit Paul, *et causa naturalis obligationum transit.* » (l. 40,
ad sen. cons. Trebell.). Les obligations naturelles sont donc elles-
mêmes transférées : la loi 64 *ad sen. cons. Trebell.* nous en donne
un exemple. Si l'héritier d'un pupille, dit cette loi, à qui l'on avait
prêté *sine tutoris auctoritate* me restitue, en vertu du Trébellien, la
succession de ce pupille, je ne serai point admis à répéter si je
rembourse le créancier : comme le pupille lui-même, je suis tenu
naturellement en qualité de fidéicommissaire et la dette naturelle
peut faire l'objet d'un paiement valable.

Il suffit même, pour que la transmission des actions ait lieu, que
celles-ci « *ex bonis defuncti pendeant.* » Telles sont les actions qui
bien que nées dans la personne de l'héritier, se rattachent, comme
accessoires, à une créance qui était dans les biens du disposant, par
exemple, si l'héritier consolide la créance héréditaire par un pacte
de constitut (l. 22, *de pecun. const.*) ou en recevant une satisdation
(l. 21 *de fidej. et mand.*) ; et nous serions même tenté de décider de
même s'il recevait, dans de pareilles circonstances, un gage ou une
hypothèque, malgré l'avis contraire que Mœcien donne, en hésitant,
dans la loi 73 *pr.* à notre titre. C'est toujours, en effet, l'application
de la maxime : « *accessorium sequitur principale.* » Mais il n'en
serait plus ainsi des actions principales qui sont nées dans la
personne de l'héritier, bien qu'à l'occasion des choses héréditaires,

si elles ne se rattachaient pas à la créance du disposant : par exemple, de la *condictio* provenant d'un prêt fait par le fiduciaire avec l'argent de la succession. Bien plus, le sénatus-consulte Trebellien n'opèrerait même pas translation de l'action de la loi *Aquilia*, à laquelle aurait donné naissance la détérioration causée à un esclave de la succession (l. 66 § 2). Il faudrait, dans ces divers cas, recourir au mode ordinaire de transmission des actions.

158.— Ajoutons ici, qu'aux termes d'une constitution de l'empereur Philippe, qui vint compléter sur ce point le sénatus-consulte Trebellien, le fidéicommissaire se trouvait assujetti, par le fait même de la restitution, non-seulement au paiement des dettes contractées par le défunt, mais encore à celui des legs et autres charges grevant la succession elle-même, jusqu'à concurrence de l'actif héréditaire (l. 2, code, *ad sen. cons. Trebell.*, l. 1 §§ 17, 20 et 21, Dig. *cod. tit.*)

159. — Et le principe énoncé plus haut, que les actions passent au fidéicommissaire telles qu'elles existaient sur la tête de l'héritier au temps de la restitution, est tellement vrai que Pomponius nous apprend que, s'il y en avait, parmi elles, une temporaire, (avant Justinien les actions prétoriennes étaient presque toutes annuelles, Inst. *pr.* liv. IV, tit. XII,) dont la prescription fût commencée avant cette restitution, il n'y aurait pas lieu à une nouvelle prescription contre le fidéicommissaire, mais ce serait, au contraire, l'ancienne qui poursuivrait son cours. (L. 70, § 2, Pomponius, lib. II, *de fideic.*)

160. — Il n'y a, du reste, absolument d'exception à cette règle, qu'en ce qui concerne les actions qui n'appartiennent pas au fiduciaire seulement en vertu de son titre d'héritier, mais encore à cause d'une autre qualité, notamment, comme étant personnellement investi des droits de patronage; en tant que fils du patron (l. 55), ou dans une situation semblable à celle indiquée par la loi 66, § 3, Paul, liv. II, *de fideic.* (En ce sens, Pothier, Pandect., liv. XXXVI, tit. 1, parte II, 2º sect., art. 1, Nº XLV, note 1.)

161. — Nous avons déjà fait remarquer que tous ces mêmes principes, relatifs au fidéicommis universel, s'appliquant également à celui dont l'objet se trouve limité à une fraction aliquote du

patrimoine du défunt, on devait en conclure que les droits et actions de celui-ci devaient passer sur la tête d'un pareil fidéicommissaire dans une proportion semblable à celle pour laquelle il était appelé à participer au *jus hereditarium* lui-même. Rien donc de plus simple : j'institue Titius mon héritier, en le priant de remettre à Mœvius le tiers de ma succession, et Titius, conformément à ma volonté, remet à celui-ci la portion désignée. Nul doute, assurément, que le sénatus-consulte Trébellien doive recevoir ici son application dans la proportion d'un tiers, et que, jusqu'à cette concurrence, les actions héréditaires doivent passer, *de plano*, et par le seul fait de la restitution, sur la tête du fidéicommissaire.

162. — Mais, dans son application, ce principe peut présenter quelque difficulté : qu'arrivera-t-il, notamment, si le fiduciaire, chargé de restituer une certaine fraction de l'hérédité, avait remis au fidéicommissaire une portion plus considérable que celle spécifiée par le disposant? La loi 63, § 3, *ad sen. cons. Trebell.*, qui prévoit ce cas, répond, avec raison, que les actions héréditaires ne passeront au fidéicommissaire que dans la mesure de la part énoncée dans la disposition : et, en effet, le sénatus-consulte Trébellien ne transfère les actions que de la succession restituée en vertu d'un fidéicommis : peu importe, dès lors, que l'héritier ait disposé volontairement de quelque partie de la succession excédant le *quantum* qu'il avait été chargé de remettre : il ne peut pas plus ainsi en transférer les actions, que s'il avait vendu cet excédant au fidéicommissaire. (Poth., Pandect., *loc. cit.*, note 2.)

163. — Nous en aurons fini avec les développements relatifs au senatus-consulte Trébellien, lorsque nous aurons exposé les effets de la translation des actions héréditaires, telle qu'elle était organisée par ce sénatus-consulte. Or, nous avons déjà vu que cet effet était double :

D'un côté, et à l'égard de l'héritier fiduciaire, nous avons, en effet, indiqué l'exception *restitutæ hæreditatis*, dont ce dernier était armé contre les créanciers héréditaires, et par laquelle il devait se trouver lui-même repoussé, lorsqu'il voulait actionner les débiteurs du défunt *hereditario nomine*. Une seule circonstance

subsistait où, même depuis notre sénatus-consulte, le grevé pouvait encore être poursuivi directement par les créanciers héréditaires; c'était le cas où il y avait péril en la demeure pour ces derniers; par exemple, au cas d'absence du fidéicommissaire. (L. 49,
pr., Dig., ad sen. cons. Trebell.)

163. — D'un autre côté, et par rapport au fidéicommissaire,
nous avons aussi signalé l'investissement à son profit des droits
tant actifs que passifs, qui reposaient jadis sur la tête du défunt.

Reste à examiner si cet investissement est définitif, nonobstant
l'éviction de la succession soufferte postérieurement par le fiduciaire. Il faut, pour résoudre cette question, distinguer suivant que
la *litiscontestatio* intervenue dans l'instance en éviction contre le
fiduciaire, a eu lieu avant ou après la restitution effectuée. Au
premier cas, l'effet de l'éviction prononcée est tel que les actions,
bien que transférées au fidéicommissaire, s'échappent aussitôt de
ses mains. (L. 55, § 5, Dig., ad sen. cons. Trebell.) Au second cas,
au contraire, le grevé vînt-il à succomber dans la contestation, les
actions, une fois transportées sur la tête du fidéicommissaire, y
restent maintenues intégralement : (l 63, § 2, Dig. ad sen. cons.
Trebell.), car il ne peut se faire qu'une action dirigée contre un
autre que le fidéicommissaire puisse anéantir des droits qui lui ont
été régulièrement conférés.

TROISIÈME ÉPOQUE. — SÉNATUS-CONSULTE PÉGASIEN.

165.—Le jour où toutes les charges de la succession incombèrent,
en vertu du sénatus-consulte Trébellien au fidéicommissaire, l'héritier n'eut plus, à vrai dire, à craindre de voir son acceptation se
retourner contre lui. Mais pour le déterminer à faire adition, cette
garantie était insuffisante. A quoi bon accepter, lorsqu'il lui fallait
restituer le tout ? Aussi, la plupart du temps, l'héritier se souciait-il
fort peu d'accepter une succession dont il ne devait en rien profiter.
Il fallait donc, dans l'intérêt même du fidéicommissaire, vaincre ce
mauvais vouloir de l'héritier et le forcer, par l'appât d'un gain
possible, à sortir de son inaction. C'est ce que n'avait point fait le
sénatus-consulte Trébellien et ce que vint faire précisément le sénatus-

consulte Pégasien, en permettant, d'une part, à l'héritier grevé de
retenir la quarte, et en donnant, d'autre part, au fidéicommissaire,
par une adition forcée, le moyen de vaincre le mauvais vouloir du
fiduciaire.

166.— Reprenons séparément les détails relatifs à chacun de ces
deux chefs de notre sénatus-consulte.

Premier chef. — Retenue de la quarte pégasienne [1].

167.—Il convient d'examiner, sous ce premier chef, les deux questions suivantes :

1° Qui peut et dans quel cas peut-on retenir la quarte pégasienne;

2° De quoi se compose cette quarte et comment s'exerce son
obtention.

168.— 1° Et d'abord, qui peut et dans quels cas peut-on retenir la
quarte pégasienne ?

La quarte pégasienne peut être prélevée soit par l'héritier testamentaire grevé de fidéicommis relativement à sa portion héréditaire,
soit depuis une constitution d'Antonin-le-Pieux, confirmée par les
empereurs Dioclétien et Maximien, par l'héritier *ab intestat*,
(l. 6 § 1, Dig. *ad senat. cons. Trebell.*) qui a été chargé d'un fidéicommis excédant les trois-quarts de l'hérédité qu'il a acceptée
volontairement; soit enfin par le fisc, lorsqu'il vient, par un motif
quelconque, à recueillir la succession sujette à restitution (l. 3 § 5,
Dig. *ad senat. cons. Trebell.*).

169.—Mais jamais le fidéicommissaire ne pourra bénéficier de cette
quarte pégasienne, relativement à un fidéicommis dont il serait lui-
même tenu envers un second fidéicommissaire (l. 47 § 1, Dig.,
ad leg. falcid). Il ne le pourra pas, alors même que l'héritier n'aurait opéré aucune retenue; par exemple, s'il avait restitué l'hérédité
acceptée *jussu praetoris*, ou même si, pouvant retenir la quarte, il
ne l'avait pas fait (l. 1 § 19, Dig. *ad sen. cons. Trebell.*). Tout ce

---

(1) Si le mot même de quarte Pégasienne ne se rencontre pas une seule fois dans
les textes du Digeste, cela tient sans doute à la suppression, par Justinien, du
nom du sénatus-consulte Pégasien.

qu'on accorde à un pareil fidéicommissaire, c'est le droit de retenir la quarte Falcidie, à l'encontre des légataires qu'il est tenu d'indemniser au nom et du chef de l'héritier (l. 55 § 2, Dig. *ad sen. cons. Trebell.*); mais, nous le répétons, on ne lui donne jamais aucun droit à la quarte pégasienne, attendu qu'ici, il est grevé en son propre nom et que « *aliud est eum ex personâ heredis conveniri; aliud proprio nomine precibus defuncti adstringi* » (*loc. cit.*). Par voie de conséquence, et afin d'empêcher que le second fidéicommis ne tombe, on permet au second fidéicommissaire d'agir directement pour contraindre l'héritier à faire adition.

170. — Ainsi, la quarte Pégasienne peut être prélevée par tout héritier; mais elle ne peut être prélevée que par un héritier seulement. — Voyons, à présent, dans quel cas ce prélèvement est susceptible de s'opérer.

Des développements ci-dessus il résulte que l'héritier n'était fondé à réclamer cette quarte, qu'autant que le fidéicommis dont il était grevé comprenait plus des trois quarts de la part héréditaire qui lui était afférente; et c'est à dessein que nous employons ici cette expression de part héréditaire, car nous voulons montrer par là que, dans l'hypothèse de plusieurs héritiers dont un seul serait grevé de restitution, celui-là sera quitte envers le fidéicommissaire, en lui restituant les trois quarts de la portion qu'il était appelé à recueillir (Gaïus, II, § 256).

171. — Que si toutefois le testateur a prié son héritier de restituer l'hérédité entière sous la déduction d'un objet déterminé, bien que la valeur de l'objet n'égale pas le quart de sa part dans la succession, l'empereur pouvait ordonner que la retenue ne pût rien comprendre de plus (l. 30 § 4, Dig. *ad sen. cons. Trebell.*).

172. — Cette quarte cesse d'ailleurs de pouvoir être réclamée toutes les fois que la Falcidie ne peut elle-même être prélevée. Les empereurs Trajan, Adrien et Antonin ont même souvent, sur la demande des fidéicommissaires, fait remise de la quarte, quand le testateur avait manifesté l'intention que cette retenue n'appartînt pas à l'héritier (l. 30 § 5, *loc. cit.*).

Puis enfin, Justinien, dans sa novelle 1, pose en principe général, que le testateur peut efficacement défendre au fiduciaire de retenir la quarte.

Cette même novelle frappe de déchéance, en ce qui a trait à la retenue de cette quarte, tout grevé ayant négligé de faire adition (nov. 1, chap. II, § 2).

173.—Ajoutons, pour terminer ce premier point, que ce droit de réclamer la quarte pégasienne n'est pas spécial au fidéicommis universel, mais qu'il est également applicable au fidéicommis particulier. Nous n'en voulons d'autre preuve que le § 254 du commentaire II de Gaïus, ainsi conçu : « *Ex singulis quoque rebus quæ per fideicommissum relinquuntur, eadem retentio permissa est.* »

174. — 2° De quoi se compose la quarte pégasienne, et comment s'exerce son obtention ?

Comme la quarte Falcidie, la quarte pégasienne se perçoit sur la valeur des biens au moment de la mort du disposant. La loi a, sans doute, pensé, comme le dit M. Ortolan, que l'étendue des libéralités permises au défunt devait être fixée d'une manière invariable, par rapport à lui.

Sur cette quarte s'impute tout ce que l'héritier prend *« jure et titulo hæredis, »* et notamment, au prorata de sa portion héréditaire, les legs qui lui ont été faits par le défunt (l. 91, Dig. ad leg. Falcid.). Il se pourrait même qu'ils ne s'imputassent sur sa quarte que dans une proportion moindre : c'est quand le disposant a dit expressément que l'héritier pour partie devrait retenir la quarte ; alors le legs est traité comme s'il était attribué à un étranger ; et chaque portion de ce legs, subissant une réduction de la quarte Falcidie, la portion *quam a semetipso perceperit*, ne sera imputée sur la quarte de l'héritier, que pour le quart (l. 86, *ibid.*).

Un rescrit d'Adrien a décidé que si le fidéicommissaire, co-héritier ou étranger, était chargé de remettre une somme d'argent au restituant, elle serait imputée en totalité sur la quarte : cela tient, sans doute, à l'intention présumée du testateur, de déterminer ainsi, d'une manière fixe, le droit de retention du fiduciaire, loin d'avoir voulu y adjoindre quelque chose (l. 58, § 3, *ibid.*).

Mais rien de ce que le légataire, pour obéir au testateur, aura donné à l'héritier ne devra être imputé sur la quarte ; et l'on ne retrouve même ici aucune fraction que ce dernier reçoive à titre d'héritier, puisque la totalité est prise sur le légataire, et qu'elle est considérée comme étrangère à la succession. Et quoique la somme donnée ait, pour ainsi dire, diminué d'autant le legs, il n'en sera pas moins compté en entier pour le calcul de la Falcidie. Les jurisconsultes romains choisissent toujours l'interprétation la plus favorable à l'institué, obéissant en cela à la tendance restrictive des legs, si ostensiblement progressive dans la législation (l. 91, Dig. *ad leg. Falc.*). Le motif de la profonde différence qui sépare ces deux cas se rencontre, à notre avis, dans ce principe déjà posé, que le fidéicommis, à la différence du legs, « *non ex rigore juris civilis proficiscitur, sed ex voluntate datur relinquentis.* »

175. — Si, au lieu d'argent dû par le fidéicommisaire, il s'agissait d'un legs fait par le testateur à l'héritier sur les biens de la succession, nous savons que la quarte ne se trouverait diminuée par ce legs qu'au prorata de la portion héréditaire. Car, à la rigueur, l'argent, chose fongible, peut être censé retenu sur cette portion héréditaire, et conséquemment à titre d'héritier : mais les corps certains héréditaires ne peuvent, en dehors de ce que l'héritier *a semetipso percepit*, se prélever que sur la part des autres héritiers co-propriétaires.

Que si les fonds légués à un co-héritier chargé de rendre sa portion héréditaire à son co-héritier sont d'une plus grande valeur que le reste de l'hérédité, il s'établira une compensation entre cette portion héréditaire et la fraction des fonds qui est prélevée sur la part héréditaire du fidéicommissaire, puisque chacun d'eux peut être considéré comme réciproquement débiteur de l'autre ; et la falcidie du fidéicommissaire ne s'exercera, s'il y a lieu, que sur l'excédant (l. 58, § 3, *in fine, ibid.*).

176. — Nous arrivons ainsi à la question d'imputation relative aux fruits perçus par le fiduciaire entre l'adition d'hérédité et la restitution. Ces fruits doivent-ils s'imputer sur la quarte ? La réponse est différente, suivant que le fidéicommis est pur et simple ou à terme, ou bien conditionnel. Au premier cas, en effet, elle doit

être négative ; et la raison en est que, si l'héritier les a perçus, ce n'a été que grâce à la négligence du fidéicommissaire, et non par ce que telle a été la volonté du disposant : au second cas, au contraire, elle est affirmative ; et cela, nous dit Cujas « *quia jure here-* » *ditario et judicio defuncti capiuntur.* » (l. 22, § 2, Dig. ad sen. Cons. Trebell.).

Quant aux fruits de la quarte elle-même, « *in quartam non impu-* *tantur, sed quartæ accedunt ;* » (l. 27, § 16, *ibid.*). La part attribuée au fiduciaire est-elle inférieure au quart de la succession, les fruits de cette part ne serviront donc point à la compléter : c'est avec le patrimoine seul que doit être comblée la différence.

177. — Il ne nous reste plus, relativement à ce premier chef de notre sénatus-consulte, qu'à dire comment le fiduciaire peut obtenir cette quarte. Ce mode d'obtention est double : car il ne s'exerce pas seulement par voie de rétention, c'est-à-dire par refus de la part de l'héritier de restituer plus des trois quarts ; mais il a lieu encore par voie d'action. C'est ce que décide formellement la loi 68, § 1, ad sen. Cons. Trebell : « *Si totam hereditatem rogatus restituere,* » *tu sponte adieris et sine deductione quartæ partis restitueris, dif-* » *ficile quidem crederis per ignorantiam magis, non explendi fidei-* » *commissi causâ, hoc fecisse ; sed si probaveris per errorem te* » *quartam non retinuisse , recuperare eam poteris.* » La *conditio* *indebiti* peut donc être exercée par le fiduciaire, à la condition toutefois de prouver l'erreur dans laquelle il se trouvait ; comment, par exemple, abusé sur les forces de l'hérédité, il a restitué plus des 3/4.

178. - Terminons maintenant en disant que la quarte Pégasienne diffère encore toutefois de la quarte Falcidie, en ce qu'aux termes de la loi 91 dig. *ad leg. Falcid,* le fiduciaire doit imputer sur sa quarte les choses ou les sommes d'argent qu'il est autorisé à retenir, ou qui, d'après la volonté du défunt, lui sont données par le fidéicommissaire ou par d'autres personnes *implendæ conditionis causâ,* ainsi que les legs et fidéicommis qui lui sont attribués à l'exception des prélegs.

Deuxième chef. — De l'acceptation forcée.

179. — Nous avons dit que le sénatus-consulte Pégasien, voulant à tout prix prévenir le refus de faire adition et les conséquences fâcheuses que pourrait avoir ce refus pour le fidéicommissaire, ne s'était point contenté d'intéresser le fiduciaire, comme nous venons de le voir à l'acceptation. Il était allé plus loin, et prévoyant le refus obstiné de l'héritier, sous le prétexte que la succession était insolvable, il n'avait pas craint de reconnaître au fidéicommissaire, le droit de se pourvoir devant le préteur, qui enjoignait au fiduciaire de faire adition, en lui ordonnant de restituer à qui de droit, une fois que cette adition aurait été faite.

Mais, dans ces conditions, on comprend que l'héritier, qui n'avait agi que contraint et forcé, devait demeurer étranger à toute espèce de poursuites de la part des créanciers héréditaires; et, c'est pour arriver à ce but que l'on avait décidé que la restitution s'opérerait alors, « *ex Trebelliano senatus consulto* » c'est-à-dire : a, que par le fidéicommissaire ou contre lui; b, que le fiduciaire se trouverait dépourvu du droit de retenir par devers lui la quarte pégasienne.

180. — Ceci posé, nous examinerons sous ce second chef, les deux mêmes questions que nous avons étudiées relativement au précédent :

1° Dans quels cas ce mode de coërcition pouvait être employé;
2° Quels étaient les effets résultant de son emploi.

181. — 1° Et d'abord, dans quels cas pouvait être employé ce mode de coërcition que notre sénatus consulte mettait à la disposition du fidéicommissaire.

On comprend, après les courtes observations qui précèdent, que cette adition forcée ne pouvait être imposée qu'au cas de fidéicommis universel; car, dans ce cas seul, la restitution peut s'obtenir en vertu du sénatus-consulte Trébellien. C'est d'ailleurs ce que dit la loi 14 § 3, *ad sen. cons. Trebell.*, qui reconnaît ce droit de se prévaloir de ce second chef du Pégasien « *ei demùm ad quem actiones transire possunt.* » Ainsi, le fidéicommis particulier excluait cette application du sénatus-consulte; et cela, encore que le fidéicommissaire offrit une caution « *tametsi cautio indemnitatis offeratur,* » pour le cas où la succession serait insolvable (l. 14 § 6, *ad sen. cons. Trebell.*) : le fidéicommis universel seul la comporte, et cela, d'ailleurs sans qu'il y ait de distinction à faire, suivant qu'il porte sur la totalité de l'hérédité, ou seulement sur une quote-part de cette hérédité. Il n'y a d'exception à cette règle, qu'en ce qui concerne le cas d'un fidéicommis constitué par un militaire. L'adition forcée peut avoir lieu dans ce cas, lors même que le fidéicommis ne serait établi qu'à titre particulier. La raison de cette différence est la même que nous avons indiquée relativement au sénatus-consulte Trébellien.

182. — Ceci posé, et pour être complet sur ce premier point de notre second chef, nous envisagerons successivement :

a. Par qui peut être requise l'intervention du préteur;

b. Contre quelles personnes elle peut l'être;

c. Pendant combien de temps.

183. *a.* Par qui peut-être requise l'intervention du préteur, pour forcer l'héritier à faire adition?

Le principe est que celui-là seul peut demander l'adition forcée, qui doit bénéficier de toute la succession ou de la portion héréditaire du fiduciaire, ou enfin d'une quote-part de cette portion, en d'autres termes, que ce droit appartient au fidéicommissaire seul. Mais, appartient-il également à tout fidéicommissaire? Oui, en général, et peu importe qu'il soit un homme libre, un fils de famille ou même un esclave. En ce qui concerne ce dernier, il faut toutefois distinguer s'il appartient au défunt ou à l'héritier; que s'il appartient au défunt lui-même, une sous-distinction est nécessaire. La liberté lui a-t-elle été conférée purement et simplement, ou ne lui a-t-elle, au contraire, été laissée qu'à terme ou sous condition? Au premier cas seulement, il est recevable à agir de la sorte (l. 23 § 1, dig. *ad sen cons. Trebell.*); car alors, et bien que son affranchissement dépende de l'adition dont l'omission rendrait le testament *destitutum,* il est juste de ne pas permettre au fiduciaire d'enlever, par sa mauvaise volonté, l'efficacité des intentions du disposant l'espoir de la liberté, et l'expectative de la succession étant d'ailleurs suffisants pour assurer à l'esclave fidéicommissaire, une capacité sans laquelle sa vocation offrirait un caractère de précarité vraiment préjudiciable.

181. — Mais la même solution n'est plus applicable au cas de liberté laissée à terme ou sous-condition, et l'esclave fidéicommissaire est, au contraire, dans cette hypothèse, absolument impropre à réclamer une adition forcée. Ici, en effet, ce n'est plus l'adition qui seule fait parvenir à la liberté; celle-ci se trouve encore subordonnée à l'échéance du terme ou à l'arrivée de la condition; et d'ailleurs, comment pourrait-on, sans injustice, laisser le fiduciaire exposé, par suite d'une pareille adition, à des poursuites dont il a voulu précisément s'éviter l'embarras ? (l. 31. § 1; l. 55, § 1, eod. tit.)

185. — C'est cette seconde solution qui est encore seule applicable, au cas où le fidéicommissaire serait l'esclave de l'héritier. La raison, toutefois, n'en est plus la même : elle est basée ici sur la subordination de l'esclave à son maître, subordination devant laquelle toute considération d'équité doit fléchir. (l. 16, § 13, eod. tit.)

186. — Du reste, du moment que le fidéicommissaire est esclave du défunt, et que la liberté lui est laissée purement et simplement, (auquel cas, nous venons de le voir, il peut s'adresser immédiatement au préteur, pour forcer l'institué à faire adition), cette solution reste la même, que la liberté lui ait été donnée directement, ou par legs et fidéicommis particulier. (Ulp.,l. 16§ 16 et l. 11, § 2.) Papinien, cependant, semble ne pas être de cet avis (l. 53, *ibid.*), quand c'est un légataire qui est chargé de l'affranchissement, « *quum status hominis* , » dit-il, « *ex legato pendeat, et nemo se* » *cogatur adstringere hereditariis actionibus propter legatum* » : mais, si l'adition *jussu pratoris* est réclamée, ce n'est pas par ce légataire, ce n'est pas non plus par un homme qui se présente comme légataire de la liberté; l'esclave agit à titre de fidéicommissaire de l'hérédité; et peu importe qu'il soit en même temps légataire ou fidéicommissaire à titre particulier de la liberté. Le

jurisconsulte sent lui-même l'inanité de cette seule raison de
décider, car il ajoute : l'institué supporterait donc les charges
d'une hérédité onéreuse si, après l'adition, pour un motif ou pour
un autre, l'affranchissement, et par suite la restitution devenaient
impossibles. Il serait facile de répondre à cette seconde raison par
le remède du rescrit d'Antonin, dont nous parlerons ci-après;
(l. 11, § 2, *in fine, ibid*). Aussi, Cujas a-t-il supposé que le jurisconsulte avait en vue l'hypothèse où ce rescrit ne s'applique pas, à
cause de l'existence d'un autre héritier acceptant.

La loi 53, § 1, du même Papinien, viendrait à l'appui de cette
supposition; car il y est parlé de deux héritiers, dont l'un serait
chargé de restituer sa part héréditaire à un esclave, et l'autre
devrait l'affranchir. Cet esclave, il est vrai, ne pourra, tout
d'abord, forcer aucun des deux héritiers à l'adition, puisque, ainsi
que nous allons le voir, le rescrit n'est pas applicable dans le cas
où il y a plusieurs institués. Toutefois, depuis Septime Sévère, qui
a statué que l'accroissement entre cohéritiers se ferait *cum onere*,
quel que soit celui des deux cohéritiers qui ne vienne pas à la
succession, l'autre pourra être contraint d'accepter *jussu prætoris*,
mais seulement à l'époque où son cohéritier aura renoncé ou aura
été exclu.

187. — Voilà ce qui a trait à l'esclave fidéicommissaire : ces
règles ne sont plus absolument vraies, lorsque ce fidéicommissaire
est un fils de famille. Ainsi, supposons qu'un testateur, après avoir
institué Titius son héritier, charge ce dernier de remettre l'hérédité
à son propre enfant Mœvius, *quem in potestate habet*. Titius, refusant de se porter héritier, Mœvius pourra-t-il l'y contraindre en
invoquant la disposition du sénatus-consulte Pégasien? Nous avons
vu que, pour le cas où le fidéicommissaire est l'esclave du grevé, c'est
par la négative que la question doit se résoudre. Ici, au contraire,
la loi 16, § 1, décide que le fils de famille pourra recourir à l'intervention du préteur pour forcer ce dernier à faire adition. C'est
que les mêmes raisons de subordination n'existent plus entre le
père et le fils de famille, dont la position se trouvait déjà bien
supérieure à celle de l'esclave, lors de la période classique. C'était

là, d'ailleurs, comme le fait observer Pothier, un des cas si rares
où un fils de famille acquiert pour lui-même, et non pour son père.

188. — Nous arrivons ainsi à l'examen du cas où le fidéicommissaire est un pupille *infans*, cas qui, à la vérité, n'a jamais
présenté de difficulté sérieuse. De même, en effet, nous dit Mæcien dans la loi 65, § 3, *cod. tit.*, que l'*infans* institué héritier
pourrait, avec l'assistance de son tuteur, *pro hærede gerere*; de
même aussi que l'on reconnaissait à ce même tuteur qualité suffisante pour demander, au nom du pupille *infans*, la *bonorum
possessio*; de même, il était naturel de lui accorder le droit de
recevoir une restitution d'un fiduciaire qui a accepté volontairement, et même d'imposer l'adition à l'héritier qui s'y refuse.

189. — Supposons à présent un fidéicommissaire absent : la
solution à donner ici est un peu plus délicate; car l'on se trouve
en présence de deux lois qui, au premier abord, paraissent en
complète contradiction. Ce sont : la loi 11, § 2, Dig. *ad sen. cons.
Trebell.*, dans laquelle Ulpien décide, qu'en cas d'absence du
fidéicommissaire, l'adition forcée peut être ordonnée par le préteur
sur la demande d'un *procurator*, et la loi 68, § 1, *cod. tit.*, où
Paul déclare qu'elle ne peut être obtenue par le *procurator*, dont le
mandat ne serait pas parfaitement établi, lors même que celui-ci
proposerait de fournir caution à l'héritier fiduciaire, pour le cas
où le fidéicommissaire ne ratifierait pas. — Malgré leur contradiction apparente, la conciliation de ces deux textes est cependant
assez facile quand on songe qu'ils visent chacun une hypothèse
différente. — C'est ce qui ressort suffisamment du texte même de
la première de ces lois, la loi 11, § 2, où l'on trouve ces mots :
« *potest enim per prætorem succurri* ». Nous verrons, en effet, que,
d'après un rescrit d'Antonin, déjà mentionné tout à l'heure, et sur
lequel nous reviendrons dans un instant, le préteur pouvait, dans
certains cas, intervenir en faveur du fiduciaire, en opérant à son
profit, une sorte de *restitutio in integrum*, alors que cette intervention n'était pas possible dans d'autres hypothèses. Ainsi, elle
ne se produisait qu'autant qu'il s'agissait du cas d'un héritier
institué *ex asse*, et jamais dans celui d'un héritier institué pour

partie seulement. Quoi de plus naturel, dès lors, que de supposer que la première de nos lois vise l'hypothèse d'un héritier *ex asse*, qui se trouve chargé de restituer l'hérédité tout entière à une tierce personne actuellement absente, alors que la seconde a été rédigée pour le cas d'un héritier institué pour partie seulement? Dans ces conditions, rien de plus simple que leur solution respective : puisqu'au premier cas, l'adition du *procurator*, et même du simple *negotiorum gestor* ne peut exposer l'héritier à aucun danger, le rescrit d'Antonin l'autorisant, au cas de non ratification du fidéicommissaire, à faire réputer inexistante l'adition par lui faite; tandis que, dans l'hypothèse de la seconde loi, le gréé ne pouvant se prévaloir dudit rescrit, demeurerait, par suite de la non-ratification, sous le coup des actions héréditaires.

En résumé, il faut donc dire que le fidéicommissaire absent profitera de l'adition imposée au fiduciaire par un *procurator*, et cela, indépendamment de toute caution de ratification, toutes les fois qu'il sera question d'un héritier institué *ex asse*, tandis qu'au contraire, une pareille adition ne pourra jamais être valablement obtenue en sa faveur par un *procurator*, lorsqu'il s'agira d'un héritier institué seulement pour partie, le mandataire donnât-il caution et cela « *propter fragilitatem cautionis.* »

190. — Nous avons jusqu'ici raisonné dans l'hypothèse unique d'un fidéicommis simple : qu'adviendrait-il au cas d'un fidéicommis graduel? La règle que nous avons indiquée au début de cette matière, que celui-là seul peut demander l'adition forcée, qui doit bénéficier de la portion héréditaire du fiduciaire, est toujours applicable à notre nouvelle hypothèse; aussi, faut-il répondre que, lorsqu'il y a deux degrés de fidéicommissaires universels, celui du second degré peut directement, en cas de refus du premier, contraindre le fiduciaire à faire adition et à restituer l'hérédité *ex senatus consulto Pegasiano* (l. 55, § 2, dig. *ad sen. consul. Trebell.*) Quant au premier fidéicommissaire, il ne le pourrait qu'autant qu'il serait appelé à retenir quelque chose de la succession : « *non esse, priore tantum desiderante, cogendum institutum adire ubi nulla portio remansura sit apud eum, utique si confestim vel post tempus cum fructibus rogatus est restituere.* »

191. — Tout fidéicommissaire a le droit de se prévaloir de notre second chef du sénatus consulte Pégasien, quand bien même il lui serait possible de venir à la succession par une autre voie : Ainsi, « *Titius heres institutus, Sempronio substituto, rogatus est ipsi Sempronio hereditatem restituere.* » (l. 6, § 5, dig. *ad sen. cons. Trebell.*) Titius ne peut pas se prévaloir contre Sempronius, pour le cas où celui-ci le forcerait à faire adition, d'un prétendu manque d'intérêt à agir ainsi, car : « *certius est cogendum esse, quia interesse Sempronio potest ex institutione quam ex substitutione hereditatem habere.* » La substitution vulgaire peut, en effet, se trouver grevée de certaines charges, de legs à payer, de libertés à donner, dont le fidéicommis est exempt; et l'on comprend tout l'intérêt du fidéicommissaire à recueillir en vertu du fidéicommis, plutôt qu'en vertu de la substitution.

192. — Il nous reste, pour achever ce premier point, à envisager la situation du fidéicommissaire conditionnel. Peut-il, comme le fidéicommissaire pur et simple, contraindre l'héritier à faire adition, avant la réalisation de la condition? Il paraîtrait juste, dans ces circonstances, de le déclarer non recevable à se pourvoir devant le préteur, tant que son droit est conditionnel; car, si la condition venait à défaillir, ou bien si le fidéicommissaire venait à décéder avant qu'elle fût accomplie, le fiduciaire qui aurait fait adition, se trouverait sous le coup des poursuites dirigées par les créanciers héréditaires. Il n'en était ainsi, cependant, que dans le cas où l'héritier n'était institué que pour partie (l. 12, ibid), car, dans l'hypothèse d'un héritier institué *ex asse*, le rescrit d'Antonin que nous avons déjà signalé deux fois, vint décider que, si la restitution ne pouvait s'opérer pour l'un des motifs ci-dessus, le grevé pourrait se faire restituer pour son adition l. 11, § 2, ibid).

193. — Le motif qui a dicté ce rescrit est certainement ainsi que l'exprime Pothier (Pandect. part. III, sect. II, art. 4, n° X c. VI, note 1), basé sur la grande importance que les romains mettaient à ne pas mourir intestats; on comprend, en effet, que, s'il n'y a qu'un seul héritier institué, le testament sera *destitutum*, et, par suite, le défunt mourra intestat par le seul fait que cet héritier refuserait de

faire adition; il y avait donc urgence à prendre les précautions nécessaires pour s'assurer l'adition de l'institué : tout autre, au contraire,
était la situation, dans le cas où le grevé n'était institué que pour
partie, car alors, si celui-ci négligeait de faire adition, les autres
étaient là pour soutenir le testament et prémunir la mémoire du défunt
contre cette sorte de déshonneur dont le préjugé eût entouré son
nom. Il faut donc écarter la raison, que donnait Cujas, de l'introduction de ce rescrit, qu'il fondait sur l'absence d'intérêt de la part
du fidéicommissaire, dans cette pensée que la non-acceptation de
l'héritier fiduciaire laissait parvenir à son cohéritier, sa portion avec
les charges qui la grevaient, c'est-à-dire avec le fidéicommis. Cette
raison n'eût été bonne, dans tous les cas, qu'après le rescrit de
Septime Sévère, postérieur à Antonin, qui décide que l'accroissement entre cohéritiers aurait lieu *cum onere*.

194.—Nous avons vu d'ailleurs, avec la loi 11 § 2 *in fine*, que ce
rescrit d'Antonin s'applique également au cas d'absence du fidéicommissaire, pour garantir, contre un refus de ratification, le fiduciaire qui aurait été contraint de faire adition sur la demande
d'un *procurator* : ajoutons qu'il en sera de même dans l'hypothèse
d'un fidéicommis à terme, sans qu'il y ait à distinguer sur ce point,
suivant que le terme se trouve établi expressément ou tacitement
(l. 6 § 6, Dig. *ibid.*).

195. — *b.* Contre quelles personnes l'intervention du préteur
peut-elle être requise *ex senatus consulto Pegasiano* ?

Pour que cette contrainte puisse être exercée par le fidéicommissaire, il faut, d'une part, comme nous l'avons vu, qu'il s'agisse d'un
fidéicommis universel ; et, d'autre part, que le grevé soit un héritier, ou du moins une personne assimilée à un héritier. Cette
seconde condition résulte de cet effet de l'adition forcée que nous
allons étudier sous la question suivante ; à savoir que, dans ce cas,
la restitution s'opère toujours *ex senatus consulto Trebelliano*, c'est-
à-dire que les actions héréditaires passent directement de la tête du
fiduciaire sur celle du fidéicommissaire. Il faut donc nécessairement
qu'elles existent préalablement en la personne du fiduciaire lui-
même, ce qui ne peut se comprendre que si celui-ci est un succes-

sible représentant la personne du défunt. La loi 33 § 5, Dig.
ad sen. cons. Trebell., nous donne, du reste, une preuve de ce que
nous avançons , en déclarant que le sénatus-consulte Trébellien est
complètement inapplicable au légataire partiaire grevé de fidéicommis, d'où nous devons tirer cette conséquence que le fidéicommissaire ne saurait le contraindre à accepter son legs.

196.— Ainsi, l'intervention du préteur *ex senatus consulto Pegasiano* ne peut avoir lieu qu'à l'encontre d'un héritier ; mais ajoutons qu'elle peut avoir lieu contre toute espèce d'héritier légitime,
testamentaire ou simple possesseur de biens. Elle peut même être
réclamée contre ceux qu'atteignent les lois caducaires : « *Ii qui
» solidum cepere non possunt ex asse heredes instituti et rogati
» restituere solidum adire hereditatem et restituere cogentur : cum
» nihil oneris apud eos remansurum sit* » (l. 16 § 13, Dig. ibid.).
Les lois caducaires n'ont, en effet, d'autre but que de frapper d'une
déchéance l'héritier qui se trouve dans l'un des cas prévus par
elles ; elles cessent donc d'être applicables dans notre cas , où
l'hérédité ne fait, en quelque sorte, que passer entre les mains de
celui-ci, pour aller se reposer sur la tête du fidéicommissaire, dont
la capacité n'a subi aucune atteinte.

197.—Que s'il y avait plusieurs héritiers chargés du fidéicommis,
le fidéicommissaire pourrait les contraindre tous ou seulement l'un
d'eux à faire adition. « *Censuit senatus ambos heredes alterumce
» cogi adire hereditatem et fideicommissario eam restituere.* »
(l. 16 § 7, Dig. ibid.)

198.—Mais que décider si l'héritier n'est institué que sous condition? Dans ce cas encore, le fidéicommissaire peut-il contraindre
l'héritier et exiger de lui qu'il accepte sur le champ? La question
ne peut se résoudre d'une façon générale et absolue : mais il faut
distinguer la solution devant, avant tout, dépendre de la nature de
la condition dont se trouve affectée l'institution. La condition consiste-t-elle, en effet, *in faciendo*, si elle ne présente rien de difficile,
d'immoral et de coûteux, on forcera l'héritier à l'accomplir et à
accepter : « *Si neque difficultatem, neque turpitudinem ullam habet
» conditio, neque impendium aliquid, jubendus est parere conditioni*

« *et adire et ita restituere*. » Cette condition est-elle, au contraire, d'une exécution difficile, contraire à la morale ou dispendieuse, « *et remitti eam ab initio visum est*, » on pourra exiger l'adition (l. 63 § 7, Dig., *ibid.*) et tout se passera comme si le fiduciaire était héritier pur et simple.

199. — La condition consiste-t-elle dans une dation à faire par l'héritier fiduciaire, comme dans cette hypothèse : que Titius soit mon héritier, s'il donne telle somme à Mœvius et qu'il restitue ensuite à Primus, l'héritier peut encore être forcé par Primus de faire adition, mais celui-ci ne pourra l'exiger qu'après avoir fourni la somme à Titius, ou l'avoir remise lui-même à la personne désignée, c'est-à-dire à Mœvius. On veut par là mettre l'héritier complètement à couvert et ne pas le forcer à payer de ses propres deniers, dans l'unique but de permettre au fidéicommissaire de recueillir la succession (l. 31 § 2, Dig. *ibid.*) Enfin, quant aux conditions casuelles, « *quæ non sunt in potestate hæredis* » il faudra bien attendre leur arrivée; tant qu'elles seront en suspens, le préteur ne pourra intervenir : « *ad officium prætoris non pertinet* » (*loc. cit.*)

200. — *e.* Pendant combien de temps le fidéicommissaire peut-il contraindre l'héritier à faire ainsi adition en vertu du sénatus-consulte Pégasien ?

201. — Nous avons résolu ce problème, en ce qui concerne et le fidéicommis pur et simple mis à la charge d'une institution conditionnelle ou à terme, et le fidéicommis conditionnel ou à terme laissé dans une institution pure et simple. Voyons à présent le cas d'un fidéicommis pur et simple apposé à une institution également pure et simple.

202. — Il semblerait, au premier abord, que cette coërcition ne pût utilement s'opérer qu'autant que le grevé a refusé de se porter héritier, ou au moins a laissé passer, sans faire adition, le délai qui lui était imparti pour prendre qualité. Cependant, il n'en est pas ainsi, et la loi 71 *eod. tit.* nous apprend que le fidéicommissaire peut contraindre le fiduciaire à faire adition, même durant la période de temps consacrée au *jus deliberandi*. Seulement a

7

restitution n'avait pas lieu immédiatement, elle ne pouvait être exigée qu'à l'expiration de cette période. De plus, si postérieurement à cette coërcition, mais encore dans le temps utile, le fiduciaire venait à accepter pour lui l'hérédité, alors les choses se passaient comme si l'adition avait été volontaire dès le principe (l.l. 71 et 9. § 1. *loc. cit.*).

D'un autre côté, ce droit du fidéicommissaire n'était pas non plus entravé par les causes d'annulation dont le testament se trouvait atteint, ni même par les contestations dont le fidéicommis lui-même pouvait devenir l'objet de la part de l'héritier fiduciaire : c'est là du moins ce que nous dit la loi 13 § 2, Dig. *loc cit.*

203.—Nous savons donc maintenant par qui, à l'encontre de qui et à quel moment pouvait être requise valablement l'intervention du préteur : il nous reste à étudier les conséquences de cette intervention.

204. — 2° Quels étaient les effets résultant de l'application de cette disposition du sénatus-consulte Pégasien qui permettait à l'héritier fidéicommissaire de contraindre le fiduciaire à faire adition *ex decreto prætoris?*

Il convient de les envisager successivement : *a.* en ce qui concerne l'héritier ; *b.* en ce qui concerne le fidéicommissaire.

205.—*a.* Effets à l'égard de l'héritier :

L'adition forcée ressemble à l'adition volontaire, en ce qu'elle rend le testament efficace avec toutes les dispositions : substitutions pupillaires, legs, affranchissements, etc., qu'il pourrait contenir (l. 14 § 3, Dig. *ad. sen. cons. Trebell.*). — Mais elle en diffère, en ce qu'elle exclut absolument l'héritier *coactus* de toute espèce d'émolument, et le prive de tous les avantages qu'il n'aurait point recueillis s'il eût répudié (l. 27 § 2, *ibid.*). Ainsi, l'adition forcée lui enlève tous droits sur les legs et fidéicommis qui lui ont été laissés (l.l.55, § 3 et 27 § 14, Dig. *eod. tit.*) et aussi tout droit à la succession du pupille à laquelle il aurait été substitué en ces termes généraux par le disposant : « *Quisquis mihi heres erit, idem filio heres esto.* »Mais, s'il était substitué nommément (comme si, en instituant une personne déterminée, Titius, le disposant l'avait ainsi substitué : « *Titius filio meo heres esto.* », il faudrait distinguer s'il était seul institué dans le testament du père, auquel cas la solution précédente resterait encore vraie ; ou si, au contraire, il existait d'autres héritiers institués conjointement avec lui et que l'un d'eux eût accepté : car ici, l'adition de ce co-héritier ayant rendu efficace la vocation de Titius comme substitué, celui-ci pourrait retenir par devers lui l'hérédité du pupille (l. 27, § 9, Dig. *eod. tit.*).

206.—Ce qui est vrai de la substitution pupillaire dont est exclu l'héritier *coactus*, l'est également du bénéfice de la quarte Péga-sienne (l. 14 § 4, Dig. *ibid*) à laquelle il n'a jamais droit. Il n'y a absolument d'exception à cette exclusion que pour le cas où, en présence de plusieurs fidéicommis universels affectant chacun une quote-part de l'hérédité, un seul fidéicommissaire agirait *ex senatusconsulto* relativement à sa portion, et sans user du droit que lui reconnaît la loi 16 § 4 de réclamer au nom des autres. Dans cette hypothèse, en effet, Ulpien, rapportant l'avis de Mæcien, décide, dans la loi 16 § 9, que l'héritier aura droit à la quarte relativement à ces dernières portions, qu'il sera censé avoir acceptées volontairement.

207. — Le seul droit que la loi ait laissé à l'héritier *coactus*, est celui de retenir les fruits et autres produits qu'il aurait recueillis après l'adition et avant d'avoir été mis en demeure de restituer la succession (l. 27 § 1, Dig. *eod. tit.*).

208. — *b.* Effets à l'égard du fidéicommissaire :

Ils découlent de ce principe, que nous avons indiqué à plusieurs reprises, que, lorsque le grevé fait adition forcément, *ex senatus-consulto Pegasiano*, la restitution doit s'opérer *ex senatusconsulto Trebelliano*, et les actions héréditaires doivent par conséquent passer sur la tête du fidéicommissaire qui a réclamé l'adition. Et ce résultat est encore vrai, c'est-à-dire que l'hérédité tout entière doit être remise entre les mains de ce dernier, lors même que le fidéicommis dont était grevé le fiduciaire n'était que partiel (l. 16 § 4).

209. — On a d'ailleurs tellement pourvu à l'indemnité et à la

franchise de l'héritier qui a accepté forcément, que, même sans le secours de la restitution, les actions passent contre celui qui l'a fait accepter, si celui-ci (l. 67, *ibid.*) ou son héritier refuse de se prêter à cette restitution, ou même s'il est décédé sans héritier, avant qu'elle ait été effectivement opérée ; dans ce dernier cas, les créanciers auront la faculté de faire vendre les biens héréditaires, comme s'il n'était mort qu'après la restitution de la succession (l. 41, *pr. ibid.*).

210. — A l'exemple des actions héréditaires, les autres charges de la succession, par exemple les legs et les fidéicommis, tant universels que particuliers, passent à la charge du fidéicommissaire qui a exigé l'adition, absolument comme ils l'étaient à l'encontre de l'héritier lui-même. Ainsi, il ne pourra pas retenir sur les fidéicommissaires universels la quarte pégasienne ; car l'héritier, forcé de faire adition, n'aurait point eu qualité pour le faire (l. 28, § 9, Dig. *eod. tit.*). — Mais il le pourra sur les légataires et fidéicommissaires particuliers, comme l'eût pu l'héritier qui eût volontairement accepté : ici, en effet, ceux-là n'ayant pas qualité par eux-mêmes pour forcer l'héritier d'accepter, ils ne doivent pas avoir plus qu'ils n'auraient eu, si l'acceptation eût été volontaire.

211. — Nous venons d'étudier successivement les développements que comporte chacun des deux sénatus-consultes Trébellien et Pégasien : il nous reste à examiner comment ils se combinent dans leurs applications. Or, ainsi que le fait remarquer avec tant de justesse M. Accarias (Précis de droit romain, t. I, p. 915) « rien, « ce semble, n'eût été plus simple que d'appliquer simultanément « les deux sénatus-consultes, puisque leurs décisions n'avaient « rien d'incompatible. Les Romains, pourtant, ajoute ce savant « professeur, ne le firent pas ; et je ne puis dire si cette jurisprudence ne fut que le résultat d'une interprétation arbitraire, ou si « elle avait sa source dans les termes mêmes du sénatus-consulte « Pégasien. Ce qui est certain, c'est que dès lors, (dès l'apparition « de ce sénatus-consulte), la matière se compliqua ; et pour savoir « dans quels cas les actions devaient, de plein droit, passer au « fidéicommissaire et contre lui, il fallut distinguer quatre hypothèses. »

Nous allons donc parcourir les quatre hypothèses que nous enseigne M. Accarias, et qui renferment toutes les autres, en même temps que nous donnerons à chacune d'elles la solution qu'elle comporte.

212. — *Première hypothèse.* — L'héritier a fait adition volontaire ; et le fidéicommis ne dépasse pas les 3/4 de l'hérédité. — Si l'héritier a sa quarte à titre universel, la restitution s'opèrera *ex senatus-consulto Trebelliano ;* et les actions lui seront données, à lui et contre lui, comme actions directes, tandis qu'elles le sont, à titre d'actions utiles, au fidéicommissaire ou contre lui. (Gaïus, II, § 255). Que si cette quarte consiste dans un ou plusieurs objets déterminés, la solution reste la même que la précédente, en ce sens que la restitution a encore lieu *ex senatus-consulto Trebelliano :* mais elle s'en sépare cependant en ceci : qu'à ce dernier cas, les actions héréditaires sont données pour le tout, *in solidum*, au fidéicommissaire et contre lui, de telle sorte que l'héritier joue, en réalité , le rôle d'un acquéreur à titre particulier, d'un simple légataire ; tandis que, dans le premier cas, *scinduntur actiones :* elles sont, en effet, données, nous venons de le voir, pour un quart à l'héritier et contre lui ; pour les trois-quarts au fidéicommissaire et contre lui. (Inst. § 9, *de fideic. heredit.*).

213. — *Deuxième hypothèse.* — L'héritier a fait adition volontaire ; mais, comme le fidéicommis comprend l'hérédité tout entière, il n'en a restitué que les trois quarts ; en d'autres termes, il a retenu la quarte. — C'est ici le cas ordinaire d'application du sénatus-consulte Pégasien : les actions resteront donc entières sur la tête de l'héritier ; et il y aura lieu de recourir à l'emploi des stipulations *partis et pro parte* , qui intervenaient d'ordinaire , en cas de *partitio*, entre l'héritier et le légataire partiaire (Gaïus, II, § 254 ; Ulp. fragm. XXV, § 15).

214. — *Troisième hypothèse.* — L'héritier a été chargé de restituer plus des trois quarts de l'hérédité , mais il veut exécuter le fidéicommis intégralement, et sans opérer la retenue. Est-ce le sénatus-consulte Trébellien qui s'appliquera ici, ou bien est-ce le sénatus-consulte Pégasien ? Cette question ne paraît pas avoir été unanimement résolue par les jurisconsultes romains. Ainsi, d'une part, le jurisconsulte Paul (sent. liv. IV, tit, III, § 2) pense que, du moment où le fiduciaire se refusait à invoquer le sénatus-consulte Pégasien pour faire réduire le fidéicommis, il était juste qu'il ne le vît pas non plus invoquer contre lui ; et que, dès lors, le sénatus-consulte Trébellien devrait reprendre tout son empire. Telle était aussi l'opinion du jurisconsulte Modestin (l. 45, Dig. *ad. senat. Trebell.*) : toutefois, prévoyant, sans doute, qu'il pourrait y avoir, sur ce point, matière à controverse, ce jurisconsulte s'empresse de conseiller à l'héritier de ne pas suivre son avis personnel, mais de se laisser plutôt contraindre à faire addition, afin de se placer dans une hypothèse où le transport des actions s'opère sans aucun doute.

D'autre part, au contraire, tout autre était la pensée d'Ulpien (XXV, § 14) et de Gaïus, (II, § 257). Considérant sans doute que l'on se trouve ici dans le cas textuellement prévu par le Pégasien, et que le désintéressement de l'héritier ne saurait modifier la règle, ces jurisconsultes décident que notre hypothèse se trouve sous l'empire exclusif du sénatus-consulte Pégasien. Seulement, au lieu de recourir aux stipulations *partis et pro parte*, comme dans l'hypothèse précédente, on devra employer les stipulations *emptæ et venditæ hereditatis*, qui ne diffèrent d'ailleurs des premières que par leur étendue, et non par leur nature. C'est, du reste, ainsi que l'affirme Justinien (Inst. § 6, *de fideic. hered.*), cette dernière opinion que la pratique consacra.

215. — *Quatrième hypothèse.* — Enfin, l'héritier n'a fait addition que sur la demande du fidéicommissaire et par l'ordre du magistrat. Nous n'avons, sur ce point, aucun détail à ajouter aux développements que nous lui avons consacrés ci-dessus.

QUATRIÈME ÉPOQUE. — RÉFORMES DE JUSTINIEN.

216. — Justinien ne pouvait manquer de réformer cette législation compliquée. Avec des développements verbeux et sous une forme bizarre, il annonce qu'il supprime le sénatus-consulte Péga-

sien, pour ne laisser subsister que le Trébellien (Inst. § 7, *de fidéic. hered.*).

Mais il est plus vrai de dire que, dans cette lutte des deux sénatus-consultes, prenant la cause du Trébellien, il les fond en un seul sous le nom de ce dernier, et déclare que les actions seront transférées au fidéicommissaire sans le secours d'aucune stipulation, même quand le fidéicommis excède les trois quarts, et que l'acceptation est volontaire. Du reste, les dispositions du Pégasien sont conservées dans tout ce qu'elles n'avaient pas de contraire à la restitution Trébellienne. Ainsi, le fiduciaire pourra toujours être forcé de faire adition sur la demande et aux risques et périls du fidéicommissaire; de plus, s'il accepte volontairement, il pourra toujours retenir la quarte Falcidie.

Justinien va même jusqu'à en permettre la répétition.

§ II. — *Quelles actions appartiennent au fidéicommissaire pour obtenir la délivrance du fidéicommis ?*

217. — Il faut, pour répondre à cette question, se reporter à l'historique que nous avons tracé du fidéicommis, au début de cette étude. Nous y avons vu, en effet, que dès le principe, ces fidéicommis, dépourvus de toute sanction juridique, empruntaient toute leur efficacité à la bonne foi de l'héritier fiduciaire.

Cette situation si précaire dura jusqu'à ce qu'Auguste les rendit obligatoires en faveur de quelques personnes, en ordonnant aux consuls d'interposer leur autorité (Inst. lib. II, *de fidéic. hered.* § 1.)

Puis ensuite, l'empereur Claude créa, relativement au fidéicommis une juridiction annuelle pour les magistrats de Rome, et perpétuelle pour les gouverneurs des provinces (Suétone, Vie de Claude. n. 23.)

Cet empereur créa même deux préteurs dont la mission exclusive et spéciale était de connaître des questions relatives aux fidéicommis. Titus, d'ailleurs, en supprima un dans la suite (*supr, liv. 1, tit. II, de orig. jus. n. 22.*)

218. — Ce qu'il y a surtout de remarquable, au point de vue qui nous occupe, sous la période classique, c'est que la délivrance des fidéicommis, à la différence de celle des legs, ne pouvait être obtenue qu'à l'aide d'un *judicium extraordinarium*, exercé à Rome, devant les consuls ou le préteur fidéicommissaire : dans les provinces, devant le *præses* (Ulp. tit XXV, § 12).

219. — Enfin, sous Justinien, un nouveau changement se produisit. Cet empereur, ayant assimilé les fidéicommis aux legs, il en résulta que, comme le légataire, tout fidéicommissaire à titre particulier eut le choix entre ces trois actions : 1° l'action réelle *rei vindicatio*; 2° l'action personnelle *condictio ex testamento*; et 3° l'action hypothécaire.

Quant au fidéicommissaire à titre universel, il a une sorte de pétition d'hérédité accommodée à son droit, *fidei commissaria hereditatis petitio* (l. 1, dig. liv. V, tit. VI), et une action utile en partage *utilis familiæ erciscundæ* (l. 24, § 1, dig. liv. X, tit. II), pour obtenir la fixation de sa part héréditaire dans le cas où le fidéicommis ne devait embrasser qu'une quote-part de l'hérédité.

220. — Notons, en terminant, que la même exception qui compète au légataire détenteur de l'objet légué, appartient également au fidéicommissaire qui se trouverait en possession des choses qui lui ont été laissées par fidéicommis, pourvu toutefois que l'action de l'héritier n'ait été intentée qu'après le *dies cedit*. Jusque-là, en effet, le droit du fidéicommissaire n'étant pas encore assis sur sa tête, il serait injuste de l'autoriser à repousser l'action de l'héritier qui, dans ces conditions, n'aurait rien que de très-fondé (l. 16, code VI, 37, et l. 32, § 1, dig. *de leg.* 2°).

CHAPITRE IV.

EXTINCTION DES FIDÉICOMMIS.

221.— Les fidéicommis s'éteignent et par voie de conséquence et en vertu de causes d'annulation qui leur sont propres.

1° Par voie de conséquence, c'est-à-dire comme suite de l'annulation de l'acte auquel ils sont annexés, et peu importe d'ailleurs la cause de cette annulation. Il n'y a d'exception à cette règle qu'au cas de clause codicillaire indiqué plus haut, ou encore lorsque le disposant a, par tout autre moyen, manifesté sa volonté de laisser subsister le fidéicommis, nonobstant l'annulation de l'acte dans lequel il était contenu;

2° En vertu de causes d'annulation qui leur sont propres, et cela de deux manières, par suite de leur *révocation* (*ademptio ou translatio*) ou par suite de leur *caducité*. Examinons avec soin chacune de ces deux causes :

222. — *A*. Et d'abord, de la révocation des fidéicommis.

Les fidéicommis n'étant assujettis à aucune solennité, et pouvant se trouver énoncés dans des termes quelconques, comme dans tout acte de dernière volonté, de quelque nature qu'il soit, on comprend qu'à la différence des legs, leur révocation ait dû, de tous temps, se trouver exempte de formalités.

223.—Ainsi, elle résultait aussi bien de l'emploi par le disposant d'expressions différentes de celles dont il s'était servi dans l'acte de disposition, que des termes d'un codicille même non confirmé ; bien plus, elle pouvait s'induire, par voie d'interprétation, soit des circonstances postérieures à la confection du fidéicommis, soit de l'accomplissement, par le disposant, d'un acte incompatible avec l'existence de ce fidéicommis.

224. — Et, dans tous ces cas, la révocation opérait *pleno jure*, comme aussi dans tous ceux où, en matière de legs, les modes de révocation employés par le testateur n'auraient abouti qu'à une exception de dol accordée à l'héritier contre le légataire (Gaīus, II, § 198). C'est, du moins, ce que nous dit formellement Ulpien dans la loi 3 § II, en ce qui concerne spécialement le cas d'une inimitié grave survenue postérieurement à la disposition, entre le disposant et le fidéicommissaire, et il faut, à n'en pas douter, étendre cette solution à toutes les hypothèses de ce genre.

225.—Quant à l'aliénation faite par le disposant de l'objet soumis à la restitution, elle suffira ou non à produire la révocation du fidéicommis, selon qu'elle aura été effectuée avec ou sans cette intention. Dans ce second cas, en effet, le fidéicommis, à l'instar du *legs per damnationem*, pouvant porter sur la chose d'autrui, rien ne pourrait motiver suffisamment cette extinction, *nisi probetur adimere ei testatorem voluisse*, dit Ulpien ; et ici, continue ce jurisconsulte, la charge de cette preuve incombe aux héritiers ; « *probationem autem mutatæ voluntatis, ab heredibus exigendam.*» (l. 11 § 12, Dig., *de leg.* 3°). Au contraire, si l'aliénation impliquait chez le disposant la volonté de révoquer le fidéicommis, comme si, par exemple, elle avait eu lieu à titre gratuit, ce serait au fidéicommissaire qui voudrait le faire exécuter, qu'incomberait la preuve que telle n'a pas été l'intention véritable de ce dernier (l. 18, Dig., *de transfer. et adim.*).

226. — *B.* Voyons à présent le cas de caducité.

Elle peut résulter de quatre causes distinctes, savoir : 1° la mort ou l'incapacité du fidéicommissaire avant le *dies cedit* ; 2° sa renonciation ; 3° la destruction ou la mise hors du commerce de la chose objet du fidéicommis ; 4° le non-accomplissement de la condition à laquelle il se trouvait subordonné.

227. — *Première cause.* Décès ou incapacité du fidéicommissaire avant le *dies cedit.* — Pour ce qui concerne le décès avant le *dies cedit*, la caducité est nécessaire et forcée : le fidéicommissaire ne peut transmettre à ses héritiers un droit qu'il n'a pas, et, comme il ne pourra non plus en profiter par lui-même, le fidéicommis doit nécessairement tomber. Ceci n'est vrai toutefois qu'autant qu'il s'adresse à une personne nommément spécifiée (l. 56, Dig., *de leg.*, 2ª).

228. — Quant à l'incapacité du fidéicommissaire, il y a lieu d'en distinguer le degré. Nous avons vu, en effet, que la *minima capitis deminutio* n'altérait en rien, chez celui-ci, la faction de testament passive, puisque le fidéicommis pouvait s'adresser au fils en puissance, aussi bien qu'au *paterfamilias* ; mais il en était autrement de la *maxima* et de la *media capitis deminutio* qui, toutes deux, étaient une cause de caducité lorsqu'elles atteignaient le fidéicommissaire au moment du *dies cedit* : ces deux condamnations toutefois différaient encore dans leurs effets, en ce que la première, faisant de celui qu'elle frappe un *servus pœnæ*, un *servus sine domino*, l'excluait à tout jamais du fidéicommis fait en sa faveur, vînt-il à obtenir plus tard et avant le *dies cedit* l'*in integrum restitutio* (l. 59 § 2, Dig. *de condit. et demonst.*); tandis que la *media capitis deminutio* restait considérée comme non avenue, du moment où le fidéicommissaire qu'elle atteignait obtenait, avant le *dies cedit*, sa réhabilitation de l'empereur (l. 59, § 1, Dig., *eod. tit.*).

229. — *Deuxième cause.* — Renonciation du fidéicommissaire.

Cette renonciation pour être valable, doit, avant tout, émaner du fidéicommissaire lui-même, ou bien de la personne sous la puissance de laquelle il se trouve placé. Et encore ceci n'est-il vrai que du maître relativement à son esclave; car une constitution de Dioclétien et Maximien avait décidé que le fils de famille pourrait, lorsqu'il serait devenu *sui juris*, accepter le fidéicommis fait en sa faveur, nonobstant la renonciation qui aurait pu être formulée par son père (l. 26, code, *de fideic.*)

230. — Une seconde condition nécessaire à la validité de la renonciation du fidéicommissaire, c'e s qu'elle ait été faite après le *dies cedit*, c'est-à-dire après la mort du disposant, pour les fidéicommis purs et simples, ou après l'événement de la condition, quant aux fidéicommis conditionnels. Il est certain, en effet, que le fidéicommissaire ne peut renoncer à un droit qu'il n'a pas.

Bien plus, la loi 45, § 2, dig. *de leg.* 2', assimile sur ce point le *dies certus* à la condition, en décidant que, bien qu'un pareil terme ne suspende pas le *dies cedit* qui a lieu, comme dans les fidéicommis purs et simples, au jour du décès du disposant, la répudiation d'un fidéicommis soumis à une pareille modalité, ne pourrait s'effectuer valablement qu'après l'échéance de ce terme.

231. — Enfin, la renonciation doit être absolue, c'est-à-dire comprendre la disposition tout entière, sans qu'il soit possible au fidéicommissaire d'en retenir une partie. Telle est, en effet, la pensée du jurisconsulte Pomponius, qui l'exprime ainsi : « *Legatarius pro parte acquirere, pro parte repudiare legatum non potest,* » (l. 38, dig. *de leg.* 1'; *adde*, l. 4 et 58, *de leg.* 2'; Paul, sent., liv. III, tit. 6, § 12.)

232. — Il est d'ailleurs inutile que la renonciation se trouve formulée d'une manière expresse; elle peut tout aussi valablement être tacite; et c'est ce qui résulte notamment des termes de la loi 120, § 1, *de leg.* 1'; où le jurisconsulte Ulpien, enseigne que ceux-là qui auraient consenti à la vente de la chose qui leur avait été laissée par fidéicommis, ne pourraient plus la demander d'aucune manière : de même (l. 88, § 14, *de leg.* 2'). Mais il ne faut pas perdre de vue que la présomption qui résulte d'un pareil consentement peut être détruite par les circonstances; tel serait, par exemple, le cas où le fidéicommissaire ne l'aurait donné que sous la condition de partager le prix de la vente (l. 88, § 14, dig. *ibid*), ou sous toute autre réserve, excluant la volonté de renoncer aux fidéicommis.

De même, la seule présence du fidéicommissaire, à l'acte d'aliénation, même en qualité de témoin, ne suffirait pas pour impliquer sa renonciation (l. 92, *pr. de leg.* 1'); il faut au moins un consentement explicite.

233. — *Troisième cause.* — Perte totale ou mise hors du commerce de la chose qui fait l'objet du fidéicommis.

Le principe que la perte de la chose, objet du fidéicommis, entraîne la caducité de cette disposition, est de toute évidence; il n'est d'ailleurs que l'application de la maxime : « *Interitu rei certæ liberatur debitor.* »

234. — Mais, pour qu'il en soit ainsi, deux conditions sont nécessaires; il faut : 1° que la perte soit totale; 2° qu'elle soit fortuite.

Il faut, disons-nous en premier lieu, que la perte soit totale, car, si elle n'est que partielle, le fidéicommis reste valable pour ce qui subsiste de la chose (l. 8, § 2, *de leg.* 2°; l, 22, *de leg.* 1°).

235. — Mais, quand la perte est-elle censée être totale? C'est ron-seulement lorsque l'objet a entièrement disparu, par exemple, lorsque l'esclave objet du fidéicommis, a péri, mais encore toutes les fois que, comme le dit Pothier, « *res in sua specie non durat, sed in aliam transit.* » Ainsi, si l'objet du fidéicommis est de la laine, et qu'elle ait été convertie en étoffe, le fidéicommis se trouvera nécessairement éteint par la perte de la chose; car, si, en fait, la laine subsiste toujours, en droit, elle n'existe plus du moment que sa forme spécifique a été métamorphosée par le fait du tissage (l. 88, *pr. de leg.* 3°).

236. — De même, si le fidécommis portait sur des bois dont on a fait des armoires ou des vaisseaux, le fidéicommissaire n'aurait aucun droit sur ces armoires ou vaisseaux (loi précit., § 1).

Bien entendu, d'ailleurs, il ne suffirait pas, pour qu'il y eut perte totale, que l'objet eût subi simplement un accroissement ou une dépréciation, quelque considérables qu'elles fussent (l. 44, § 4, *de leg.* 1°; l. 32. § 8 et 9, *de aur. argent. leg.*)

237. — Nous avons dit, en second lieu, que, pour que la perte produise l'extinction du fidéicommis, elle devait être le résultat d'un cas fortuit. Il est certain, en effet, que si elle avait été occasionnée par le fait ou par la faute du fiduciaire, ou, ce qui revient au même, postérieurement à sa mise en demeure, ce dernier, qui ne peut se trouver libéré par le fait de sa négligence ou de sa mauvaise foi, serait tenu de remettre au fidéicommissaire la valeur estimative de l'objet avec ou sans dommages-intérêts : c'est ce qu'exprime du reste très-bien la loi 53, § 5 et 8, *de leg.* 1°.

238. — Enfin, nous avons placé ci-dessus la mise hors du commerce de l'objet du fidéicommis, sur la même ligne que sa perte totale; et il ne pouvait en être autrement, car, dans ce cas, et lorsqu'il n'y a aucune faute à reprocher au fiduciaire, cette chose devenant insusceptible d'appartenir à quelque personne que ce soit, la disposition devient désormais impossible, puisque, juridiquement parlant, elle porte sur le néant, tout aussi bien que dans l'hypothèse où cette chose se trouve matériellement détruite (l. 35, dig. *de leg.* 1°).

239. — Dans la loi 21, § 1, *de leg.* 3°, le jurisconsulte Paul assimile entièrement sur ce point, et avec juste raison, aux choses mises *extrà commercium*, celles qui, objet du fidéicommis, auraient été acquises *ex causâ lucrativâ* par le fidéicommissaire lui-même. Il était, en effet, de principe à Rome que deux causes lucratives ne pouvaient concourir pour faire parvenir un même objet entre les mains du même individu.

Et il faut encore en dire autant, avec la loi 41, § 15, de la chose qui aurait été annexée à un édifice, de manière à en faire partie intégrante : car, aux termes d'un sénatus-consulte rendu sous Adrien, les objets ainsi annexés ne pouvaient faire l'objet d'une disposition spéciale. La raison en est facile à comprendre : c'est que l'ordre public s'oppose à ce qu'on démolisse les édifices, pour en détacher tous les objets qui, jusqu'à un certain point, peuvent en être considérés comme une partie constitutive.

240. — *Quatrième cause.* — Inaccomplissement de la condition à laquelle le fidéicommis se trouvait subordonné.

Rien encore de plus naturel que ce fait qui ne demande d'ailleurs aucune explication. — La seule question qui mérite examen en ce qui concerne ce dernier point, c'est celle de savoir quand la condition peut être réputée inaccomplie.

Pour résoudre ce problème, il est bon de distinguer s'il s'agit d'une condition casuelle ou d'une condition potestative. — Au pre-

- 111 -

mier cas, consiste-t-elle dans la survenance de tel ou tel événement : elle sera considérée comme défaillie, par cela seul que l'accomplissement de cet événement sera devenu impossible ; dépend-elle, au contraire, de l'absence de tel ou tel fait, ce sera la réalisation de ce fait qui la fera considérer comme inaccomplie.

211. — Au second cas, c'est-à-dire s'il s'agit d'une condition potestative, elle peut affecter trois formes bien distinctes : elle peut être, en effet, de donner, de faire ou de ne pas faire.

212. — Supposons d'abord une condition de donner (*quæ in dando consistit*) ou une condition de faire (*quæ in faciendo consistit*) : la même règle leur est applicable. — Pour connaître les cas dans lesquels ces deux conditions doivent être réputées défaillies, il est bon de faire une sous-distinction : ou bien, en effet, un délai a été assigné au fidéicommissaire pour effectuer la dation ou pour accomplir le fait mis à sa charge : il y aura alors défaillance de la condition, par cela seul que celui-ci aura laissé passer ce délai, sans faire aucune diligence pour se conformer à la volonté du défunt ; (l. 41, § 12, Dig. *de fideic. libert.*) : ou bien, au contraire, aucun délai ne lui avait été imparti à cet effet : la condition, dans cette dernière hypothèse, ne sera défaillie qu'au décès du fidéicommissaire, s'il meurt sans avoir exécuté l'obligation qui lui était imposée ; à moins que, antérieurement à cette époque, l'accomplissement de la condition ne fût devenu impossible, par suite d'un événement quelconque.

213. — Enfin, quant à la condition de ne pas faire, elle est également réputée défaillie, du moment où le fidéicommissaire a exécuté le fait qui lui était interdit : et, dans ce cas, il devra nécessairement restituer les objets qui lui avaient été remis provisoirement par le fiduciaire, sous la charge de la caution Mucienne. Lorsqu'en effet cette condition de ne pas faire avait été imposée au fidéicommissaire, sans être limitée par aucun intervalle de temps, elle présentait, comme cela se passait pour les legs, cette particularité que son accomplissement ou son inaccomplissement ne pouvait se trouver complètement vérifié qu'au décès du fidéicommissaire lui-même. Aussi, pour le garantir contre les inconvénients

d'une pareille situation qui ne permettait à son droit de s'ouvrir que dans la personne de ses héritiers, on agissait comme si le fidéicommis était pur et simple, c'est-à-dire que ce droit du fidéicommissaire s'ouvrait immédiatement à son profit, à la charge par lui de fournir au fiduciaire une caution Mucienne, pour la restitution qu'il lui devrait, s'il contrevenait à la défense du disposant.

DROIT FRANÇAIS.

DES SUBSTITUTIONS PROHIBÉES.

244. — De toutes les matières de notre droit français qui ont subi plus directement l'influence des formes diverses des gouvernements qui se sont succédé en France, il faut, sans contredit, placer en première ligne la matière des substitutions. Il devait en être ainsi. Organisées, en effet, dans le but de perpétuer dans les aînés la splendeur du nom, les substitutions étaient contraires au principe d'égalité, qui, s'il est quelquefois une dangereuse chimère, est d'une nécessité absolue dans l'organisation de la famille. Or, quand un principe de droit naturel est violé par l'homme, il manque de stabilité, et se trouve, par suite, soumis à des modifications qui sont le reflet exact des idées de l'époque, ou sont dictées par un intérêt gouvernemental.

L'histoire des substitutions va nous montrer que d'efforts longs et pénibles il a fallu pour conquérir ce grand principe.

8

DE L'HISTOIRE DES SUBSTITUTIONS.

215. — Dans son sens large et étymologique, le mot substitution exprime l'idée de deux institutions subordonnées l'une à l'autre (*sub, institutio*).

216. — Les Romains avaient tiré de cette notion si complexe trois variétés de substitutions :

I. — La substitution *vulgaire*, par laquelle le testateur, après avoir institué un héritier, en indiquait un autre, pour le cas où le premier ne viendrait pas recueillir la succession;

II. — La substitution *pupillaire*, par laquelle le père de famille instituait un héritier dans son propre testament, pour l'hérédité du fils qu'il a sous sa puissance, au cas où ce fils, devenu *sui juris* après sa mort, mourrait avant d'atteindre l'âge de puberté;

III. — La substitution *quasi pupillaire* ou *exemplaire*, par laquelle un ascendant faisait le testament de son enfant en démence, pour le cas où celui-ci mourrait avant d'avoir recouvré la raison.

217. — Est-ce à ces substitutions que s'applique la prohibition contenue dans le premier alinéa de l'art. 896 : « Les substitutions sont prohibées ? »

Malgré la généralité des termes de cette disposition, le code n'a eu certainement en vue aucune d'elles. En effet, la substitution vulgaire, qui n'a rien que de très-licite, ne pouvait attirer sur elle ni le blâme de l'opinion publique, ni la sévérité du législateur. Aussi, l'art. 898 l'autorise-t-il formellement.

Quant aux substitutions pupillaire et quasi-pupillaire, point n'était besoin de les proscrire, car elles reposaient sur un principe étranger à notre droit ; et il eût fallu un texte formel pour donner à une personne le droit de faire le testament d'autrui.

Sous le nom de substitution, notre législation a prohibé les fidéicommis des Romains, que quelques textes avaient improprement désignés sous cette dénomination de substitutions. (L. 87, § 2, Dig. *de leg.* 2°; l. 16, code, de Pactis; l. 3, § 2, code, comm. *de leg.*) Cet emploi erroné avait suffi, en effet, pour vulgariser la dénomination; et cela, d'autant plus facilement que, à part les . règles de l'institution romaine, le fidéicommis, tel qu'il était dans les derniers siècles de Rome, présentait tous les caractères d'une substitution proprement dite. (Comp. Thévenot, chap. ι, § 1, N° 28.)

248. — Recherchons donc, en les reprenant à Rome, quel fut le sort des substitutions fidéicommissaires; et examinons comment elles ont pu arriver jusqu'à nous, en traversant ces révolutions profondes qui, à différentes reprises, ont bouleversé de fond en comble les formes gouvernementales et le système politique de la France.

I. — DROIT ROMAIN.

249. — Dans la première partie de ce travail, nous avons déjà signalé le double progrès des fidéicommis à Rome, comme faisant présager et expliquant par avance la destinée qui les attendait plus tard, dans notre législation française.

N'avons-nous pas, en effet, montré cette institution, créée dans le but exclusif de permettre aux citoyens d'éluder la rigueur du droit civil, en faisant parvenir leurs biens à des personnes incapables de recevoir par testament, se développant tout à coup et inaugurant un *ordo successivus*, à côté de l'ordre légal de succession? Que l'on se rappelle seulement ces deux innovations principales : d'une part, la faculté, pour le fiduciaire, de conserver la chose par devers lui pendant un certain temps, et même jusqu'à sa mort; d'autre part, le droit, pour le disposant, d'appeler non pas seulement un secours gratifié après le premier, mais encore un troisième après le second, et ainsi de suite, de manière à rendre les fidéicommis perpétuels; à ce point que Justinien, frappé de cet abus, crut devoir arrêter leur transmission au quatrième degré. (Nov. 159, cap. II.)

II. — ANCIEN DROIT.

250. — Tel est l'état de la législation à Rome, au moment où l'empire va s'écrouler, envahi de toutes parts par les hordes barbares qui vont s'en partager les lambeaux ; et tel est aussi l'ensemble ou le coordonnement de ces lois romaines, que nous voyons ces barbares laisser à leurs vaincus le privilége d'être jugés selon leurs lois. C'est d'ailleurs à cette époque que se place, dans notre ancien droit, la législation personnelle qui vient succéder à la législation territoriale. « C'est un caractère particulier de ces lois des » Barbares, dit Montesquieu (*Esprit des lois*, liv. XXVIII, chap. II), » qu'elles ne furent point attachées à un certain territoire : le » Franc était jugé par la loi des Francs ; l'Allemand, par la loi » des Allemands ; le Bourguignon, par la loi des Bourguignons ; le » Romain, par la loi Romaine ; et bien loin qu'on songeât dans ces » temps-là à rendre uniformes les lois des peuples conquérants, on » ne pensa pas même à se faire législateur du peuple vaincu. » Les Gallo-Romains continuèrent donc, comme par le passé, à faire usage des fidéicommis, et particulièrement, des fidéicommis conditionnels.

251. — Mais ce système de la personnalité du droit ne devait et ne pouvait pas durer : il exigeait chez le juge des connaissances trop vastes, trop complexes, pour ne pas dire impossibles à acquérir. En présence d'adversaires soumis à des lois différentes, invoquant chacun la règle qu'il avait adoptée, il donnait naissance à des difficultés insurmontables. Des conflits de ce genre devenaient une sorte d'abus et de confusion ; aussi vit-on bientôt la justice se baser uniquement sur des habitudes, des précédents, les usages locaux, et ne plus s'inquiéter de la qualité des parties. Néanmoins, il ne faudrait pas croire qu'en se substituant ainsi au régime de la personnalité des lois, ce droit local fût le même partout. Au contraire, des différences nombreuses et profondes se manifestèrent immé-

diatement; et c'est ainsi que nous voyons : au sud, dominer l'élément romain; au nord, l'élément germanique (*Edit. de Pistes*, 864).

252. — Il ne faut donc pas s'étonner que, dans les provinces de droit écrit, c'est-à-dire dans les provinces du Midi et du Centre, où les mœurs romaines avaient laissé une si profonde empreinte, nous ne perdions pas un seul instant la trace des fidéicommis.

253. — Chez les Francs, au contraire, et par conséquent dans la partie septentrionale, le principe de l'égalité des partages semble dominer : pas de droit d'aînesse : l'idée de conquête sera encore longtemps prédominante chez eux ; et la famille n'y est que l'association volontaire de guerriers égaux entre eux. Les femmes, d'après la loi salique, sont bien exclues de la *terra salica*, mais c'est parce qu'elles sont impropres à la guerre; et d'ailleurs, dit M. Gide (Condit. de la femme, page 374) « en revanche, la femme avait un » droit privilégié ou tout au moins égal sur le reste de la succes- » sion. » L'égalité a son symbole dans la lance et dans la framée; et puisque le fils est l'égal du père, il ne peut être l'inférieur de son aîné.

Tel était le droit ou plutôt telles étaient les mœurs primitives des Germains. Le fidéicommis devait attendre, pour renaître, une institution nouvelle; institution purement politique qui, pour satisfaire aux besoins de la société, allait porter la plus grave atteinte au principe d'égalité : nous voulons parler des fiefs et de tout le régime féodal.

§ I. — *Des substitutions sous le régime féodal.*

254. — Autour des princes Francs s'était formée une clientèle toute militaire de *leudes*, de *fidèles*, de *vassali*, qui s'attachaient à leur personne, moyennant des concessions révocables d'abord, puis viagères ensuite. En revanche, le vassal était tenu de prêter foi et hommage, ainsi que les services d'art et de cour. — Cet usage se continua sous les rois de la race Carlovingienne, et bientôt, les possesseurs de ces terres concédées élevèrent la prétention de les

transmettre à leurs enfants. Ceux-ci, mis en possession par leurs pères, ne virent aucune raison pour ne pas transmettre les mêmes biens à leurs propres enfants; si bien que l'édit de Quiersy-sur Oise, rendue par Charles le Chauve, en 877, déclara héréditaire la propriété des terres concédées.

255. — D'un autre côté, à la tête de ces fiefs, il fallait un chef indiscuté et indiscutable : bien plus, il fallait à ce chef de l'argent et des terres considérables pour défendre et protéger ses vassaux : de là naquit le droit d'aînesse et de masculinité. La législation assura, en effet, aux enfants mâles, une portion considérable dans l'hérédité paternelle ; bien plus, elle consacra pour l'aîné, au préjudice du puîné, un droit plus étendu dans cette même succession.

Mais c'était encore trop peu pour une aristocratie dont le fondement était le privilége ; et les possesseurs de fiefs cherchèrent dans les substitutions fidéicommissaires le moyen de rendre toutes ces inégalités plus exorbitantes encore. Par ce mode de disposition, le père de famille substituait sa volonté à celle du législateur, et celui-ci s'inclinait devant cette volonté d'autant plus respectable que la vanité, dont elle était l'expression, semblait être de l'essence de la féodalité elle-même.

256. — Aussi vit-on bientôt un usage à peu près général de cette innovation qui s'étendit sans retard des pays de droit écrit aux pays de coutumes, dont dix seulement refusèrent de l'admettre. Ce furent: les coutumes du Bourbonnais, de la Marche, de Sedan, d'Auvergne, de Montargis, de Bussigny, du Nivernais, de Normandie, de Hainaut et de Bretagne.

257. — Ainsi acceptées, ces substitutions n'étaient pas seulement pratiquées sous la forme de testaments ; elles pouvaient l'être encore sous celle de donations entre vifs et d'institutions contractuelles. Quant à leur durée, il fallait distinguer entre le droit écrit et les coutumes. Le premier, en effet, se basant sur une interprétation générale de la novelle 159, les limitait à quatre degrés ; tandis que, pour les coutumes, il en était qui les admettaient comme perpétuelles, alors que d'autres les limitaient à dix degrés, et d'autres

enfin leur assignaient une durée de cent ans. Cujas et Dumoulin en faisaient une question d'interprétation de la volonté du testateur et cette opinion, favorable à leur perpétuité, tendait à prévaloir.

§ II. — *Ordonnances de* 1553, 1560, 1566 *et* 1629.

258. — Dès le XVI° siècle, le législateur s'émeut des graves dangers que les substitutions présentaient pour le crédit public. On voyait de grands seigneurs, après avoir mené une vie opulente aux dépens de créanciers trompés par l'apparence d'une propriété qui n'était que résolutoire, transmettre indéfiniment à une série de descendants, leurs fidèles imitateurs, un patrimoine inaccessible à tout passif pour l'éternité. La maxime: « *bona non intelliguntur nisi deducto ære alieno* » n'était plus qu'un vain mot dans cette classe de privilégiés.

259. — L'ordonnance de Henri II, donnée à Saint-Germain-en-Laye, en 1553, ne parle pas toutefois encore au nom des principes d'économie politique et d'égalité qui ne devaient être connus que dans un temps bien éloigné ; elle ne cherche pas encore à protéger l'agriculture et l'industrie, à détruire les obstacles qui s'opposaient à la libre circulation des biens et à leur amélioration; elle ne combat pas ces agglomérations injustes et aveugles de la plus grande partie du patrimoine d'une famille sur la tête d'un seul, dont l'opulence vient insulter à la misère des autres. L'ordonnance se borne à prescrire, sous peine de déchéance, l'insinuation de tout acte contenant des substitutions, c'est-à-dire les mesures réclamées par la justice la plus rudimentaire : elle n'a que la prétention de mettre les créanciers et les tiers à l'abri des fraudes les plus malhonnêtes, des abus les plus scandaleux, et elle néglige un mal peut-être plus grand encore, celui de la perpétuité des substitutions.

260. — Cependant, en 1560, l'ordonnance d'Orléans, rédigée par le chancelier de l'Hospital, fut rendue sur les justes remontrances des États-Généraux, pour s'opposer aux empiètements de tous ces ordres de succession, différents de celui de la loi et établis à

perpétuité par des propriétaires décédés depuis des siècles: leur volonté, immuable comme la mort, annihilait celles des vivants et règlementait législativement et à l'infini les biens qu'ils avaient laissés. L'article 59 de l'ordonnance d'Orléans apporta donc un remède sensible à cet état de choses, en n'autorisant, pour l'avenir, que deux degrés de substitutions, l'institution non comprise.

261. — Malheureusement, la noblesse résista à ce progrès: et telle était la faveur dont jouissaient les substitutions à cette époque, que tout fut mis en jeu pour éluder cette ordonnance. D'abord, les divers substitués étaient-ils de la même génération, la jurisprudence s'obstina à ne voir là qu'un seul degré de substitution, se refusant à les compter par têtes: bien plus, l'ordonnance ne parlait plus d'insinuation, la jurisprudence s'empressa alors d'admettre qu'elle avait voulu l'abroger; enfin, elle était également muette à l'égard des substitutions antérieures à sa promulgation; celles-ci demeuraient donc perpétuelles.

262. — Un terme était nécessaire à de semblables abus, il ne tarda pas à y être apporté. C'est dans ce but, en effet, que le même chancelier de l'Hospital édicta, dès 1566, une nouvelle ordonnance, connue sous le nom d'ordonnance de Moulins. Il réduisait par là à quatre degrés toute substitution antérieure à l'ordonnance d'Orléans, institution non comprise, et sauf les droits qui pouvaient être acquis déjà à des appelés plus éloignés; de plus, il soumettait toute substitution, sous peine de nullité, à la double formalité de publication et d'enregistrement dans un délai de six mois.

263. — Ces réformes furent toutefois encore jugées insuffisantes, et la lutte recommença. Sous le ministère du cardinal de Richelieu, fut rendue par le garde des Sceaux, Marillac, la célèbre ordonnance de 1629, connue sous le nom de Code Michau, et dont les articles 124 et 125 traitaient des substitutions. Le calcul des degrés par têtes et non par générations, la défense de grever de fidéicommis les objets mobiliers, l'incapacité des personnes rustiques : telles étaient les concessions faites à l'opinion publique. N'osant prohiber une institution que la noblesse regardait comme un privilége et qui

était si fortement enracinée depuis tant de siècles, la royauté cher-
chait du moins à en atténuer les effets désastreux le plus qu'il lui
était possible.

§ III. — *Ordonnance de 1747.*

264. — C'est sous l'influence de ces mêmes considérations que
fut rédigée, plus d'un siècle plus tard, l'ordonnance de 1747, véritable code des substitutions.

« Loin de vouloir donner la moindre atteinte à la liberté de faire
« des substitutions, disait le législateur de 1747 dans son préam-
« bule, nous ne nous sommes proposé que de les rendre plus utiles
« aux familles, et notre application à prévenir toutes les interpré-
« tations arbitraires par des règles fixes et uniformes, ne servira
« qu'à faire respecter encore plus la volonté des donateurs et des
« testateurs. » Tels étaient les considérants officiels de cette ordonnance donnée par Louis XV, au camp de la Commanderie du
Vieux-Jonc, et rédigée par d'Aguesseau.

265. — On réglementait les substitutions, parce que, comme
nous venons de le voir, elles étaient trop ancrées dans les mœurs
aristocratiques pour que l'on pût les détruire. Une lettre que le
célèbre chancelier écrivait lui-même au premier président du parlement d'Aix, le 21 juin 1730, nous offre des considérations super-
ficielles présentées d'une façon plus sincère. « L'abrogation entière
« de tous fidéicommis, dit-il, serait peut-être, comme vous le pen-
« sez, la meilleure de toutes les lois, et il pourrait y avoir des
« moyens plus simples pour conserver dans les grandes maisons ce
« qui suffirait à en soutenir l'éclat; mais j'ai peur que, pour y par-
« venir, surtout dans les pays de droit écrit, il ne faille commencer
« par réformer les têtes, et ce serait l'entreprise d'une tête qui
« aurait elle-même besoin de réforme. C'est en vérité un grand
« malheur qu'il faille que la vanité des hommes domine sur les
« lois mêmes. »

266. — Cette ordonnance est trop importante en notre matière
pour que nous ne nous y arrêtions pas un instant. Ne pouvant tou-

tefois, sans dépasser les bornes de notre travail, entrer dans le commentaire de tous ses articles, nous nous contenterons d'en indiquer les points principaux, et de l'analyser à grands traits.

267. — Divisée en deux parties, sous la forme de deux titres distincts, l'ordonnance de 1747 comprend : dans la première, la détermination des biens qui peuvent être substitués, ainsi que les clauses, les conditions et la durée des substitutions; dans la deuxième, les mesures à prendre pour sauvegarder les intérêts des appelés et des tiers.

Et d'abord, elle permet de créer des substitutions soit par testament, soit par donation entre-vifs; pas de termes sacramentels, il suffit que la volonté du disposant soit clairement manifestée.

Toute personne capable de disposer de ses biens peut faire une substitution, de quelque état et condition qu'elle soit (art. 1). C'est là une dérogation universelle ou particulière, mais à charge d'emploi, c'est-à-dire à la condition qu'on ne soit jamais chargé de les rendre en nature (art. 3).

Quant à la durée des substitutions, elle est ainsi limitée par l'art. 30 de notre ordonnance : « L'art. 59 de l'ordonnance d'Orléans « sera exécuté; et en conséquence toutes les substitutions faites, « soit par contrat de mariage ou autre acte entre-vifs, soit par « disposition à cause de mort, en quelques termes qu'elles soient « conçues, ne pourront s'étendre au-delà de deux degrés de subs- « titution, outre le donataire, l'héritier institué, légataire ou autre, « qui aura recueilli les biens du donateur ou du testateur. N'enten- « dons déroger par la présente disposition à l'art. 57 de l'ordon- « nance de Moulins, par rapport aux substitutions qui seraient « antérieures à la dite ordonnance. »

Enfin, pour la computation des degrés, l'ordonnance se borne à confirmer la disposition de l'ordonnance de 1629, relative au calcul par têtes, et non par générations (art. 33). Mais, pour qu'un degré soit épuisé, il faut qu'il ait produit son effet; et il ne l'a pas produit, lorsque le premier appelé, par exemple, est mort avant le grevé ou qu'il a renoncé (art. 36).

268. — Voilà les règles principales contenues dans la première

partie de notre ordonnance. Dans la seconde partie, comme nous venons de le dire, elle s'occupe de sauvegarder les droits des appelés ainsi que ceux des tiers.

A cet effet, elle impose au grevé l'obligation :

1° De faire l'inventaire de tous les biens avec l'estimation des meubles dans le délai accordé aux héritiers par les ordonnances : faute de quoi, le substitué peut, un mois après l'expiration du délai, y faire procéder en appelant le grevé contre lequel il aura la répétition des frais (art. 1, 3 et 7);

2° De faire procéder à la vente publique par affiches et enchères de tous les meubles compris dans la substitution (art. 8);

3° De faire l'emploi des deniers compris dans la substitution ou provenant de la vente des meubles et du remboursement des créances, soit en terres ou maisons, soit en rentes foncières ou constituées (art. 11);

4° De faire procéder dans les six mois à la publication et à l'enregistrement (art. 11 et 19) des substitutions, sous peine d'être privé de la perception des fruits jusqu'à l'accomplissement de cette formalité (art. 41).

A côté de ces obligations imposées au grevé, nous trouvons des droits qui lui sont conférés.

Ainsi, il avait droit aux fruits et défendait en justice ; toutefois les jugements rendus contre lui laissaient aux appelés la voie de la requête civile, s'il prouvait le défaut de défenses (art. 40) ; il pouvait encore transiger, pourvu que la transaction fût homologuée dans le parlement sur la conclusion des procureurs-généraux (art. 53) : de même, il pourrait aussi hypothéquer les biens substitués, mais seulement en cas d'insuffisance de ses biens propres; et ce, pour la garantie de la dot et du douaire. Il ne pourrait d'ailleurs les aliéner ni en passer bail pour une durée excédant la jouissance.

Quant à l'appelé, cette ordonnance lui reconnaissait également certains droits, bien qu'il ne fût pas propriétaire, tant que la substitution n'était pas ouverte. Il intervenait, en effet, à l'inventaire, et pourrait forcer le grevé à faire emploi des deniers : faute de quoi, et si ce dernier administrait mal, l'usage l'autorisait, à l'exemple du droit romain à exiger caution.

Telles étaient les dispositions principales de cette fameuse ordonnance de 1717 qui, empreinte d'un esprit de modération extrême, accordait réellement trop peu : ce n'était là, et ce ne pouvait être qu'une transaction ou plutôt une transition. Le moment approchait où ce que d'Aguesseau, dont l'extrême circonspection est bien connue, n'avait osé tenter, allait recevoir sa pleine et entière exécution.

III. — DROIT INTERMÉDIAIRE.

269. — La Révolution ne pouvait, en effet, laisser subsister une institution directement contraire à l'application du grand principe d'égalité, qui était devenu la passion de tous : les droits d'aînesse et de masculinité, les privilèges, les titres de noblesse étaient successivement abolis.

Les substitutions avaient soulevé trop de récriminations de toutes sortes et trop de haines pour ne pas être englouties, à leur tour, dans l'immense naufrage où allaient s'abîmer la plupart des établissements politiques et civils de l'ancien régime.

270. — Aussi la loi du 14 novembre 1792 les abrogea-t-elle d'une manière absolue dans toute la France.

Art. 1er. « Toutes substitutions sont interdites et prohibées à « l'avenir ».

Art. 2. « Les substitutions faites avant la publication du présent « décret, par quelque acte que ce soit, qui ne seront pas ou- « vertes à l'époque de la dite publication, sont et demeurent abo- « lies et sans effet. »

Art. 3. « Les substitutions ouvertes lors de la publication du « présent décret n'auront d'effet qu'en faveur de ceux seulement « qui auront alors recueilli les biens substitués, ou le droit de les « réclamer. »

C'était donc renverser entièrement l'ancien régime et avec lui le cortège de ses monstrueuses injustices. Mais cette mesure, d'ail-

leurs très-logique, était trop radicale ; et M. Valette, avait raison
de dire que le législateur, en ne respectant pas les droits acquis,
était sorti des limites de la justice et du bon droit.

IV. — DROIT MODERNE.

§ I. — *Code civil.*

271. — Fidèles aux idées égalitaires qui s'étaient fait jour à
travers les vicissitudes révolutionnaires, et qui, sagement limitées,
n'étaient, en définitive, que l'expression légitime de l'équité et de
la justice, les rédacteurs du Code civil de 1804 maintinrent, dans
l'art. 896, l'abolition des substitutions fidéicommissaires : et l'on
peut même ajouter, sans exagération, que ses dispositions sur ce
point offrent à la fois plus de ménagements et plus de sévérité que
celles de la loi de 1792 elle-même. Si, d'une part en effet, le code
Napoléon n'interdit pas les substitutions d'une façon absolue et
complète; s'il laisse subsister une exception à la prohibition qu'il
édicte, en permettant aux pères et mères, aux frères et sœurs de
subsister au profit, soit de leurs petits enfants, soit de leurs neveux et nièces (art. 1048 et suiv.) ; d'un autre côté, il se montre,
en quelque sorte, plus inexorable que le législateur de 1792, en
frappant de nullité non-seulement la charge de conserver et de
rendre, c'est-à-dire la substitution proprement dite, mais encore
la disposition principale elle-même, afin d'en attribuer le montant
aux héritiers légitimes du disposant.

§ II. — *Du rétablissement des majorats.*

272.—Du reste, cet état de choses ne tarda pas à être modifié.
Les substitutions que Bonaparte, alors premier consul, avait re-
gardées comme immorales et contraires aux bonnes mœurs, l'Empereur les envisageant au point de vue seulement de son intérêt
dynastique, pensa qu'il pourrait en tirer un grand parti en récom-

pensant des services illustres. En conséquence, il n'hésita pas à
réédifier une institution qui, pour tenir du privilége, ne lui en paraissait pas moins indispensable, et, par la loi du 3 septembre
1807, qui a été annexée à l'art. 896, sous forme de disposition addi-
tionnelle, il rétablit les majorats dans les termes que voici :

« Néanmoins, les biens libres formant la dotation d'un titre hé-
« réditaire que l'Empereur aurait érigé en faveur d'un prince ou
» d'un chef de famille, pourront être transmis héréditairement,
« ainsi qu'il est réglé par l'acte impérial du 30 mars 1806, et par
» le senatus-consulte du 14 août suivant. »

273. — Or, ces majorats ne sont autres, ainsi que l'on peut s'en
convaincre en lisant l'art. 5 dudit senatus-consulte, que des substitutions perpétuelles par ordre de primogéniture et de masculinité.
Pareille extension n'avait donc jamais été donnée aux substitutions,
même aux plus beaux jours de la féodalité !

274. — Ces majorats furent d'ailleurs bientôt réglementés par
un décret du 1er mai 1808. — Notre intention n'est pas d'analyser
ici ce décret qui a trait à une matière n'offrant plus aujourd'hui
qu'un intérêt historique , mais nous ne pouvons cependant nous
empêcher de faire observer à cet égard : d'abord, que les majorats
devaient se composer exclusivement de biens immeubles (bien
qu'on eût admis à ce sujet que les rentes sur l'Etat et les actions
de la Banque de France étaient susceptibles d'être immobilisées) et
que ces biens, devenus inaliénables, ne pouraient être ni hypo-
théqués ni saisis ; ensuite qu'il existait deux sortes de majorats
bien distincts : 1° les majorats *de propre mouvement*, c'est-à-dire
formés en entier d'une dotation accordée par le chef de l'Etat;
2° les majorats *sur demande*, constitués avec les biens personnels
des titulaires.

§ III. — *Loi de 1826.*

275. — Sous la Restauration, dans un but évidemment politique,
et afin de raffermir, à ce qu'il croyait du moins, le principe mo-
narchique, le roi Charles X s'avança encore plus loin dans cette
voie, et tenta, par la loi du 17 mai 1826, de restaurer, sous

certaines restrictions, il est vrai, les anciennes substitutions fidéi-
commiss...res.

Voici, en effet, l'article unique de cette loi :

« Les biens dont il est permis de disposer, aux termes des
» art. 913, 915 et 916 du Code Napoléon, pourront être donnés,
» en tout ou en partie, par acte entre vifs ou testamentaire, avec
» la charge de les rendre à un ou plusieurs enfants du donataire,
» nés ou à naître, jusqu'au deuxième degré inclusivement. »

Dès lors, toute personne put grever de substitution sa quotité
disponible au profit d'un seul enfant du donataire.

Le projet de loi, présenté à cette époque aux chambres législa-
tives, proposait même en outre de décider que cette portion de
biens disponible formerait, de plein droit, un préciput en faveur
du fils aîné, toutes les fois que le *de cujus* n'aurait pas exprimé une
volonté contraire ; c'était tout simplement proposer le rétablisse-
ment des droits d'aînesse et de masculinité. Mais cette partie du
projet avait été rejetée.

§ IV. — *Loi de 1835.*

276. — La réaction était tôt ou tard inévitable ; et elle ne se fit
pas longtemps attendre.

Ce fut, en effet, à la Monarchie de juillet qu'échut l'honneur d'a-
néantir ces réformes malheureuses qui avaient occasionné la ruine
de la Restauration ; et c'est dans ce but qu'elle édicta la loi du 12
mai 1835, qui déclarait dans son article 1er que « toute institution
» de majorats serait interdite *à l'avenir.* »

277. — Quant aux majorats antérieurement établis, elle ne put
atteindre que ceux sur demande, car les majorats de propre mouvement, ayant été attribués à titre de récompense et sur des biens
de l'Etat, on ne pouvait équitablement en dépouiller les familles
des titulaires au profit du trésor public ; on décida, en conséquence,
quant à ces derniers, « qu'ils continueraient à être possédés et
» transmis conformément aux actes d'investiture, et sans préjudice

» des droits d'expectative ouverts par la loi du 5 décembre 1814.»
(art. 4)

Mais relativement aux majorats sur demande, notre loi de 1835
n'hésita pas à les restreindre dans leur étendue, et à reproduire, à
peu de choses près, à leur égard, la disposition de l'ordonnance
de Moulins et de l'ordonnance de 1747. Elle limita donc à deux
générations, l'institution non comprise, l'effet de cette transmission
privilégiée (art. 2), en même temps qu'elle accorda au fondateur
d'un majorat le droit de le révoquer en tout ou en partie, ou d'en
modifier les conditions, en ajoutant néanmoins qu'il ne pourrait
exercer cette faculté, s'il existait un appelé qui eût contracté,
antérieurement à la loi, un mariage non dissous, ou dont il fût
resté des enfants (art. 3).

Comme on le voit, cette dernière loi, en s'occupant exclusivement des majorats, n'avait pas atteint celle du 17 mai 1826 sur les
substitutions : en vain la Chambre des Députés s'était-elle effor-
cée de profiter de cette occasion pour arriver à l'abrogation complète de ces sortes de dispositions ; la Chambre des Pairs s'y était
refusée. Un pas restait donc à faire pour terminer cette œuvre de
justice si impatiemment attendue.

§ V. — Loi de 1849.

278. — L'honneur en revient tout entier à l'Assemblée consti-
tuante qui, grâce à l'initiative de M. Valette, promulgua la fameuse
loi du 7 mai 1849. Cette loi, muette sur les majorats de propre
mouvement, qu'elle laisse par conséquent sous l'empire de celle du
12 mai 1835, s'occupe à la fois des majorats de biens particuliers
et des substitutions.

En ce qui a trait aux premiers, elle décide d'une part, dans son
article 1er, qu'ils sont abolis, dès qu'ils ont été transmis à deux
degrés successifs à partir du premier titulaire, et que les biens qui
les composaient deviennent libres entre les mains de ceux qui en
sont investis ; et, d'autre part, son article 2 porte que, pour
l'avenir, la transmission à deux degrés n'est maintenue qu'en
faveur des enfants déjà nés ou conçus lors de la promulgation.

Quant aux substitutions, la loi du 7 mai 1849 fit ce que la Chambre des Députés n'avait pu faire en 1835 : elle abrogea la loi de 1826 :

Art. 8. — « La loi du 17 mai 1826 sur les substitutions est » abrogée. »

Art. 9. — « Les substitutions déjà établies sont maintenues au » profit de tous les appelés nés ou conçus lors de la promulgation » de la présente loi.

» Lorsqu'une substitution sera recueillie par un ou plusieurs des » appelés dont il vient d'être parlé, elle profitera à tous les autres » appelés du même degré, ou à leurs représentants, quelle que » soit l'époque où leur existence aura commencé. »

279. — Ce grand acte législatif nous ramène exactement à notre code civil de 1804. Après avoir oscillé aussi longtemps, la législation est donc revenue à son point de départ, dont elle n'aurait jamais dû s'écarter.

Espérons qu'aucune nouvelle réaction ne viendra désormais relever les substitutions de la sentence prononcée contre elles par la loi du 7 mai 1849, et renverser à nouveau le principe d'égalité civile qu'on a eu tant de peine à faire triompher.

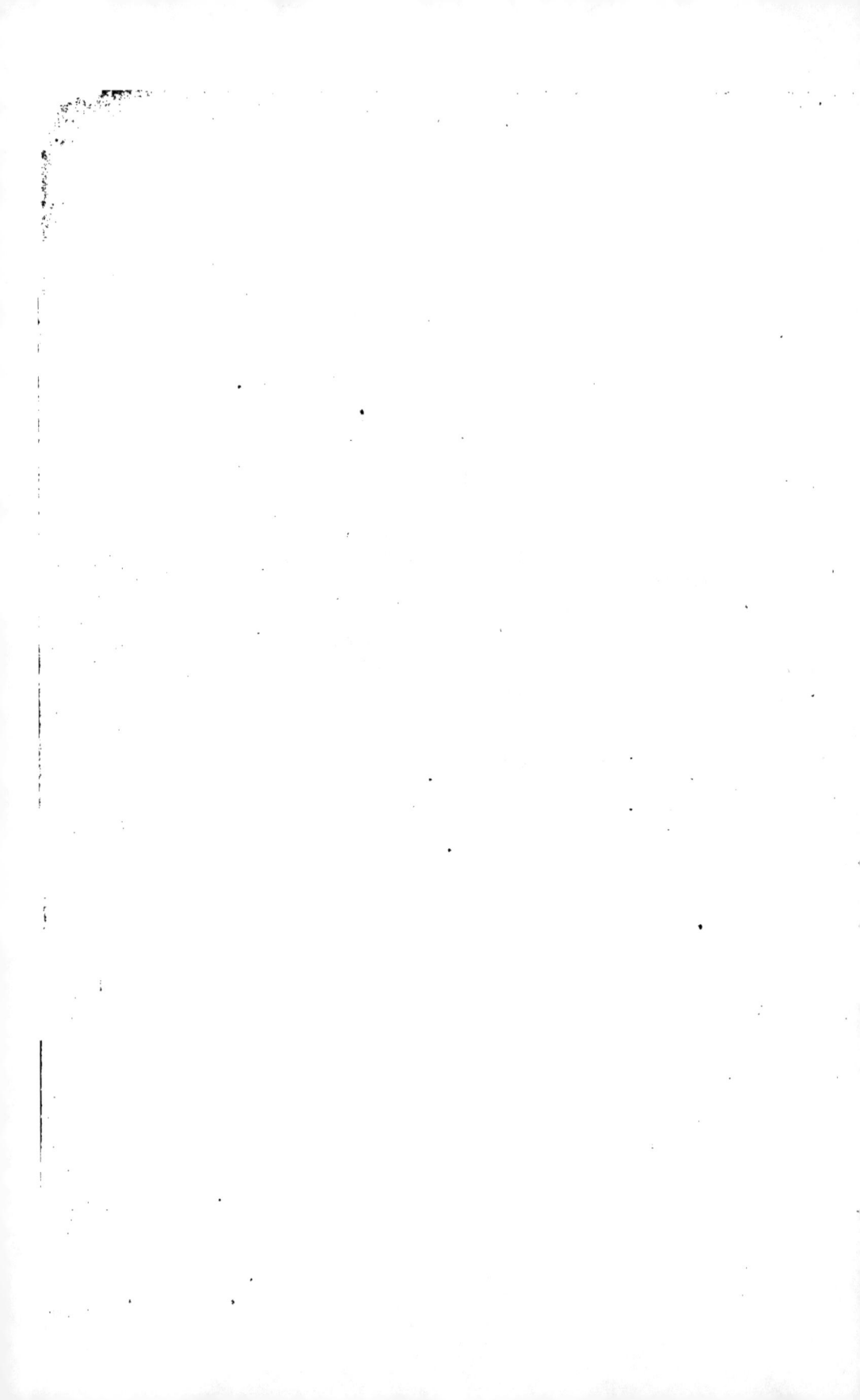

DROIT FRANÇAIS ACTUEL.

CHAPITRE PREMIER.

MOTIFS QUI ONT FAIT INTERDIRE LES SUBSTITUTIONS SOUS LE CODE CIVIL.

280. — Arrivé au terme de notre excursion dans le domaine de l'histoire, abordons maintenant la partie doctrinale de notre sujet, qui est tout entière renfermée dans l'article 896 du Code civil, dont le premier alinéa est ainsi conçu : « Les substitutions sont » prohibées. »

Mais avant d'entrer dans les développements assez considérables que comporte cette partie de notre travail, il convient, nous semble-t-il, de rechercher les différents motifs qui ont pu dicter cette suppression des substitutions.

Or, ces motifs peuvent, selon nous, se réduire à trois principaux, ayant leur source : l'un, dans l'autorité historique; le second, dans l'intérêt public; et le troisième, qui n'est pas le moins important, dans une idée vraiment scientifique.

281. — *Premier motif tiré de l'histoire.* — De puissantes considérations, basées sur l'état politique de la France à cette époque, n'ont certes pas dû contribuer pour peu à faire confirmer par le législateur de 1804, l'abolition des substitutions déjà prononcée par la loi de 1792. N'était-ce pas, en effet, un des moyens les plus efficaces d'anéantir l'influence des anciennes familles et des grands propriétaires qui, on ne l'ignore pas, se montraient peu sincèrement attachés au gouvernement nouveau? C'est là, du moins, ce qui résulte assez clairement d'une lettre de Napoléon Ier au roi Joseph, en date à Saint-Cloud, du 5 juin 1806, et rapportée dans les Mémoires et Correspondances politiques et militaires du roi Joseph, publiés par M. du Casse, t. II, p. 275 et 276.

282. — *Deuxième motif tiré de l'ordre public.* — Ce motif qui, en réalité, en renferme plusieurs, est admirablement développé par M. Bigot-Préameneu, dans son exposé des motifs sur le projet de prohibition des substitutions : nous ne saurions mieux faire ici que de reproduire ses propres paroles :

« L'expérience a prouvé que, dans les familles opulentes, cette
» institution n'ayant pour but que d'enrichir l'un de ses membres
» en dépouillant les autres, était un germe toujours renaissant de
» discordes et de procès. Les parents nombreux, qui étaient sacri-
» fiés et que le besoin pressait, n'avaient de ressources que dans
» les contestations qu'ils élevaient, soit sur l'interprétation de la
» volonté, soit sur la composition du patrimoine, soit sur la part
» qu'ils pouvaient distraire des biens substitués, soit enfin sur
» l'omission ou l'irrégularité des formes exigées.

» Chaque grevé de substitution n'étant qu'un simple usufruitier,
» avait un intérêt contraire à celui de toute amélioration; ses
» efforts tendaient à multiplier et à anticiper les produits qu'il
» pouvait retirer des biens substitués, au préjudice de ceux qui
» seraient appelés après lui.

» Une très-grande masse de propriétés se trouvait perpétuelle-
» ment hors du commerce; les lois qui avaient borné les substitu-
» tions à deux degrés n'avaient point paré à ces inconvénients ;
» celui qui, aux dépens de sa famille entière, avait joui de toutes
» les prérogatives attachées à un nom distingué et à un grand
» patrimoine, ne manquait pas de renouveler la même disposition;

» et si, par le droit, chacune d'elles était limitée à un certain
» temps, elles devenaient, par le fait de leur renouvellement, des
» substitutions perpétuelles.

» Ceux qui déjà étaient chargés des dépouilles de leurs familles,
» avaient la mauvaise foi d'abuser des substitutions pour dépouiller
» aussi leurs créanciers : une grande dépense faisait présumer de
» grandes richesses : le créancier qui n'était pas à portée de véri-
» fier les titres de propriété de son débiteur, ou qui négligeait de
» faire cette perquisition, était victime de sa confiance ; et dans
» les familles auxquelles les substitutions conservaient les plus
» grandes masses de fortune, chaque génération était le plus sou-
» vent marquée par une honteuse faillite. » (Locré, législ. civ.
t. XI (p. 359-361).

283. — *Troisième motif.* — Cette dernière raison est assurément
la plus convaincante et, nous pouvons dire aussi, la seule qui soit
vraiment juridique. Elle peut être résumée comme suit : un père
de famille, en vertu de son droit de propriété, peut bien faire acte
de maître sur le patrimoine qu'il possède au jour de son décès ; et
par suite, il lui est loisible d'adjuger ce patrimoine à qui bon lui
semble. Mais, comment justifier le droit en vertu duquel il dispo-
serait, par une substitution, non de la fortune qu'il laisse et dont
il est maître, parce qu'il vit quand il en dispose, mais de la propriété d'autrui ? Comment lui reconnaître le droit d'enlever à ses
descendants ou aux successeurs qu'il s'est donnés, la faculté de
tester qu'il a exercée lui-même ? Cela est impossible, et comme le
dit si bien M. Bertauld (quest. prat. et doctr., t. I, N° 363 : « La
» liberté des générations futures ne saurait être détruite au profit
» des caprices et des vanités de la génération présente. »

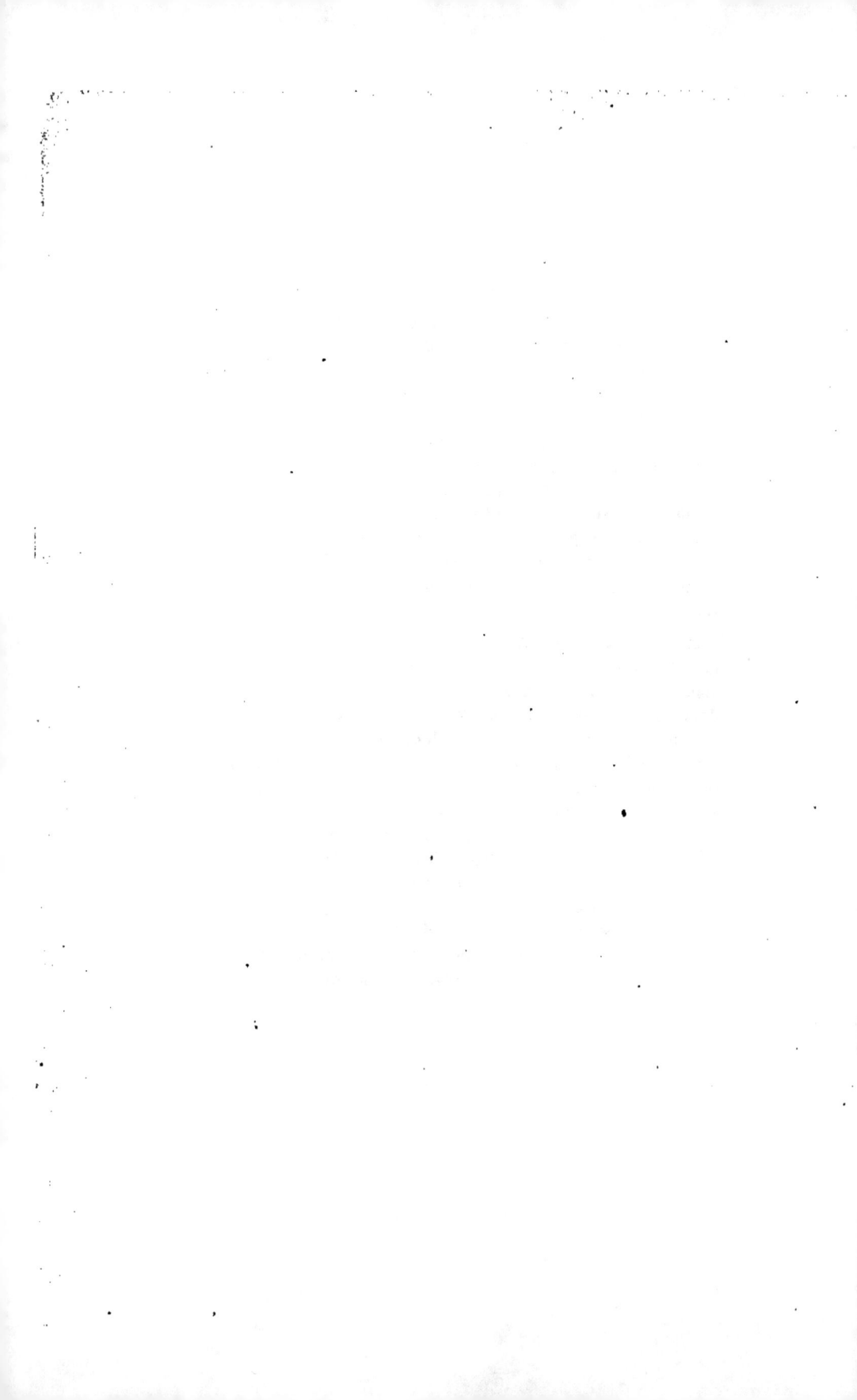

CHAPITRE II.

---

284. — Ce chapitre comprendra trois sections : dans la première, nous étudierons les différents caractères auxquels on peut reconnaître les substitutions prohibées ; puis, comme complément nécessaire de cette étude première, nous envisagerons certaines dispositions spéciales susceptibles de présenter une analogie plus ou moins complète avec elles ;

Dans une seconde, nous examinerons à l'aide de quels modes de preuves, on peut établir l'existence des substitutions ;

Puis, dans une troisième section, nous traiterons de l'interprétation des substitutions prohibées.

SECTION I.

CARACTÈRES DISTINCTIFS DES SUBSTITUTIONS PROHIBÉES.

285. — Nous avons déjà montré, au début de cette seconde partie de notre travail, que les substitutions vulgaire, pupillaire et quasi-pupillaire ne pouvaient, en aucune façon, tomber sous le coup de notre article 896 ; mais que celui-ci visait et ne pouvait viser, en réalité, que les substitutions fidéicommissaires. Ajoutons seulement à cette place, pour achever notre conviction à cet égard, deux arguments décisifs en faveur de cette assertion. Le premier,

qui est encore tout historique, ressort de l'examen de chacune des
considérations mises en avant dans l'exposé des motifs qui ont
amené la suppression des substitutions, considérations que nous
avons, du reste, rapportées tout-à-l'heure en grande partie. N'est-
il pas, en effet, facile de se convaincre que les raisons présentées
à ce sujet par M. Bigot-Préameneu ne pouvaient s'adresser qu'aux
substitutions fidéicommissaires, qui seules engendrent, comme il
le disait si bien, la possibilité, pour un disposant, de créer, par sa
volonté, un ordre particulier de succession à côté de l'ordre de
succession établi par la loi? N'est-il pas aussi évident que seules,
grâce aux souvenirs aristocratiques qu'elles réveillaient, elles se
trouvaient de nature, en 1804, à exciter les susceptibilités natio-
nales? que seules encore, par l'inaliénabilité qu'elles engendrent,
elles sont susceptibles d'entamer le crédit et d'entraver le commerce? que seules, enfin, elles consacraient, dans la personne du
père de famille cet empiètement et cet excès de pouvoir que signa-
lait cet éloquent rapporteur?

286. — Un autre argument non moins décisif en ce sens, résulte
du texte même des art. 897, 1048 et 1049. Que règlent en effet
ces articles? Une exception au principe posé dans celui que nous
examinons en ce moment, et quelle hypothèse prévoient-ils? Celle
d'un père ou d'une mère, d'un frère ou d'une sœur, disposant de
leur quotité disponible, soit au profit de leurs enfants, soit au profit de leurs frères et sœurs, avec charge pour ces derniers, de la
conserver et de la rendre, en tout ou en partie, lors de leur décès,
à leurs propres enfants nés ou à naître; en d'autres termes, ils prévoient précisément le cas d'une substitution fidéicommissaire
exceptionnellement permise. Dès lors, comment admettre que
l'article posant la règle puisse se référer à une hypothèse autre que
celle visée dans ceux qui règlent l'exception; cette pensée n'est rien
moins qu'inadmissible, et l'on est absolument forcé de décider que
l'art. 896 vise, comme les art. 897, 1048 et 1049, le seul cas d'une
substitution fidéicommissaire.

287. — Ceci posé, il nous reste, avant d'aborder l'examen
détaillé des divers caractères auxquels on devra reconnaître une

disposition qui tombe sous le coup de l'art. 896, à donner une définition aussi complète que possible de la substitution fidéicommissaire, ou plutôt, de la substitution.

Cette définition rigoureusement exacte, nous l'emprunterons à
MM. Coin-Delisle et Demolombe :

Une disposition par laquelle en gratifiant quelqu'un, expressément ou tacitement, on le charge de conserver la chose donnée
pendant sa vie, et de la rendre, après sa mort, à une autre personne
gratifiée en second ordre, sous la condition que celle-ci lui survivra.

288. — De cette définition, il résulte que toute substitution
fidéicommissaire renferme trois caractères principaux que nous
retrouvons d'ailleurs, explicitement ou implicitement, dans l'art.
896; et qui vont nous servir de fil conducteur dans cet immense
labyrinthe, dont les sentiers sont parfois si tortueux, que Thévenot
n'a pu s'empêcher de dire (subst. préface, n° 10); « les substitu-
« tions deviendraient un champ immense et sans bornes, si l'on
« prétendait parcourir toutes les espèces qui peuvent s'y rencon-
« trer : c'est à la déduction claire et lumineuse des règles capitales
« qu'il faut diriger principalement ses efforts. »

Ces trois caractères principaux, sont donc :

1° Une double libéralité portant sur le même objet;
2° La charge de conserver et de rendre;
3° L'ordre successif qui comprend le trait de temps et l'éventualité du droit de l'appelé.

Reprenons successivement et avec quelques détails, chacun de ces
trois caractères :

289. — *Premier caractère.* — Il faut une double disposition, ou
en d'autres termes, deux libéralités, deux donations ou deux legs
portant sur le même objet.

C'est, en effet, ce qui ressort à la fois de notre définition ci-dessus
et des termes de l'art. 896, 2° alinéa. « Toute disposition , par
« laquelle le donataire, l'héritier institué, ou le légataire sera
« chargé de conserver et de rendre à un tiers, etc. » La loi suppose
on le voit, que celui qui est chargé de conserver et de rendre a été

lui-même gratifié à un titre quelconque, et que, par conséquent, il existe une double libéralité : l'une, au profit du grevé, et l'autre, au profit du substitué. C'est d'ailleurs l'application de cette maxime fort usitée autrefois dans notre matière : *nemo oneratus nisi honoratus.*

Mais, il faut remarquer avec soin que ces deux libéralités doivent venir : non pas l'une à défaut de l'autre, ce qui serait le cas de la de la substitution vulgaire; non pas l'une en même temps que l'autre (ce serait le cas d'une libéralité faite conjointement); mais bien l'une après l'autre, comme soudées bout à bout, de telle sorte que la deuxième ne vienne qu'aussitôt après la première; c'est du reste, ce que nous établirons plus amplement à propos de l'ordre successif, et ce qu'a voulu exprimer Peregrinus (art. 17, n°° 1 et suiv. par ces mots : « *ordine successivo et non conjunctivo, seu simultaneo.* »

290. — D'après cela, l'on voit que toute substitution met nécessairement en jeu trois personnages distincts, savoir :

1° Le disposant que l'on appelle le *substituant,* ou bien encore, mais plus rarement, le *grevant ;*

2° Le premier institué, que l'on appelle aussi le *grevé ;*

3° Enfin, le deuxième institué connu sous le nom d'*appelé.*

291. — Reprenant à présent les déductions que comporte notre premier caractère, tel que nous venons de l'énoncer, nous pouvons donner comme certain qu'il ne peut y avoir de substitution possible, lorsque la charge de conserver et de rendre, que nous avons vue être implicitement comprise dans la coexistence d'une double libéralité, se trouve imposée à un individu qui serait un simple acquéreur à titre onéreux ; car, bien que tous les autres caractères d'une substitution se trouvent d'ailleurs réunis dans une pareille hypothèse, le défaut de cette présence simultanée de deux libéralités, qu'exige explicitement la loi, suffit, comme le fait observer M. Coin-Delisle (art. 896, N° 11), pour faire repousser de prime abord toute idée de substitution.

Il faut en dire autant du cas où l'on aurait légué un immeuble a une personne, à charge par elle de le vendre à un tiers déterminé.

Et ici, il faudrait le dire *à fortiori* ; car, outre qu'il n'y a qu'une seule libéralité, un autre caractère essentiel à la substitution fait également défaut, c'est l'*ordo successivus* que nous étudierons dans un instant.

292. — De même encore, la disposition connue sous le nom de fiducie, exclut toute idée de substitution. En quoi consiste, en effet, la fiducie ? « Dans l'usage, dit Merlin, (Répert. v° Fiduciaire) les « mots héritier fiduciaire désignent la personne que le testateur a « chargée, en l'instituant héritière pour la forme, d'administrer la « succession et de la tenir en dépôt jusqu'au moment où elle « devra être rendue au véritable héritier. »

L'héritier fiduciaire est donc un simple ministre, un administrateur, une espèce d'exécuteur testamentaire qui doit même représenter les fruits. (Troplong, donat. et testaments, t. I. N° 109).

293. — Dans ces conditions, la fiducie n'est nullement prohibée par l'art. 896, puisqu'en ce qui la concerne, le fiduciaire n'étant ni héritier institué, ni donataire, ni légataire, la double libéralité, requise par cet article, fait absolument défaut.

294. — Au reste, la question de savoir si telle disposition contient une véritable substitution, ou ne renferme qu'une simple fiducie est, comme le disent très-bien Henrys (liv. III, quest. 22), et, après lui, MM. Aubry et Rau, (t. VII, p. 304) et Troplong (donat. et testaments, N° 110), abandonnée à la prudence du juge qui, pour la décider, doit rechercher, d'après les termes de l'acte et les circonstances du fait, si l'intention du disposant a été d'instituer le grevé, plutôt dans l'intérêt des appelés que dans le sien propre.

C'est donc aux magistrats qu'il appartient de découvrir la véritable intention du disposant, en se fondant notamment sur la qualité des parties, les relations de parenté, ou même seulement d'amitié et de confiance qui peuvent exister : d'une part, entre le disposant et le grevé, d'autre part, entre le grevé et les appelés ; sur l'époque fixée pour la remise à effectuer par le premier institué ; car, si celle-ci était reportée à l'époque de la mort du grevé, ce serait un indice grave en faveur de la présence réelle d'une substitution; enfin, sur le fait que le premier institué a été autorisé à conserver par devers lui soit un ou plusieurs objets spécialement déterminés, soit une partie des fruits, auquel cas, il y aurait plutôt présomption de fiducie, ou si, au contraire, il avait été autorisé à retenir la totalité des fruits, cas auquel il y aurait présomption plus facile de substitution (Comp. cass. 18 frim. an V et 8 août 1808 ; Toulouse, 18 mai 1824, Dall. 1825, II, 23 ; Nîmes, 16 déc. 1833, Sir. 1835, II, 333 ;)

Nous venons de parcourir, comme se rattachant à notre premier caractère distinctif des substitutions, trois cas d'application où la controverse n'est pas possible ; nous arrivons à présent à l'examen de quelques hypothèses dont la solution est beaucoup moins certaine.

295. — Tel est d'abord le cas où la charge de conserver et de rendre à sa mort à un tiers désigné les biens par lui recueillis, est imposée à un héritier *ab intestat*.

Faut-il voir là l'existence d'une substitution prohibée ? La négative a été soutenue par quelques auteurs, et notamment par MM. Duranton (t. VIII, N° 67), Delvincourt, (t. II, p. 390), Toullier (t. III, N° 47), et Rolland de Villargues (substit. N° 128), qui invoquent à l'appui de leur opinion les deux arguments suivants : Et d'abord, disent-ils, le texte de l'art. 896 s'oppose à une interprétation contraire, puisqu'il ne parle que « des donataire, héritier institué et légataire », excluant ainsi dans son énumération limitative l'héritier *ab intestat*.

D'ailleurs, ajoutent ces auteurs, le premier caractère nécessaire à la substitution fait absolument défaut ; car, ainsi qu'on l'a vu, il faut la présence simultanée de deux libéralités émanant de la volonté du disposant. Or ici, l'héritier *ab intestat* ne peut être considéré comme recevant quelque chose du défunt, puisque son droit vient de la loi ; et par suite, il ne peut y avoir de substitution.

Pour notre part, ces arguments nous paraissent bien faibles en présence des considérations qui militent en faveur du système inverse. Qu'a donc voulu, avant tout, l'art 896 ? et quelle est sa principale pensée ? C'est assurément de prohiber les substitutions d'une manière générale, ainsi que cela résulte, à n'en pas douter, de son paragraphe I⁰. Or, si l'héritier légitime peut être utilement grevé de substitutions, elles sont, par le fait même, en grande partie rétablies, puisqu'il suffira dès lors, pour reconstituer tout l'échafaudage d'une substitution prohibée, que la première personne à laquelle s'adresse le disposant, soit l'héritier légitime. — Ajoutons que la doctrine précitée est contraire a toutes les traditions, soit du droit romain, où l'héritier légitime pouvait, comme l'héritier institué ou le légataire, être grevé d'un fidéicommis; soit de notre ancien droit français, où l'on pouvait aussi grever de substitution fidéicommissaire l'héritier légitime comme tout héritier institué, si bien que l'ordonnance de 1747 (tit. II, art. 1 et 2) les mentionne formelleme⁰s l'un et l'autre.

Après cela, réfutons les deux arguments émis par nos adversaires. Le premier, tiré du texte de l'art. 896, tombe déjà de lui-même, lorsque l'on remarque que le deuxième aliéna de cet article vise un tout autre but que celui du paragraphe I⁰. Celui-ci seul, en effet, s'occupe des substitutions pour les déclarer nulles, sans distinguer à la charge de qui elles sont mises. Au contraire, l'alinéa 2 parle uniquement de la disposition principale, et, s'il ne déclare pas nulle cette disposition, quand le grevé est l'héritier légitime, c'est qu'il n'y aurait aucun intérêt à retirer à celui-ci, en vertu du testament, un bien que la vocation de la loi lui attribuerait aussitôt.

Quant au deuxième argument, basé sur ce qu'ici nous ne sommes pas en présence de deux libéralités successives, l'héritier légitime tenant son titre de la loi seule, nous estimons qu'il n'est au fond qu'une pétition de principe; et qu'il est, au contraire, absolument vrai de dire que la charge de rendre, imposée à l'héritier *ab intestat*, modifiant les effets de sa vocation légale, c'est plutôt par la volonté du défunt que par la seule disposition de la loi qu'il se trouve appelé à sa succession. Il n'y a plus, en effet, d'héritier *ab intestat*, puisque le testateur a disposé de ses biens par testament; il y a, au contraire, un héritier intitué, implicitement il est vrai; mais l'institution est si évidente, que la volonté du testateur ne saurait être douteuse. (Sic, Demante, cours analyt. t. IV, n° 10 bis, Marcadé, art. 896, IV; Demol. donat. et test.,

t. i, n° 90 ; Aubry et Rau, t. vii, p. 304 et note ii. Laurent, t. xiv, n° 402).

296. — La même controverse s'est élevée dans l'hypothèse inverse, c'est-à-dire celle où le disposant, après avoir institué une personne étrangère, l'a chargée de conserver les biens qu'elle recueillera à ce titre, et de les rendre à l'héritier légitime.

Les défenseurs du système que nous venons de combattre dans l'hypothèse précédente, sauf toutefois M. Duranton qui, dans ce dernier cas, s'est rallié à notre opinion, ont prétendu que, ici encore, il ne peut y avoir de substitution prohibée. — Leur argument est toujours celui-ci, que l'héritier légitime recueillant en vertu de la loi, l'on ne peut voir dans une pareille disposition la coexistence de deux libéralités surbordonnées l'une à l'autre.

Nous ne rerepndrons pas, pour réfuter ce nouveau système, tous les motifs que nous venons de faire valoir relativement à la question qui précède : on peut se convaincre aisément qu'ils s'appliquent tous ici avec la même force; et que, même, il en est un qui acquiert une valeur inexpugnable; c'est celui qui consiste à montrer que la disposition ainsi faite par le défunt intervertit positivement le titre de l'héritier légitime, dont elle fait un véritable légataire : cette raison est, disons-nous, d'autant plus forte dans l'hypothèse qui nous occupe, qu'il s'y trouve un intermédiaire entre lui et le disposant; et que, dès lors, il est impossible de soutenir que le successible recueillie les biens substitués comme héritier *ab intestat.* S'il vient à la succession, ce ne peut être qu'en vertu de la volonté du *de cujus* qui, après l'avoir dessaisi pour attribuer sa fortune à une tierce personne , le ressaisit, en quelque sorte, d'une façon secondaire, et lui permet ainsi de venir recueillir au décès de celui qui est gratifié en premier ordre.

297. — Une autre question également très-controversée, se présente encore au cas d'une disposition par laquelle le grevé aurait reçu du disposant la faculté d'élire le substitué. — Voici l'hypothèse : Un individu lègue son bien à *Primus,* à la charge, par ce dernier, de le conserver et de le rendre, lors de son décès, à celui des enfants de *Secundus* que bon lui semblera.

Avant d'approfondir le point de savoir s'il y a là une véritable substitution prohibée, il convient de dire quelques mots sur la faculté d'élire, dont la validité sous le Code civil est elle-même l'objet d'une discussion assez vive.

M. Troplong nous apprend (t. I, n° 154) qu'elle se pratiquait de deux manières : « tantôt le testateur instituait celui qu'un tiers » était appelé à choisir entre plusieurs individus désignés ; tantôt, » après avoir institué un héritier, on le chargeait de rendre la » chose à celui qu'il choisirait entre plusieurs personnes indiquées. » Mais la loi du 17 nivôse an II ne fut pas favorable à la faculté d'élire, dont elle proclama l'abolition complète : aussi, et quoi qu'en pense M. Troplong, *loc. cit.*, sommes-nous tout disposé à croire, avec la majorité des auteurs, que cette clause est et demeure illicite sous le Code Napoléon. D'une part, en effet, le silence du législateur de 1804, qui avait certainement sous les yeux le texte de la loi de nivose, ne peut s'interpréter en faveur de la pensée de ressusciter la clause que cette loi avait abrogée; et, d'un autre côté, cette faculté d'élire se trouve en opposition trop manifeste avec les principes admis par ce Code. On sait, en effet, que le testament doit être l'expression de la volonté propre du testateur; or, ce serait précisément confier à autrui le soin de faire votre testament, que de charger un tiers de vous désigner un légataire, lors même que ce choix se trouverait limité à une certaine catégorie de personnes. Cette même pensée chez les rédacteurs du Code, d'abolir la faculté d'élire, résulte d'ailleurs implicitement des termes de l'art. 1030, qui oblige, dans la substitution qu'il permet, d'attribuer la quotité disponible à *tous* les enfants du grevé, sans qu'il soit possible à celui-ci d'en favoriser aucun à son gré. Dans ces conditions, nous ne saurions hésiter un instant à dire que la faculté d'élire, insérée dans un testament, ne peut encore, sous le Code civil, acquérir aucune validité. (En ce sens, Merlin, répert. v° légal. § 2, n° XVIII bis; Grenier, traité des donat. t. I, p. 165; Coin-Delisle, art. 895, n° 7; et Revue de Droit franç. et étrang. t. IX, p. 192, note 1.)

298. — Ceci posé, revenons à notre question, et recherchons si,

dans l'hypothèse prévue plus haut, la faculté d'élire comporte ou non une substitution prohibée.

L'affirmative a été soutenue, et ses nombreux et savants défenseurs ont invoqué, en sa faveur, deux arguments principaux tirés : l'un, du texte de la loi; l'autre, des principes du droit.

L'argument de texte, ils l'empruntent aux termes de l'art. 896 : « Le donataire, l'héritier institué ou le légataire sera chargé de » conserver et de rendre à un tiers..... » Cet article ne distingue pas si le tiers en question est ou non individuellement désigné par le disposant; donc, la disposition ci-dessus mentionnée renferme tous les caractères d'une substitution. Ce qui est, en effet, laissé au libre arbitre du grevé, ce n'est pas le fait de la restitution qui, envisagé intrinsèquement, est parfaitement obligatoire; c'est uniquement le point de savoir quelle personne sera appelée à bénéficier de la sous-institution : il y a donc bien là coëxistence de deux libéralités subordonnées l'une à l'autre, et, par suite, lieu à l'application de l'art. 896.

Quant à l'argument de principe présenté par nos adversaires, il se résume en ceci : La disposition qui nous occupe actuellement, loin de mériter l'indulgence du législateur, doit, au contraire, attirer plus spécialement sa sévérité; car, non-seulement elle renferme une substitution, ainsi qu'il vient d'être démontré, mais elle renferme quelque chose de plus : c'est une substitution avec circonstances aggravantes, puisqu'elle est faite avec la faculté d'élire que la loi déclare elle-même illicite; or, puisque la disposition est doublement illégale, c'est une raison de plus pour lui appliquer la sanction rigoureuse de l'art. 896. (Troplong, t. I, N° 154; Aubry et Rau, t. VII, p. 305; Demol., t. I, N° 106; Laurent, t. XIV, N°° 405 et suiv.; Cass., 5 mars 1851, Dall., 51, I, 104; 21 août 66, Dall., 67, I, 30; Cass., 27 av. 74; Dall., 75, I, 14.)

Malgré les puissantes autorités qui ont soutenu ce système au premier abord très-séduisant, nous préférons nous rallier à l'opinion contraire, et décider que notre hypothèse ne renferme pas un cas de substitution prohibée, mais tout simplement une disposition à laquelle a été ajoutée une condition illicite tombant sous l'application de l'art. 900.

Nous savons, en effet, que la première condition, pour qu'il y ait substitution, c'est qu'il y ait coexistence de deux libéralités, c'est-à-dire évidemment de deux libéralités présentant chacune, en droit, une certaine consistance. Peu importe donc qu'en fait, une disposition invraisemblable quelconque soit venue se joindre à une autre; si elle est dépourvue de tout effet juridique, il ne sera pas vrai de dire que l'on se trouve en face d'une double disposition; car, la question ici soulevée étant de pur droit, l'on ne peut raisonner que d'après le droit et sur des choses existantes en droit. Or, nous alons précisément que, dans l'hypothèse actuelle, la sous-institution se trouve juridiquement pourvue de quelque efficacité; et, c'est là, du reste, ce que nous croyons avoir suffisamment prouvé dans la démonstration précédente, où nous avons établi ce point, que la faculté d'élire insérée dans un acte de disposition à titre gratuit n'est pas reconnue valable par le Code Napoléon.

Sans doute, il peut paraître étrange qu'une deuxième illégalité, venant en quelque sorte s'ajouter à une première, ait, comme le font observer nos adversaires, pour effet d'écarter la nullité de cette dernière; mais cependant, l'étonnement disparaîtra, quand on reconnaîtra que précisément la nullité de la sous-institution entrave l'existence de la substitution, en lui enlevant un de ses éléments constitutifs, qu'ainsi elle s'oppose à son développement et l'empêche de naître viable. — C'est ainsi, par exemple, que, comme nous le verrons en étudiant l'étendue de la nullité des substitutions, l'on devra également écarter l'art. 896, dans le cas où la charge de conserver et de rendre serait nulle par suite d'une incapacité relative dans la personne de l'appelé. La sous-institution ne pouvant, en effet, recevoir son effet juridique, il y a lieu, par les mêmes motifs que ci-dessus, de faire tomber une pareille disposition sous l'application de l'art. 900; et, par suite, de maintenir la disposition principale. (Rolland de Villargues, substit., N° 263.)

On voit par là, qu'à notre sens, il n'y a pas lieu de distinguer, ainsi que l'ont fait certains arrêts, (8 novembre 1817, Dall. 1851, 1, 103; 30 novembre 53, Dall. 54, 1, 402, et 21 août

1866, Dall. 1867, 1, 30), et MM. Aubry et Rau (t. vi, p. 15, § 694), suivant que la faculté d'élire est ou non illimitée de la part du grevé. Peu importe, en effet, que, dans notre hypothèse, la personne du prétendu substitué soit plus ou moins incertaine : la disposition qui le concerne étant nulle et non avenue, son droit ne peut naître, ni par suite dépendre de la manière dont il a été désigné.

299. — La recherche des cas où l'on rencontre les deux libéralités prescrites par l'art. 896 nous amène à l'examen de l'ancien adage : « La condition vaut vocation. »

Voici un exemple d'application de cette maxime : Si Titius n'est pas mon héritier, je lui substitue Sempronius.

L'adage en question était reconnu avant l'ordonnance de 1747, mais celle-ci l'a formellement repoussé, et il n'est pas douteux qu'il en soit encore ainsi aujourd'hui. La condition, en effet, n'est qu'une modalité qui suspend ou anéantit la disposition à laquelle elle est attachée ; elle ne peut donc pas avoir d'effet dispositif. Dès lors, il faut décider que, dans notre exemple, Sempronius, n'étant mentionné que dans la forme conditionnelle, ne pourra pas être considéré comme institué ; et que, par conséquent, la double libéralité faisant défaut, il est impossible d'y voir une substitution prohibée. (Troplong, donat. et test., t. 1, N° 108 ; Aubry et Rau, t. vii, p. 30? ; Laurent, princip. de droit Franç., t. xiv, N° 398.)

300. — Avant de terminer nos développements relatifs à ce premier caractère distinctif des substitutions, nous croyons utile de faire deux observations purement doctrinales, mais qui ne laissent pas pour cela, que de présenter un réel intérêt.

301. — La première de ces observations consiste en ce qu'il ne faut pas s'étonner si, en autorisant, dans des cas spéciaux, les substitutions dans la famille, c'est-à-dire au profit des enfants le plus souvent à naître, les articles 1048 et 1049 ont osé violer ainsi l'art. 906 qui exige que le bénéficiaire soit au moins conçu, lors de la donation, ou, au cas de testament, lors du décès du testateur. Et, en effet, c'est précisément en cela que réside la faveur introduite par la loi au profit de ces enfants ; faveur qui, on peut le dire

sans exagération, était nécessitée par la force même des choses ;
car, sans elle, assurément les substitutions eussent manqué leur
but et seraient devenues illusoires , en restant restreintes aux
personnes déjà existantes. D'ailleurs, cette dérogation à l'art.
906 peut même trouver sa justification dans les principes du droit.
On sait, en effet que, dans une substitution, à l'encontre de
ce qui se passe dans la donation et dans le testament, le droit
de l'appelé ne passe pas directement de la tête du disposant sur la
sienne propre, comme il se transmet du donateur et *de cujus* au
donataire ou à l'héritier ; mais il vient, pour ainsi dire, se reposer
sur la tête du grevé, en attendant sa destination vraie. Dès lors, le
droit de l'appelé n'est jamais exposé à rester en suspens, puisqu'il
trouve toujours un support dans la personne du grevé, qui sert de
canal de transmission, si nous pouvons nous exprimer ainsi, entre
lui et le disposant.

302. — La seconde observation que nous voulons présenter à
cette place, consiste dans le rappel de la maxime célèbre « *substitutus capit a gravante, non a gravato* » que nous aurons l'occasion
d'invoquer tout à l'heure, et qui est tout aussi vraie sous le Code
civil qu'elle l'a été de tous temps. Bien que, en effet, comme nous
venons de le dire, l'appelé ne recueille pas du disposant *recta via*,
mais bien *obliquo modo , eum mediante facto et ministerio alterius*,
il n'en est pas moins vrai que la personne du grevé s'efface ensuite,
pour faire place à celle de l'appelé.

303. — Ainsi, pour qu'il y ait substitution prohibée, il faut
d'abord une double libéralité : il faut aussi, avons-nous ajouté, que
cette double libéralité porte sur le même objet. M. Demolombe,
toutefois ne reconnaît pas la nécessité de cette dernière condition ;
il pense, au contraire, qu'il faut encore voir une substitution dans
la clause par laquelle le disposant impose, comme condition de sa
libéralité, la charge de conserver et de rendre un autre objet.

N'y a-t-il pas là, en effet, dit le savant auteur à l'appui de son
opinion, « deux libéralités, dont l'une doit venir après l'autre ? »
et de plus, continue-t-il, n'y a-t-il pas aussi « charge de conserver
» et de rendre ?.... de rendre ! eh oui, sans doute, dans le sens que

« l'on a de tout temps attaché à ce mot, dans notre matière. » Puis, il cite à cet égard, l'autorité de Thévenot qui admettait que « l'on « peut substituer non-seulement la chose même que l'on donne, « mais aussi une autre chose » (Demol. t. I, n° 126 et Thévenot, n° 119.)

Pour notre part, nous pensons qu'il est plus vrai de dire, avec MM. Rolland de Villargues, (n° 4) et Coin-Delisle (art. 896, n° 26), qu'une pareille charge de restituer constitue bien une condition illicite, qui devra être réputée non écrite, mais qu'elle ne saurait donner naissance à une substitution.

Et d'abord, nous estimons que l'autorité de Thévenot est ici d'une valeur toute secondaire, et cela pour cette raison bien simple, que dans l'ancien droit, les substitutions étaient vues d'un très-bon œil et facilement présumées, tandis que, sous le Code, au contraire, elles sont l'objet d'une prohibition très-rigoureuse, et doivent, par suite, être interprétées de la façon la plus limitative.

Au surplus, nous nous refusons à comprendre comment un légataire ou un donataire peut être chargé de *rendre* ce qu'il n'a pas reçu du disposant, maxime que nous venons de rapporter s'opposant nécessairement à cette interprétation : *substitutus capit c gravante, non a gravato*. Et M. Demolombe lui-même se met, ce nous semble, par l'adoption du système contraire, en complète contradiction avec celui qu'il défend en ces termes sous le n° 91. « Dire « qu'il faut deux libéralités, c'est dire évidemment qu'il est néces- « saire que les deux gratifiés, l'institué et le substitué, reçoivent « leur vocation à titre gratuit du disposant lui-même, et qu'ils « soient tous les deux ses donataires ou ses légataires. »

Enfin, et au point de vue du droit, la sous-institution, considérée en elle-même, se trouve entachée de nullité, comme portant sur la chose d'autrui. Dès lors, si elle vient à manquer, la charge de conserver et de rendre n'a qu'une efficacité apparente qui ne permet pas d'appliquer l'article 896.

305. — Nous ne saurions davantage annuler comme substitution, une clause ainsi conçue : Je lègue à Pierre, mes biens ; et je le charge de remettre, après sa mort, à Paul, une somme de 100,000 francs. Vainement a-t-on objecté : 1° qu'il y a là une charge de

conserver et de rendre indéaiable, et que, si elle ne porte pas sur l'objet même reçu des mains du disposant, elle ne porte pas moins en réalité sur une valeur représentative de cet objet ; 2° que ce serait permettre un moyen facile et bien simple d'éluder la prohibition des substitutions, puisqu'il suffirait pour cela d'évaluer le montant de la succession. Quelque sérieuses, ces objections ne sauraient nous arrêter. Ce qui constitue, avant tout, la substitution prohibée, c'est l'indisponibilité dont est frappé l'objet certain et déterminé qu'elle concerne ; or, cet objet n'existe pas dans notre espèce, puisqu'il n'y a en fait qu'une créance personnelle léguée à Paul contre Pierre, pour l'époque éventuelle de l'ouverture de la succession de celui-ci : aussi est-ce en ce sens que Marcadé, t. III, N° 460, a pu dire « qu'il n'y a pas de substitution, quand la » libéralité porte sur des choses fongibles, » et c'est ce qu'a confirmé la jurisprudence dans nombre d'arrêts, entre autres, Lyon, 24 janvier 1865 ; Dall. 65.2.49 : Nancy, 9 décembre 1871, Dall. 72.2.164. Quant à l'objection tirée de ce que notre doctrine fournirait au disposant un moyen facile d'éluder la loi prohibitive des substitutions, nous y répondrons avec MM. Aubry et Rau que » ce n'est pas éluder une prohibition, que de faire ouvertement » une disposition sérieuse que la loi ne proscrit pas, et dont les » résultats nécessaires ou possibles ne sont pas en opposition avec » les motifs et le but de cette prohibition. »

De nombreux arrêts sont, au reste, venus confirmer cette doctrine : Orléans, 28 janvier 1865, Sir. 65, 2, 236 ; Cass. 23 juillet 1866, Sir. 66, 1, 404 ; Cass. 30 avril 1867, Sir. 67, 1, 329.

« Attendu, dit ce dernier arrêt, que le mot rendre peut n'avoir » eu dans la pensée du testateur d'autre sens que celui de payer, » et que dès lors, ce legs d'une chose fongible et indéterminée n'a » frappé d'indisponibilité aucune partie des biens compris dans » l'institution... »

305. — *Deuxième caractère.* — Il faut, en second lieu, pour qu'une disposition puisse être considérée comme contenant une substitution, que le disposant ait imposé au donataire ou légataire gratifié en premier ordre *l'obligation juridique de conserver* les

biens donnés ou légués, et de les *rendre* au tiers gratifié en second ordre.

C'est bien là, en effet, ce qui ressort encore formellement de notre définition de la substitution et des termes exprès de l'article 896; car tel est le seul sens que l'on puisse donner au mot *charge*. Ce point, au surplus, est aujourd'hui de jurisprudence constante; et voici ce que proclame, à ce sujet, la Cour de cassation: « La » charge de conserver et de rendre implique, dans la personne du » tiers appelé en second ordre, une action civile contre les héri- » tiers du grevé pour les forcer à réaliser en sa faveur les volontés » du disposant; cette action est le corrélatif nécessaire et la sanc- » tion de la clause d'indisponibilité qui, sans elle, serait inefficace » et sans valeur. » (Cass. 13 décembre 1864, Dall. 1865, 1, 169; Paris, 23 janvier 1869, Dall. 69, 2, 131; Cass. 8 juillet 1834, Dall. v° subst. N° 61.)

306. — De là, on peut conclure *à priori*, et c'est, au reste, de jurisprudence, qu'à la différence de ce qui existait dans les principes du droit romain et de notre droit ancien, en ce qui concernait le fidéicommis, il ne suffirait plus aujourd'hui, pour établir une subs- titution, que le disposant eût fait une sous-institution sous forme de prière, de désir, de vœu, de conseil ou de recommandation; aucune de ces formes n'étant susceptible d'engendrer une obliga- tion. MM. Duranton (t. VIII, N° 71) et Coin-Delisle (art. 896, N° 40) sont d'ailleurs les seuls qui n'admettent pas ce point, et leurs argu- ments nous paraissent bien peu décisifs. Pour eux, en effet, mécon- naître ici l'existence d'une substitution, c'est placer le grevé entre la loi et sa conscience, attendu qu'en homme d'honneur, il devra toujours opérer une restitution que le disposant lui a recommandé d'effectuer, et que la loi lui défend d'accomplir. A cela, nous répondrons que c'est là un danger que le législateur est impuissant à conjurer, puisque la loi ne peut régir une disposition qui ne ren- ferme aucun caractère obligatoire, et qu'elle ne peut d'ailleurs avoir la prétention d'intervenir dans les affaires de conscience (Cass. 20 janvier 1840, Sir. 40, 1, 363; Cass. 19 mars 1856, Sir. 56, 1, 685; Cass. 11 juin 1860, Sir. 60, 1, 731; Rolland de Villargues, N° 102; Aubry et Rau, t. VII, p. 314; Demol. t. I, N° 142),

307. — Il n'est pas nécessaire, pour cela, bien entendu, pour qu'il y ait substitution, que le disposant se soit servi des termes mêmes qui se trouvent dans l'article 896 ; il suffit que la charge de conserver et de rendre résulte nécessairement de la teneur de la disposition, ou ce qui revient au même, que la disposition ne puisse recevoir son exécution que moyennant la conservation et la restitution des biens donnés ou légués.

Il nous semble inutile d'insister plus longuement à cette place sur ce deuxième caractère distinctif des substitutions : nous aurons, d'ailleurs, à y revenir à propos du parallèle que nous établirons tout-à-l'heure entre les substitutions prohibées d'une part et les clauses de retour ainsi que les dispositions avec prohibition d'aliéner, d'autre part : nous aborderons donc dès à présent le troisième et dernier signe caractéristique des substitutions, celui qui, à vrai dire, constitue leur caractère distinctif par excellence, nous avons nommé *l'ordre successif.*

308. *Troisième caractère.* — Ce caractère, qui en résume à lui seul plusieurs autres, est, disons-nous, tout à fait propre à notre matière, et forme l'un de ses traits le plus particulièrement distinctifs. — On désigne en effet, sous cette expression impropre d'ordre successif, l'ordre successoral et héréditaire, créé par le disposant lui-même, et en vertu duquel le droit de l'appelé ne s'ouvre qu'à la mort du grevé, faisant ainsi présenter à la seconde transmission l'image d'une succession.

309. — Ce caractère, il est vrai, n'est pas expressément énoncé dans l'art. 896 ; mais cependant, l'idée renfermée dans cet article, que la substitution ne s'ouvre qu'à la mort du grevé, n'en est pas moins absolument certaine. Ce Code, en effet, a voulu assurément prohiber les substitutions, telles qu'elles se comportaient lors de sa rédaction, dans notre ancienne jurisprudence. Or, il est constant qu'elles n'avaient lieu habituellement que pour la mort du grevé ; et cela est si vrai que, dans le doute, la condition de cette mort était présumée. (Thévenot, nos 919 et suiv.). Donc, sous ce rapport, les substitutions prohibées sont seulement celles qui renferment la condition de la mort du grevé.

310. — C'est encore ce qui résulte d'ailleurs, ainsi que nous l'avons vu plus haut, des ordonnances rendues sur cette matière, de l'exposé des motifs qui ont fait rejeter les substitutions, et aussi de la comparaison avec notre article 896, des art. 1131 et 1040.

L'art. 1131 autorise formellement la disposition par laquelle un donateur ou un testateur grève son donataire ou légataire de la charge de rendre à un tiers une partie des choses données ou léguées (c'est là le cas d'un fidéicommis par). Cette disposition, qui n'est autre qu'une substitution fidéicommissaire ordinaire, sera-t-elle donc prohibée par l'art. 896, après avoir été expressément autorisée par l'art. 1131? Evidemment non; mais alors, en quoi fera-t-on consister la différence qui existe nécessairement entre les dispositions modales permises par l'art. 1131 et les substitutions prohibées par l'art. 896, si ce n'est dans la condition de la mort du donataire qui doit, dans ces dernières, accompagner la charge de rendre?

311. — Les dispositions de l'art. 1040 ne peuvent également s'expliquer que de la même manière : cet article autorise le legs conditionnel. Or, en analysant le legs conditionnel, on voit que, le testateur venant à mourir, il s'effectue au profit de l'héritier grevé du legs une première transmission, qui sera suivie d'une seconde, au profit du légataire, le jour de l'accomplissement de la condition. Cette disposition, qui a une si grande analogie avec la substitution fidéicommissaire, étant formellement autorisée par l'art. 1040, se trouve donc manquer d'une condition quelconque devant entraîner sur elle la prohibition de l'art. 896 : et que faudrait-il pour cela? tout simplement, que la condition à laquelle la charge de rendre a été soumise, fût celle du prédécès de l'héritier grevé au légataire.

312. — Ce qui achève enfin de démontrer d'une façon péremptoire ce caractère de la règle contenue dans l'art. 896, c'est la nature des exceptions que la loi y a elle-même apportées. Une véritable exception à une prohibition ne se comprend, en effet, qu'autant que les actes prohibés présentent les mêmes caractères intrinsèques que ceux en faveur desquels l'exception est établie. Or, les

majorats que la loi de 1806 présente comme une exception à la prohibition de l'art. 896 ne se transmettaient qu'à la mort du grevé. Et il en est ainsi surtout des dispositions permises aux pères et aux frères par les art. 1048 et suivants, dispositions que le Code lui-même présente, dans son art. 897, comme une exception à la prohibition des substitutions. Dans ces dispositions que le Code n'a pas voulu qualifier du véritable nom qui leur convient, pour ne pas réveiller les vieilles haines que le mot de substitution eût rappelées, la charge de rendre n'est susceptible d'être accomplie qu'au décès du grevé, puisque la restitution doit être par lui faite à tous ses enfants nés ou à naître, et que ce n'est qu'à la mort d'une personne que l'on peut connaître les enfants à naître de celle-ci.

313.— M. Demolombe a toutefois contesté que cette condition de la mort du grevé fût un élément essentiel et constitutif de la substitution, en matière de substitution permise. Faisons donc, avant d'essayer de réfuter l'opinion de cet éminent doyen, ressortir tout l'intérêt pratique de la question. Soit l'exemple suivant : Un testateur fait un legs à son frère, avec charge pour celui-ci de rendre à ses enfants, lors de leur majorité : Le testateur meurt ; et à cette époque, le grevé n'a pas encore d'enfants. Que deviendra la disposition ? Elle sera caduque (art. 906), si l'on se refuse à voir là une substitution ; elle demeurera, au contraire, absolument valable, si l'on admet la solution inverse.

Pour prouver la validité d'une pareille disposition, et en général, la possibilité de l'existence d'une substitution permise, en dehors de la condition de la mort du grevé, M. Demolombe s'appuie sur ce que : 1° dans l'ancien droit, il y avait substitution, alors même que la charge de rendre dût être accomplie à la majorité ou au mariage de l'appelé, et généralement, à une époque autre que celle de la mort du grevé ; 2° aucun texte n'exige aujourd'hui que la restitution se fasse à la mort du grevé, en matière de substitution permise ; et si les art. 1048 et suiv. supposent cette hypothèse, ils n'en font nullement une condition essentiellement constitutive de la substitution qu'ils autorisent. (Demol., t. 1, n° 103).

314. — Il nous semble que l'on peut faire à cela une double réponse : Et d'abord, en effet, dans l'ancien droit, la substitution

faite pour une époque autre que la mort du grevé était si rare, que l'on y présumait toujours cette condition ; d'ailleurs la charge de rendre ne pouvant, comme nous venons de le dire, avoir lieu, sous le Code, qu'au profit de *tous* les enfants nés *et à naître* du grevé, elle ne peut, par là même, jamais être accomplie avant la mort de ce dernier. — Nous savons bien que le grevé peut toujours renoncer à son droit et faire abandon en faveur des appelés ; mais c'est là un fait purement accidentel et qui ne change rien au carac- tère général des substitutions auxquelles il donne ouverture. La preuve en est que les appelés, nantis en vertu de cet abandon, ne verront cependant leurs droits se fixer irrévocablement qu'à la mort du grevé, exposés qu'ils sont jusque là à partager avec les autres appelés nouvellement conçus, le bénéfice de la substitu- tion.

315. — D'après cela, on voit que ce troisième caractère en ren- ferme, en réalité, deux autres, savoir : le *trait de temps* et l'*éven- tualité du droit de l'appelé*. — Et d'abord, le trait de temps : En effet, nous venons de voir que si l'on suppose une restitution immé- diate, il pourra bien y avoir un fidéicommis, qui, dans notre droit, se confondra entièrement avec un legs ; mais il n'y aura pas subs- titution fidéicommissaire. — Là s'appliquerait la règle de l'art. 1014, qui fait passer *rectà via* le droit au légataire, sous la seule obliga- tion d'obtenir la délivrance. — Bien plus, et quand même la resti- tution ne devrait pas être immédiate, soit qu'on la supposât différée par un terme, ou suspendue par une condition, il peut encore n'y avoir pas proprement ordre *successif*, ni par suite substitution pro- hibée : car, d'une part, le terme n'empêche pas la propriété de passer immédiatement au légataire ou fidéicommissaire ; et d'autre part, quant à la condition, l'effet rétroactif attaché à son accom- plissement ferait remonter au jour du décès du testateur la propriété du légataire, en effaçant celle de l'héritier grevé.

Ce qu'il faut donc, pour qu'il y ait ordre successif véritable, c'est : d'abord, ainsi que nous venons de le dire, qu'il s'écoule un espace de temps que nous avons montré devoir être égal à la vie du grevé ; et de plus, que ce trait de temps soit réel, c'est-à-dire qu'il commence *effectivement* à l'époque fixée pour son ouverture (la dite mort du grevé), sans qu'aucune fiction puisse effacer, pour le temps intermédiaire, la propriété du grevé, celle-ci n'étant jamais résolue que *ut ex nunc*, comme du jour de la mort du grevé, et non pas *ut ex tunc*, comme du jour de la mort du disposant. — C'est même grâce à ce dernier principe que, nous le répétons encore une fois, les appelés pourraient n'être pas conçus au moment de la première transmission.

316. — De même que le trait de temps, l'*ordo successivus* renferme encore l'éventualité du droit de l'appelé. Voici en quoi consiste cette éventualité : l'appelé, qui ne peut recueillir qu'à la mort du grevé, doit survivre à ce dernier ; et de plus, il doit réunir, à ce moment, toutes les conditions de capacité exigées par la loi pour lui succéder. — Ce dernier élément n'appartient pas, au reste, en propre à la substitution ; on le trouve également dans les fidéicommis et dans les legs conditionnels ; seulement, il y a cette différence encore que, dans les legs conditionnels, par exemple, le droit éventuel du légataire est, par le seul fait de l'accomplissement de la condition, réputé s'être ouvert, *a die mortis*, et produit son effet *in præteritum*, l'héritier légitime étant réputé n'avoir jamais eu aucun droit ; tandis que, dans une substitution, le droit de l'appelé se trouve seulement ouvert *in futurum*, du jour de la mort du grevé, et cela, sans aucun effet rétroactif.

317. — Ainsi donc, et pour nous résumer, double libéralité et charge de conserver et de rendre, jointes à un ordre successif, tels sont les trois caractères essentiels dont le concours est nécessaire à la substitution prohibée, et qui vont nous servir de *criterium*, pour nous permettre de la distinguer de certaines autres catégories de dispositions qui pourraient offrir avec elle une analogie plus ou moins complète :

318. — Nous envisagerons successivement à ce point de vue :

1° Certaines dispositions conditionnelles ;
2° L'hypothèse d'un droit de retour ;
3° Celle d'un droit d'accroissement ;
4° Les dispositions faites avec réserve d'usufruit ;
5° Celles faites avec défense d'aliéner ;

6° Les dispositions permises par les articles 1048 et suivants;

7° La disposition *de eo quod supererit*.

I. — *Dispositions conditionnelles présentant de l'analogie avec les substitutions.*

319. — Nous savons, par les développements qui précèdent, que la nature des substitutions est bien différente de celle des legs et fidéicommis conditionnels; les premières conférant au grevé un droit non pas résoluble, mais temporaire; les seconds attribuant au contraire, à l'héritier grevé du legs et du fidéicommis, une propriété que l'évènement de la condition fera rétroactivement disparaître. Et cette différence est d'ailleurs étroitement liée à cette autre que, dans les substitutions, il n'est point nécessaire que les appelés soient conçus à l'époque de la mort du substituant, tandis que, dans les legs et fidéicommis, il est indispensable que les légataires et fidéicommissaires, même conditionnels, soient conçus à la mort du testateur.

Cette différence de nature, n'est au surplus, que théorique, et ne peut servir de moyen propre à distinguer l'une d'avec l'autre, ces deux institutions; elle ne se révèle en effet, que dans les conséquences de chacune de ces dispositions, et nullement dans leurs caractères extérieurs.

Il faut donc absolument chercher un autre mode de discerner une disposition conditionnelle permise d'une substitution prohibée. Or, ce mode, nous l'avons indiqué par avance, et nous ne voulons le rappeler ici qu'en un mot; il se trouve tout entier dans l'époque où doit se placer l'évènement de la condition. Celui-ci se place-t-il, en effet, à une époque quelconque, pendant la vie ou après la mort de l'héritier chargé du legs conditionnel; il n'y a point de substitution: doit-il, au contraire, nécessairement arriver à l'époque de la mort de cet héritier; il n'y a et ne peut y avoir qu'une substitution prohibée.

Procédons maintenant à l'application de cette règle invariable dans quelques espèces les plus pratiques, et envisageons successivement, à cet effet, le cas où la disposition est faite sous condition résolutoire, et celui où elle est faite, sous condition suspensive.

330. — A. Exemples se référant à une disposition sous condition résolutoire.

L'hypothèse la plus fréquente est celle-ci : Un homme a pour héritier son frère absent et dont il n'a plus aucune nouvelle, et, sans vouloir le deshériter, il désire toutefois s'assurer un héritier de son choix, pour le cas où son frère ne reviendrait pas; il fait donc la disposition suivante : « Je lègue à *Primus* la totalité de mes « biens, à la charge de les conserver et rendre à mon frère en cas « de retour de celui-ci. »

Y a-t-il là une substitution prohibée?

Non, sans aucun doute; et cela, par cette raison péremptoire que nous ne pourrons y rencontrer *l'ordo successivus*, l'époque de la restitution pouvant se placer au premier moment (le retour du frère) et ne coïncidant pas nécessairement dès lors avec le décès du légataire. C'est ce que fait, du reste, très-bien remarquer Toullier (t. 5, n° 40); et de son côté, M. Grenier (t. 1, p. 26) repousse l'argument que l'on pourrait tirer, dans l'opinion contraire, de l'incertitude de la propriété. « Cet inconvénient en effet, dit cet auteur, a lieu, « indépendamment de cette disposition, dans tous les cas d'absence « et malgré toutes les précautions sages, établies par le Code, sur- « tout en ce qui concerne les droits éventuels, susceptibles de s'ou- « vrir pendant l'absence. » On peut encore ajouter que ces considérations tirées de l'ordre public ne sauraient, ainsi que nous l'avons déjà fait observer, prévaloir sur le motif vraiment scientifique, de l'art. 896, et que par conséquent, ce motif perd ici toute son efficacité, puisque nous venons de voir que *l'ordo successivus* fait absolument défaut.

Nous déciderons donc que notre hypothèse renferme, non pas une substitution fidéicommissaire, mais bien deux libéralités parfaitement distinctes et consenties : la première, sous condition suspensive, la seconde, sous condition résolutoire (*Sic.* Rolland de Villargues, n° 183 et 184).

321. — Toujours en vertu de ce même principe, qui ne permet de voir une substitution prohibée dans la disposition conditionnelle, que lorsque la condition suppose nécessairement la conservation des biens par le grevé durant toute sa vie, nous déciderons que l'art. 896 est encore inapplicable.

1° A la disposition par laquelle on lègue un objet à telle personne, si elle se marie, à telle autre, si elle ne se remarie pas;

2° A celle par laquelle un époux institué héritier est tenu de rendre aux pauvres le montant de l'institution, dans le cas où il convolerait en secondes noces; (Duranton, t. 8, n° 68. — Poujol, art. 896, n° 19.)

3° A celle encore par laquelle un testateur léguerait ses biens à une personne, en stipulant que, dans le cas où une autre personne arriverait à sa majorité, le legs se convertirait en simple droit d'usufruit, dont la nue-propriété appartiendrait à ce nouveau majeur (Bruxelles, 13 déc. 1809). Il y a là tout simplement, ainsi que l'a décidé cette cour, un legs pur et simple d'usufruit : puis, et à côté, un legs sous condition résolutoire de nue-propriété, subordonné à la majorité d'un tiers.

322. — *B.* Exemples se référant à une disposition sous condition suspensive.

Une espèce très-pratique en la matière, et qui, sous l'ancien droit, avait donné naissance à de grandes controverses est la suivante :

« Un mari lègue à sa femme une partie de ses biens, en cas que » ses enfants meurent avant elle. »

Aujourd'hui, la solution ne comporte plus aucun doute : il y a là assurément une substitution prohibée, car nous sommes en présence : *a)* d'une double libéralité, celle au profit des enfants d'abord, puis celle au profit de la femme, en cas de survie; *b)* d'un *ordo successivus*, puisque c'est au décès des premiers institués que s'ouvre le droit du deuxième gratifié; en d'autres termes, d'une disposition réunissant tous les caractères d'une substitution.

En vain, M. Toullier ne veut-il voir là qu'une substitution *de eo quod supererit*, argumentant de ce que, si la charge de rendre, imposée aux enfants, résulte bien des termes de la disposition, il n'en est pas de même de celle de conserver; et que dès lors, ceux-ci jouissent du droit indéfini d'aliéner : il est trop facile de répondre à cela, avec MM. Grenier (t. I, p. 119), Troplong (N° 158) et Rolland de Villargues (N° 87), que la mention expresse de la charge de conserver et de rendre n'est pas nécessaire, mais qu'il suffit que la clause ne puisse s'exécuter autrement que comme une substitution, quelque tournure qu'on lui ait donnée. Or, c'est précisément ce que nous venons de démontrer à l'instant, à propos de notre espèce, en y indiquant la présence des différents caractères de la substitution. Notons seulement que, comme le fait si justement observer M. Dalloz (répert. v° subst. sect. II, art. 1 § 3) il faut, dans l'hypothèse précitée, supposer la survie des enfants au testateur, pour admettre, comme nous l'avons fait, l'existence d'une substitution. Les enfants morts avant le père, la femme survivante recevrait les biens directement en vertu de l'article 898, par la voie de la substitution vulgaire.

323. — Cette solution reste la même, c'est-à-dire qu'il y a encore substitution prohibée, si le testateur a dit : « Je lègue à ma femme, » si mes enfants décèdent en minorité. »

L'hypothèse, est, en effet, identique; et il n'y a de différence qu'en ce qui concerne la restriction apportée ici par ces mots « en minorité. » Nous n'ignorons pas cependant qu'ils ont suffi à MM. Grenier et Rolland de Villargues, pour leur faire abandonner l'opinion qu'ils avaient émise en ce qui concerne l'espèce précédente, et décider qu'il n'y a plus ici qu'un legs conditionnel. Mais la seule considération qu'ils ont mise en avant à l'appui de ce nouveau système, nous semble beaucoup trop faible et trop peu juridique, pour nous permettre de nous y rallier; et cela, d'autant moins que, nous le répétons encore, tous les éléments réunis dans la première espèce se retrouvent intégralement dans celle-ci. Le motif qui a déterminé les auteurs précités à embrasser cette opinion, c'est qu'à leur sens, on ne trouve pas dans cette clause « la longue » incertitude de la propriété qui forme l'un des caractères essentiels » d'une substitution prohibée. » Pour notre part, il nous semble que la rectitude des principes ne permet pas de concilier ces deux solutions différentes dans deux cas identiques. La durée de l'incer-

titude sera moindre, disent-ils: cela dépend encore des circonstances; mais quoi qu'il en soit, le législateur a posé une règle
générale, et il n'appartient à personne de décider si, dans tel cas,
il y aura plus ou moins longue incertitude de propriété. Il ne considère pas, en effet, combien le grevé a de temps à vivre, selon toute
probabilité, pour déclarer que la charge de conserver toute sa vie
implique ou non substitution. Nous ajouterons encore (nous ne
craignons pas de le trop répéter), que ce qui contribue surtout à
rendre les substitutions illicites, c'est, non pas l'incertitude et la
perturbation qu'elles produisent dans les relations commerciales,
mais bien l'empiètement, l'excès de pouvoir dont elles ne sont,
pour ainsi dire, que la consécration : or, cet excès de pouvoir
existe tout aussi bien dans notre cas que dans le précédent: il y a
donc un égal intérêt à la réprimer ici aussi bien que là. Il eût
d'ailleurs suffi, pour montrer tout ce qu'a d'illicite la clause qui
nous occupe, de rappeler qu'elle ne renferme rien autre chose
qu'une substitution pupillaire du droit romain, laquelle, nous
l'avons dit plus haut, est absolument prohibée par notre code civil.
(En ce sens, cass. 3 nov. 1824, sir. 1825, I, 42; cass. 21 juin
1841, sir. 1841, I, 603; cass. 22 nov. 1842, sir. 1842, I, 914;
Limoges, 6 juin 1848, sir. 1849, II, 299; cass. 3 août 1856, sir.
1856, I, 893; cass 11 déc. 1860, sir. 1861, I, 25; Duranton,
t. VIII, N° 87; Coin-Delisle, art. 896, N° 10 et suiv.; Aubry et
Rau, t. VII; Troplong, N° 159 et Demol. N° 156.)

324. — En sens contraire, il n'y a pas de substitution lorsqu'on
prend, non plus la vie du légataire, mais celle d'un tiers, comme
terme de la disposition ; telle serait l'hypothèse ci-après: « Je lègue
» mes immeubles à Paul, s'il survit à Jacques, tiers qui m'est
» étranger. » C'est ce qui résulte, d'une manière manifeste, de
nos explications antérieures (Rolland de Villargues, N° 90).

325. — Maintenant, que décider en présence d'une clause
conçue en ces termes: « Je lègue telle chose au survivant de
» Pierre et de Paul? »

Cette disposition doit être entendue ainsi : « Je lègue à Pierre,
» s'il survit à Paul; je lègue à Paul, s'il survit à Pierre. » Cette

analyse suffit pour nous convaincre que nous sommes en présence d'un simple legs conditionnel : ici, en effet, point d'ordre successif, caractère essentiel de la substitution : le prédécédé n'aura pas eu de droit acquis, puisque ce droit était subordonné au prédécès de son colégataire, qui lui a survécu ; il n'aura donc rien pu transmettre. En attendant le décès de l'un d'eux, c'est l'héritier qui conserve la propriété ; et, par l'effet rétroactif de la condition, le survivant sera censé la tenir directement et immédiatement du testateur.

Nous pourrions multiplier les exemples à l'infini ; mais nous croyons avoir suffisamment montré dès à présent à l'aide de quel *criterium* on peut résoudre toutes ces questions : nous bornerons donc là le parallèle des substitutions et des dispositions conditionnelles, en rappelant, en dernier lieu, qu'il faut bien se garder, sous prétexte de substitution, de supprimer à la légère toutes les clauses qui, au premier abord, pourraient présenter quelque analogie avec ce genre d'institution. Ce n'est que par un examen attentif et la recherche approfondie des caractères constitutifs que nous avons fait ressortir plus haut, que l'on pourra donner comme certaine la solution recherchée.

326. — Remarquons encore cependant, avant d'en finir avec ce premier terme de comparaison, que la condition qui pourrait affecter l'obligation de restituer elle-même, n'est, en aucune façon, de nature à écarter la présence d'une substitution, si l'on se trouve d'ailleurs en face des divers caractères précédemment énumérés. — Exemple : « J'institue Pierre mon héritier, et, s'il meurt sans « enfants, ou si tel navire arrivé d'Amérique, ou si tel évènement « enfin s'accomplit, je le charge de rendre à son décès mon héré- « dité à Paul. »

Il faut décider qu'il y a là une substitution véritable, quoique conditionnelle. Nous ne saurions, en effet, admettre l'argumentation suivante : L'art. 896 doit s'entendre, comme toute prohibition, dans le sens le plus restreint, le législateur n'ayant voulu d'ailleurs prohiber que les dispositions d'où résulteraient nécessairement les inconvénients qu'il a prévus : or, la condition ne rend ces inconvénients qu'éventuels ; et, comme ils peuvent ne pas se rencontrer, il serait injuste d'annuler la disposition qui, par le fait, n'était pas destinée à les produire : ceux-ci n'existant pas, l'annulation serait un effet sans cause.

Nous appuyons l'opinion contraire, d'abord sur cette maxime célèbre : « *ubi lex non distinguit, nec nos distinguere debemus* » ; l'art. 896 ne fait, en effet, aucune distinction entre les substitutions pures et simples et les substitutions conditionnelles ; puis et surtout sur cette considération que la condition de la substitution une fois accomplie, se présenteraient les mêmes abus dont le législateur a voulu prévenir le retour : même inaliénabilité des biens, même incertitude de la propriété, même dérogation à l'ordre successoral. Enfin, il serait vraiment trop facile, en recourant à ce mode de substituer conditionnellement, d'éluder la prohibition de la loi ! Quoi de plus simple, en effet, que d'ajouter à la charge de rendre une des conditions qui ne subordonneraient la restitution qu'à un évènement futur presque certain ou le plus probable ? (Duranton, t. VIII, N° 87 ; Rolland de Villargues, N° 270 ; Décret du 31 octobre 1810 ; Laurent, t. XIV, N° 435 et Cass. 31 mai 1865, Dall. 1865, I. 438).

§ II. — *Des clauses de retour comparées aux substitutions prohibées.*

327. — Aux termes de l'art. 951, « le donateur pourra stipuler « le droit de retour des objets par lui donnés, soit pour le cas du « prédécès du donataire seul, soit pour le cas du prédécès du dona- « taire et de ses descendants. »

Ce droit de retour ne saurait donc être confondu avec la substitution prohibée : car la chose revient au point d'où elle est partie, et rentre dans la main de son premier propriétaire ; il serait dès lors absurde de faire jouer au donateur tout à la fois et le rôle de disposant et le rôle de substitué, il n'y a là absolument qu'une institution sous condition résolutoire ; dès lors, et sans aucun doute la double libéralité fait entièrement défaut, et, par suite, il ne peut être question de substitution.

328. — Mais l'art. 951 ne s'en tient pas à ce premier alinéa ; et,

tout en sanctionnant le droit de retour au profit du donateur, il ajoute: « Ce droit ne pourra être stipulé qu'au profit du donateur. » — Ce dernier paragraphe a fait naître des difficultés sérieuses. On s'est demandé quel serait l'effet d'une stipulation faite contrairement à l'art 951 : Faudrait-il considérer une pareille clause purement et simplement comme non écrite, (art. 900) tout en maintenant la disposition principale ? ou bien ne devrait-on pas plutôt voir là une substitution prohibée, et frapper de nullité la donation ellemême ?

329. — Pour résoudre cette question, nous envisagerons successivement les quatre hypothèses qui peuvent se présenter.

Première hypothèse. — Le donateur a stipulé le droit de retour, non pas seulement en sa faveur, comme le veut l'art. 951, mais pour lui et ses héritiers.

Devra-t-on voir là une substitution ? Nous ne le pensons pas. — Sans doute, dans le cas où le donateur décidera avant le donataire, cette clause produira, à l'égard des héritiers du premier, les mêmes effets qu'une substitution ; mais, comme le donateur avait d'abord stipulé pour lui-même et subsidiairement pour ses héritiers qui n'étaient dès lors appelés à recueillir dans l'hypothèse de son prédécès, qu'en leur qualité de représentants du *de cujus* et comme venant à son lieu et place, on doit voir dans la disposition dont ils sont l'objet, non pas une seconde libéralité formant substitution, mais simplement une extension illégale du droit de retour. Entre ces deux choses, il existe une différence qu'il ne faut pas perdre de vue, et que Troplong a très-bien fait ressortir en ces termes : « dans le droit de retour stipulé même au profit des héritiers, dit-« il, la chose donnée remonte vers sa source ; dans la substitution « elle s'en éloigne ; dans l'un, elle est censée rentrer dans la suc-« cession du donateur, comme si elle n'en fût jamais sortie ; dans « l'autre, elle passe dans un patrimoine étranger. » Or, c'est seulement pour les substitutions que l'art. 896 prononce la nullité intégrale de la disposition ; et c'est là une rigueur exorbitante, qui ne doit pas être étendue à d'autres cas que ceux qui sont formellement prévus par cet article (Coin-Delisle, art. 951, N° 27 ; Troplong, N° 1267 ; Laurent, t. XIV, N° 470). — Cette thèse est d'ail-

leurs admirablement développée par M. Marcadé, (t. III, N° 694 bis)
qui rapporte à ce sujet un arrêt de la Cour de cassation du
3 juin 1823; nous ne pouvons mieux faire qu'emprunter à cet auteur sa savante argumentation : « Si le Code avait vu une substi-
« tution dans la stipulation dont il s'agit, il n'aurait pas eu besoin
« de la proscrire dans l'art. 951; il n'aurait même pas eu l'idée
« d'en parler. Tout était réglé par l'art. 896. Notre législateur,
« comme celui de 1792, comme l'ancienne jurisprudence, a com-
« pris qu'autre chose est la substitution, autre chose la stipulation
« de retour; il a prohibé l'une par l'art 896; il a limité l'autre par
« l'art. 951, parce qu'en effet, si la limitation n'avait pas été écrite
« dans ce second texte, on n'aurait pas pu l'induire du premier;
« et la stipulation faite pour le donateur et ses héritiers, serait
« restée valable. »

330. — *Deuxième hypothèse.* — Le droit de retour a été stipulé
au profit du donateur et d'un tiers.

La solution précédente, admise ici encore par M. Troplong
(art. 951) nous semble pousser beaucoup trop loin l'application de
l'art. 951, et, par suite, permettre trop facilement de déguiser,
sous l'apparence d'une clause de retour, une disposition qui n'a
d'analogue avec elle que le nom. Sans doute, le code civil n'a pas
confondu la substitution avec notre dite clause de retour, et la
sanction énergique de l'art. 896 ne peut être invoquée par cela
seul que le droit de retour a été stipulé pour d'autres que le donateur ! Encore faut-il, pour cela, que la stipulation dont il s'agit
puisse être effectivement considérée comme un droit de retour ! Or,
nous avons pu admettre ce point dans l'hypothèse précédente,
parce que, d'une part, l'intention du donateur était à n'en pas
douter, de formuler une véritable clause de retour; et que, d'autre
part, ses héritiers pouvaient, en leur qualité de continuateurs juridiques de sa personne, exercer ledit droit en son lieu et place.
Mais ici, la stipulation d'une pareille clause au profit d'un tiers ne
peut plus être en soi, et n'a jamais pu être considérée comme un
droit de retour, ni même comme une extension ou une exagération
quelconque de ce droit: c'est purement et simplement une substitution
prohibée, à laquelle l'art. 951 est, par conséquent, absolument étran-

ger. Une pareille stipulation peut, au reste, se décomposer en deux clauses distinctes : par l'une, le donateur stipule le droit de retour en sa faveur, pour le cas où il survivra au donataire ; mais par l'autre, et en même temps, il fait, pour le cas où ce sera le donataire qui lui survivra, une substitution fidéicommissaire au profit du tiers. La disposition dont il s'agit implique donc nécessairement une substitution au moins conditionnelle qui, nous l'avons vu, est tout aussi prohibée que la substitution pure et simple.

331. — *Troisième hypothèse.* — Nous adopterons à *fortiori* la même solution, en ce qui concerne le cas où le droit de retour a été stipulé directement au profit d'un tiers.

Cette hypothèse comporte, en effet, à n'en pas douter, une double libéralité faite *in ordine successivo* : une chose est donnée à une personne, à la charge par elle de la conserver et de la rendre, lors de son décès, à une autre personne ; or, c'est bien là ce qui caractérise la substitution ; et ce ne peut être que par une évidente impropriété de langage que l'expression droit de retour serait employée ici. Ce nom suppose nécessairement que la chose donnée revient, comme dans les deux espèces précédentes, au point d'où elle est partie ; et ici, au contraire, elle passe des mains du donataire dans celles d'un étranger ; elle s'éloigne donc du point de départ, au lieu d'y revenir.

332. — *Quatrième hypothèse.* — Il nous reste une dernière hypothèse, et c'est la plus controversée : Le retour est stipulé au profit des héritiers, sans l'avoir été pour le donateur.

Est-ce là une substitution prohibée ? est-ce, au contraire, une clause nulle, et comme telle, réputée non écrite ?

Quatre systèmes se sont fait jour sur ce point délicat.

Un premier, soutenu notamment par M. Demante (cours analyt. t. IV, p. 21 et 22) enseigne qu'il n'y a là qu'une condition illicite, réputée non écrite aux termes de l'art. 900, mais non une substitution prohibée.

« Autre chose est, dit l'éminent auteur, le retour qui ramène
» les biens à leur point de départ, autre chose est la substitution
» qui les fait passer graduellement d'une personne à une autre.

» Le législateur lui-même consacre cette idée, quand il autorise la
» stipulation de retour au profit du donateur. Il est vrai qu'il
· s'arrête là, et qu'il n'autorise pas également le retour au profit
» des enfants ni des autres héritiers d'une qualité déterminée;
» mais est-ce à dire qu'une stipulation semblable, qui ne tendrait
» toujours qu'à faire rentrer les biens dans le patrimoine dont la
« donation les avait distraits, serait étrangère à l'idée de retour?
» Je ne puis le croire. C'est un retour prohibé, mais c'est un
» retour qu'on voulait établir et non point une substitution. Il n'y
» donc pas lieu d'appliquer là l'art. 896, mais l'art. 900. S'il en
» était autrement, on arriverait à ce résultat fort singulier que le
» donateur, en insérant la clause que la loi prohibe, atteindrait
» précisément presque toujours par elle le but qu'il se propose,
» car les héritiers qui, à la mort du donateur, ne pourraient, pour
» rentrer dans le bien donné, se prévaloir de la clause de retour,
» y rentreraient, par une autre voie, en faisant déclarer la dona-
» tion nulle, aux termes de l'art. 896. » Cette opinion est également celle que défend M. Laurent (t. XIV § 473). Voici, en effet,
comment s'exprime ce savant professeur: « Stipuler le retour au
» profit des héritiers, c'est stipuler ce qui arrive de droit, en cas
» de résolution de la donation. Il n'y a pas de premier gratifié,
» puisque la libéralité qui lui avait été faite est résolue; » donc,
conclut-il, « d'après les vrais principes, la clause devrait être
» valable, puisque ce n'est rien qu'une condition résolutoire; mais
» le code la prohibe, et elle doit être réputée non écrite, aux
« termes de l'art. 900. »

Dans un second système, M. Bertauld (quest. prat. et doct. t. I,
Nos 369 et suiv.) a été bien plus loin encore: il a prétendu que la
clause de retour qui nous occupe peut valablement recevoir son
exécution.

D'abord, dit ce savant professeur, on ne peut voir de substitution
dans la clause en question. puisque, pour qu'il en fût ainsi, il
faudrait un ordre successif, qui est forcément subordonné à la
survie des prétendus appelés, c'est-à-dire, dans notre espèce, des
héritiers du donateur. Or, c'est précisément ce que M. Bertauld se
refuse à reconnaître dans notre cas.

« Cette présomption, dit-il, est dénuée de tout fondement. Il
» n'est pas plus permis de supposer dans un testament stipulant le
» droit de retour au profit des héritiers du testateur, que ces héri-
» tiers devront survivre au légataire, pour que le retour ne soit
» pas frappé de caducité, aux termes de l'art. 1040, C. Nap., qu'il
» n'est permis de supposer, dans une donation contenant la même
» clause, que les héritiers bénéficiaires devraient être au moins
» conçus au moment de la disposition entre vifs, aux termes de
« l'art. 906. parce que les art. 1040 et 906 ne seraient applicables
» qu'autant que la réserve du droit de retour constituerait une
» seconde transmission; tandis que, suivant nous, elle ne fait que
» ramener les biens à leur point de départ. »

Après quoi, il réfute l'application de l'art. 900, soutenue par
M. Demante. Pour M. Bertauld, le droit de retour suppose la survie
de la personne au profit de laquelle il s'exerce, or, cela n'est nullement présumé en ce qui concerne les héritiers. Aussi, à son sens,
le droit de retour qui nous occupe, n'est-il autre chose qu'une condition résolutoire vérifiable au décès du donataire. Dans ces conditions, il conclut ainsi : « D'après nos principes, la stipulation du
« droit de retour au profit des héritiers du disposant, si elle est
« subordonnée à la condition que les héritiers survivront au béné-
« ficiaire, constitue une substitution prohibée; sans cette condition
« de survie, la stipulation ne tombe ni sous le coup de l'art. 896,
« ni sous le coup de l'art. 900. »

Un troisième système, défendu par M. Duvergier (t. III, n° 48,
note 1) repose sur une distinction : la clause de retour au profit des
héritiers du disposant, insérée dans un testament, serait une substitution; mais cette clause, insérée dans une donation entre vifs, ne
serait qu'une condition illicite, dans les termes de l'art. 900. Rien,
on le voit, n'est plus arbitraire que cette distinction qui ne repose
sur aucun texte, et n'a par suite, aucune raison d'être.

Nous arrivons donc immédiatement au quatrième système,
d'après lequel on décide que la clause du retour en faveur des héritiers du disposant, contient, et contient toujours une substitution
prohibée.

Ce système, soutenu par là majorité des auteurs, et notamment par MM. Troplong (art. 951) et Demolombe (n° 111), est celui auquel nous nous rallions.

Pour l'établir, nous allons :

1° Réfuter le système de M. Bertauld, et montrer l'application nécessaire de l'art. 951 ;

2° Démontrer que nous sommes en présence d'une véritable substitution.

Le premier point de notre augmentation est bien facile à mettre en lumière : il suffit, pour cela, d'invoquer les termes mêmes de l'art. 951, qui sont absolus et ne permettent le retour conventionnel qu'en faveur du donateur seul.

Pour échapper à l'application de cet article, M. Bertauld a employé, il est vrai, un moyen fort ingénieux, en disant que le droit de retour implique la survie de celui au profit duquel il s'exerce, et en essayant de montrer que cette survie n'est pas présumée dans notre espèce; mais cette seconde partie de l'argument ne nous paraît nullement fondée. Que contient, en effet, notre hypothèse? personne ne le conteste, un droit de retour : or, que suppose le droit de retour? la survie des personnes au profit desquelles il s'exerce; cette condition est de la nature intrinsèque du droit de retour ; et la preuve en est que, dans le cas où le disposant la stipule pour lui-même, tout le monde, M. Bertauld lui-même, reconnaît cette essence de notre droit. En outre, nous demandons comment notre savant contradicteur pourrait concilier l'opinion qu'il émet ici avec ce qu'il dit lui-même à propos de la première de nos hypothèses (celle où le droit de retour a été stipulé pour le donateur et ses héritiers), où il n'hésite pas à admettre l'application de l'art. 951; et cela, par ce motif que « le retour est évidemment « stipulé pour les héritiers, à la condition sous laquelle il est stipulé « pour le donateur lui-même, » c'est-à-dire à la condition de leur survie?

Quant au second point qui nous reste à démontrer, à savoir que notre hypothèse doit nécessairement tomber sous le coup de l'art. 896, il nous paraît tout aussi certain que ce premier. Ne rencontrons-nous pas, en effet, ici tous les caractères d'une substitution?

a) deux libéralités; celle du donataire ou légataire, en premier ordre, puis celle des héritiers au profit desquels le retour a été stipulé, en second ordre; *b*) l'ordre successif, puisque, d'une part, ce n'est qu'au décès du donataire que s'ouvrira le droit de ces derniers; et que, d'autre part, le droit éventuel résulte de la nécessité de leur survie, que nous venons de démontrer. En vain, objecterait-on à ce raisonnement que les héritiers du disposant ne sont pas des gratifiés en second ordre, sous prétexte qu'ils recueillent de la loi, en leur qualité d'héritiers légitimes; rien ne serait plus inexact; car l'objet de cette donation ou de ce legs étant sorti du patrimoine de leur auteur, ce n'est qu'en vertu d'une libéralité consentie en leur faveur, qu'ils peuvent désormais le recceillir.

Que cette disposition soit au surplus, ainsi que le fait remarquer M. Demante, et dans la seule volonté du disposant, un véritable droit de retour, nous n'essaierons même pas de le contester; mais qu'importe cette intention, s'il est constant d'ailleurs que la disposition renferme, ainsi que nous venons de le faire voir, tous les caractères d'une substitution (*Sic.* Bruxelles, 5 nov. 1816; Pau, 4 janv. 1825, Sir. 1827, II, 68; Cass. 30 mars 1829, Sir. 1829, I. 294; Amiens, 25 fév. 1837, Sir. 1837, II, 478; Cass. 21 juin 1841, Sir. 1841, I, 603, 31 mai 1865, Dall. 65, 1, 438; Amiens, 7 déc. 1868, Dall, 69, 2, 59; Toullier, t. III, n° 48; Coin-Delisle, art. 951, n° 25, et les auteurs précités).

§ III. — *Du droit d'accroissement comparé aux substitutions prohibées.*

333. — Le droit d'accroissement peut être défini : le droit qui appartient à un légataire, en vertu de la volonté expresse ou présumée du défunt, de profiter de la part de son colégataire, quand celui-ci ne la recueille pas.

De cette définition, il résulte que ce droit d'accroissement ne peut se comprendre qu'autant que le légataire défaillant prédécède au jour de l'ouverture de son droit, c'est-à-dire de la mort du disposant; car, une fois ce droit ouvert en sa personne, il le transmettrait à ses héritiers : et ses colégataires ne pourraient plus, en aucun cas, y prétendre.

Cette observation va nous servir de guide dans notre parallèle entre les substitutions prohibées et le droit d'accroissement ; elle nous permettra de distinguer sûrement, dans toute hypothèse, ces deux dispositions l'une de l'autre.

Ainsi, nous nierons toute idée de substitution prohibée dans une disposition ainsi conçue : « Je lègue mes biens à Paul et à Pierre ; » et, dans le cas où l'un d'eux viendrait à décéder, l'autre recueil- » lera la totalité. » Le mot « recueillir » montre en effet suffisam- ment que le testateur n'a pas eu en vue le décès du prémourant antérieurement au sien.

De même, dans celle-ci : « Je lègue ma ferme à mes deux frères, » avec la clause que la portion de celui qui mourra le premier » sans enfants, accroîtra celle du survivant. » Le mot « accroître » prouve encore ici que le testateur a prévu le cas de sa survie au prémourant.

334. — Mais si cette condition de prédécès du légataire au testateur ne résultait pas nécessairement des termes de l'acte et de l'intention du disposant, il faudrait décider que, sous le nom d'accroissement, on a voulu cacher une véritable substitution prohibée, et faire tomber le tout sous l'application de l'art. 896.

Vainement Rolland de Villargues a-t-il voulu prouver (n° 228) que, même « dans ce cas, il se présente un moyen de valider de » pareilles dispositions faites par le testateur ; c'est de considérer » la clause d'accroissement comme non écrite, aux termes de » l'art. 900 du Code civil. » A l'appui de son opinion, cet auteur cite un arrêt de la Cour de Rouen du 10 juin 1814, qui ne nous paraît nullement appliquer sa doctrine, mais nous semble suggéré par de tout autres considérations. Voici l'espèce sur laquelle statuait cet arrêt : « Un testateur avait institué plusieurs héritiers, » entendant, avait-il dit, que toute ma succession, tant mobilière » qu'immobilière, soit partagée également entre eux, et que, dans » le cas de décès d'un ou de plusieurs, leur portion accroîtra » aux autres, s'ils sont décédés sans postérité et *sans avoir disposé*. » — L'arrêt décidait qu'il « n'y avait là qu'un droit d'accroissement

» éventuel à titre successif, lequel, d'après les art. 723 et 1044 du
» Code civil, peut être considéré comme illégal et susceptible de
» l'application de l'art. 900 du même Code. » (Comp. Revue de
d. franç. et étrang., t. ix, p. 212 et 213).

Sans doute cet arrêt nous parait avoir raison, lorsqu'il décide
que le droit d'accroissement est nul, dans cette espèce (puisqu'il ne
s'exercera, ainsi que l'acte le suppose lui-même, que postérieurement au décès du disposant), et qu'il n'y a pas pour cela de substitution prohibée. Mais le seul et vrai motif de cette décision est
que la charge de conserver fait absolument défaut, les légataires
prémourants ayant le droit de disposer comme ils le voudront, des
biens par eux recueillis, et n'étant tenus de restituer que ce dont ils
n'auront pas disposé, c'est-à-dire, *id quod supererit*.

335. — Toutefois, loin d'être un cas d'application d'une règle
générale, comme le pense M. Rolland de Villargues, nous pouvons
dire que c'est là, et à cause de la clause spéciale que nous venons
d'indiquer, une rare exception au principe que nous avons posé,
en vertu duquel un prétendu droit d'accroissement au profit des
légataires dont le décès du prémourant peut être postérieur à celui
du disposant lui-même, dissimule une vraie substitution. Cette conséquence ressort directement des principes mêmes du droit d'accroissement. N'est-ce pas, en effet, si nous pouvons nous exprimer
ainsi, un droit secondaire annexé au droit principal que confère le
testament au légataire survivant? et ce droit secondaire peut-il,
dès lors, s'exercer à une autre époque qu'au moment où s'exerce le
droit principal lui-même, c'est-à-dire à l'époque précise où le gratifié survivant est appelé à recueillir le montant de sa gratification?
Non évidemment; eh bien, dans ces conditions, il est de toute
nécessité de décider que, dans les hypothèses où ce droit concomitant fait défaut, le légataire survivant ne peut recueillir les biens
précédemment légués à son colégataire, qu'en vertu d'une seconde
libéralité distincte du legs constitué en sa faveur; que, dès lors,
et puisqu'il ne peut, d'autre part, les recueillir qu'autant qu'il lui
survit, il y a une substitution réciproque; et que, par conséquent,
l'art. 899 doit être appliqué dans toute sa rigueur. (Sic, Troplong,

t. 1. n⁰⁵ 125 et 126; Coin-Delisle, art. 1014, n° 9; Demol.
n° 113).

336. — Par ces motifs certains. nous déciderons avec M. Dalloz
et la cour de Pau (15 mars 1826, Dall. Répert. v° subst., N° 113),
qu'il y a substitution prohibée dans l'espèce suivante : « Un père
» institue ses enfants mâles, deux fils, pour ses héritiers univer-
» sels, avec cette clause que son entière hérédité sera recueillie
» par le second après la mort du premier. » Ce n'est pas une
substitution vulgaire, dirons-nous avec la cour de Pau, puisque le
second fils est appelé, non au cas où le premier prédécède à son
père, mais après la mort de son frère, c'est-à-dire après que
celui-ci aura recueilli. Ce n'est pas davantage une disposition
d'usufruit, au profit du premier et de nue-propriété au profit du
second, car les deux frères étaient appelés conjointement à
l'hérédité, et par conséquent l'un et l'autre à la toute propriété
des biens. — Le premier fils devenait propriétaire de la part qu'il
recueillait dans la succession de son père; puis, à sa mort, ces
biens passaient à son frère; il y avait donc deux libéralités, avec
ordre successif et obligation de conserver et de rendre, en d'autres
termes, une substitution fidéicommissaire. C'est donc à tort que
l'on avait aussi prétendu qu'il y avait là un legs conjonctif avec
accroissement; car ce prétendu accroissement ne pouvait se faire
qu'après que le légataire conjoint avait recueilli; ce qui, nous le
savons, est impossible.

Il faut encore en dire autant du cas où le disposant aurait dit :
« Je lègue tel fonds à Pierre et à Jacques, et je charge le dernier
« mourant de rendre ce même fonds à Antoine. » Nous avons ici
une clause d'accroissement tacite, d'où résulte une substitution.
Il est clair, en effet, que, pour rendre le fonds tout entier à
Antoine, le survivant de Pierre ou de Jacques aura dû acquérir,
par voie d'accroissement, la part du prédécédé. Or, comme dans
l'espèce, cet accroissement peut aussi bien s'effectuer après
qu'avant la mort du disposant, il faut décider qu'il constitue une
substitution prohibée.

337. — Cette règle étant posée, et son application étant, ce

nous semble, suffisamment démontrée par les exemples précédents, nous terminerons nos développements relatifs à ce troisième paragraphe, par l'examen d'une hypothèse assez pratique, qui ne laisse pas que de soulever de sérieuses difficultés.

« Plusieurs individus, copropriétaires d'un immeuble, conviennent de le posséder, soit en commun, soit même divisément, avec clause que la part des prémourants accroîtra aux survivants, de telle sorte que le dernier mourant réunisse la totalité de la chose sur sa tête. »

Y a-t-il là substitution prohibée?

L'affirmative a été soutenue par M. Merlin (quest. de droit, v° subst. fidéic, § 4), et voici comment il raisonnait. Les survivants et le dernier mourant n'ont, au début, qu'une portion dans la chose; les autres portions, qui leur adviennent par le prédécès de leurs colégataires, ils les recueillent comme de véritables donataires; et ils étaient éventuellement appelés à les recueillir : les prémourants avaient la propriété des parts qui se trouvaient entre leurs mains, la propriété ne pouvant rester en suspens : ils étaient donc chargés de conserver pour rendre; par conséquent, la transmission aux survivants, et notamment au dernier mourant, s'en faisait dans un ordre successif. La loi 1, Code de donat. caus. mort. vient, du reste, à l'appui de cette opinion. « Si la donation, dit-elle, porte qu'à la mort de l'un des donataires, sa portion accroîtra celle de l'autre, lors de l'accomplissement de la condition, le survivant, si la donation dont il s'agit est à cause de mort, a, en revendication de la portion du défunt, l'action du fidéicommis, fideicommissi actio competit. »

Cet éminent jurisconsulte est cependant revenu lui-même sur cette première opinion, après un arrêt rendu, contrairement à ses conclusions, par la cour de cassation, en date du 12 pluviôse, an IX. Se plaçant alors, avec ledit arrêt, à un tout autre point de vue, il décide cette fois que notre clause ne renferme aucune idée de substitution. On ne doit voir, dit-il, dans la disposition proposée : « qu'une donation mutuellement faite de la propriété à chacun des donataires, sous la condition qu'il survivra à tous les

» autres, et qu'à défaut d'accomplissement de cette condition, il
» ne sera qu'usufruitier, condition, ajoute-t-il, qui n'a rien de
» contraire à la maxime que la propriété ne peut pas rester en
» suspens, puisqu'elle n'empêche pas que la propriété ne réside,
» dès le moment de la donation, sur la tête de chaque donataire
» mutuel, et qu'elle a seulement l'effet de la résoudre, lorsqu'elle
» vient à manquer. »

Pour notre part, nous n'hésitons pas à nous rallier à ce dernier
système, quoique nous le fondions sur de tout autres considérations : ce n'est pas toutefois que nous pensions que le droit d'accroissement introduit dans une libéralité faite conjointement à
plusieurs, même pour le cas où chacun des gratifiés aurait déjà
recueilli, ne constitue jamais une substitution; nous venons, en
effet, d'essayer de prouver le contraire.

Mais, à notre sens, ce qui manque à cette clause pour constituer
une substitution prohibée, c'est le premier élément que nous avons
reconnu nécessaire à son existence, c'est-à-dire la présence simultanée de deux libéralités successives. Nous voulons bien voir là,
avec M. Merlin, une libéralité existante entre les prémourants et le
survivant; mais ce que nous nous refusons à reconnaître, c'est la
présence d'une première libéralité. Il n'y a, ce nous semble, dans
notre espèce, qu'une simple convention entre copropriétaires, ou,
en d'autres termes, un contrat à titre onéreux et aléatoire, où
chacun, en échange de la chance qu'il encourt de perdre sa part
tout entière, acquiert la chance de gagner la portion de ses
cohéritiers.

C'est, du reste, ce qu'explique fort bien M. Rolland de Villargues: « Chacun des contractants, dit-il, ne s'y propose que son
» propre intérêt et n'entend point accorder un bienfait à l'autre.
» La portion que chacun d'eux doit avoir, en succédant à l'autre,
» n'est pas l'équivalent seulement de celle qu'il a donnée, mais
» l'équivalent et de cette portion et du risque qu'il doit courir. En
» un mot, la convention est entre les parties un jeu de loterie, une
» tontine; mais elle ne présente ni don ni libéralité. »

§ IV. — *Des clauses d'usufruit d'o ι peut résulter une substitution.*

338. — Une première question à examiner dans ce paragraphe, c'est celle de savoir si un droit d'usufruit peut faire l'objet d'une substitution. Dans l'ancien droit, on admettait l'affirmative; mais aujourd'hui l'opinion contraire a entièrement prévalu.

Sur quoi d'abord les anciens auteurs fondaient-ils l'idée de substitution? « Je lègue l'usufruit de mes biens à Pierre, à la charge » de le conserver et de le rendre à Paul. » Thévenot se demande quelle est, dans ce cas, la chose substituée. Ce ne peut être, d'après cet auteur, l'usufruit de Pierre, puisque cet usufruit sera éteint par sa mort; ce sera donc un autre droit d'usufruit créé par le disposant au profit de Paul. Voët en avait déjà fait lui-même la remarque (lib. VII, tit. I, N° 9). Mais, quel est le grevé? La réponse de Thévenot est ici bien singulière: « Il semble, dit-il, » qu'il y ait deux grevés, savoir: Pierre, qui est tenu de remettre » au substitué le fonds dont il jouissait, en bon état de réparations » usufructuaires, et l'héritier du disposant qui doit souffrir l'exer- » cice du second usufruit sur la chose dont il est propriétaire » (N°s 117 et 118 et note, p. 48). »

Ces explications de Thévenot, pour prouver cette prétendue substitution, suffisent déjà pour démontrer qu'il n'y a pas là de substitution véritable. Nous avons, en effet, reconnu comme nécessaire à l'existence d'une substitution l'identité de l'objet des deux institutions successives; or, cette identité fait absolument défaut ici, puisque, comme le dit Thévenot lui-même, le premier usufruit s'éteint par la mort de l'usufruitier. D'ailleurs, le grevé ne peut être à la fois le premier usufruitier et l'héritier; bien plus, il ne peut être ni l'un ni l'autre: le premier usufruitier, en effet, n'ayant plus de droits à sa mort, ne peut plus en transmettre; et quant à l'héritier, il ne peut pas davantage être réputé grevé, puisque ce n'est pas à l'époque de son décès qu'est fixée la restitution.

C'est donc avec raison que les auteurs modernes se sont écartés de cette ancienne doctrine, et ont enseigné que l'usufruit ne pourra jamais faire la matière d'une substitution; l'effet d'une pareille disposition, ne pourra jamais créer, comme le disent Thévenot et Proudhon (t. II, p. 32, N°' 416-451) que deux usufruits différents légués à deux personnes distinctes.

339. — Ce qui est vrai de la constitution d'usufruit l'est d'ailleurs également, et sans contredit, de la constitution de rente viagère, faite dans la même forme; cette solution reçoit même ici une nouvelle force de l'art. 1972 code Nap., qui autorise formellement cette constitution sur une ou plusieurs têtes. La personnalité du droit est ici, comme pour l'usufruit, la raison primordiale qui exclut toute idée de substitution prohibée.

340. — Ceci posé, nous arrivons au texte de l'art. 899, qui suppose, non plus une libéralité de l'usufruit d'un même objet, au profit de deux ou plusieurs personnes successives, mais bien une disposition d'usufruit au profit d'un individu, en même temps que celle de la nue-propriété en faveur d'un autre : « Il en sera de » même, porte cet article (c'est-à-dire ne sera pas regardée » comme une substitution) de la disposition entre-vifs ou testa- » mentaire par laquelle l'usufruit sera donné à l'un, et la nue- » propriété à l'autre. »

Quand je donne ou lègue a Pierre la nue-propriété de ma ferme, et à Paul l'usufruit de cette ferme, il est clair, en effet, qu'il n'y a là, pour aucun des deux, charge de conserver pour rendre à la mort: il y a deux donataires ou légataires directs, dont chacun reçoit immédiatement le bien qui fait l'objet de sa donation ou de son legs, sans que son droit soit en rien soumis au prédécès de l'autre. Ainsi, Pierre peut immédiatement vendre, donner, hypo-théquer ou aliéner sa nue-propriété, quand et comme il le voudra, sans attendre la mort de Paul: de même Paul, de son côté, recueille immédiatement son usufruit, dont il peut également disposer à son gré.

341. — Quelle est donc la pensée qui a pu faire juger néces-saire au législateur la rédaction de notre article? C'est sans doute qu'il aura été frappé de ce fait, en quelque sorte commun à la

substitution et à la disposition qui nous occupe, que Pierre, dans
notre cas, en survivant à Paul, l'usufruitier se trouvera mis par la
mort de celui-ci dans la possession et la jouissance de la ferme,
tout comme si cette ferme avait été léguée à Paul avec charge de
restitution au profit de Pierre. Ce résultat tient tout simplement à
la nature même de l'usufruit, qui s'éteint nécessairement et se
réunit à la nue-propriété par la mort de l'usufruitier. Mais ce
point unique de ressemblance est accompagné de différences à la
fois trop nombreuses et trop saillantes, pour que les deux dispositions puissent jamais être confondues.

D'une part, en effet, nous venons de voir que, dans le cas qui
nous occupe, le droit de l'usufruitier ainsi que celui du nu-propriétaire sont immédiats et simultanés : dans la substitution, au
contraire, le droit de l'appelé ne peut s'ouvrir qu'au décès du
grevé : d'un autre côté, et comme conséquence de cette première
différence, le prédécès de l'appelé assure irrévocablement la propriété définitive de la chose entre les mains du grevé et de ses
héritiers ; celui du nu-propriétaire, à l'inverse, ne fait pas asseoir
la pleine propriété sur la tête de l'usufruitier ; mais une fois née
en sa personne, cette nue-propriété est transmise aux héritiers de
celui qui l'avait acquise, quelle que soit d'ailleurs l'époque de son
décès ; d'autre part, enfin, et comme suite à cette seconde différence, le droit de l'appelé ne s'ouvrant qu'au décès du grevé, il
lui suffit, pour pouvoir recueillir, d'être conçu à cette époque ; le
nu-propriétaire, au contraire, doit l'être au moment de la donation, ou, au cas de legs, au décès du testateur.

342. — Mais s'il est évident et facile de saisir que le don de
l'usufruit d'un bien à une personne, et de sa nue-propriété à une
autre, ne constitue pas une substitution, il n'en est pas moins vrai
qu'il ne sera pas toujours aussi facile (vu les termes plus ou moins
ambigus dont le disposant aura pu se servir) de reconnaître si c'est
une libéralité double et simultanée que le disposant a entendu
faire, ou bien une véritable substitution. Parcourons-donc quelques espèces, les plus pratiques et les plus controversées.

Et d'abord, écartons une hypothèse, où nos anciens auteurs
avaient vu une substitution prohibée, mais qui est aujourd'hui

universellement regardée comme renfermant une simple clause autorisée par l'art. 899.

« Je lègue l'usufruit de me biens à *Primus*, et la nue-propriété » à ses enfants nés et à naître. »

Pour prouver la substitution, Thévenot disait : « par le principe » que la propriété ne peut rester en suspens, elle appartiendra à » *Primus*, jusqu'à ce qu'il lui survienne des enfants, malgré la » clause qui le réduit au simple usufruit. »

Tel n'est pas notre avis, car de ces deux choses, l'une : ou *Primus* aura des enfants au décès du testateur, ou il n'en aura pas : Au premier cas, ces enfants recueilleront la nue-propriété en même temps que l'usufruit s'ouvrira entre les mains de *Primus* lui-même ; au second cas, le legs de la nue-propriété sera caduc ; et cette caducité profitera à l'héritier légitime du disposant.

343. — La question paraît toutefois être plus délicate au cas où « le testateur aurait institué directement l'aîné des enfants que » laisserait une personne désignée au profit de laquelle il dispose » de l'usufruit. »

La loi du 9 fructidor an II (xxᵉ question) a vu dans cette disposition une clause se confondant absolument avec la substitution prohibée, et l'a réglée comme telle : cependant, à notre sens, il y a là une erreur manifeste ; et nous n'hésitons pas à adopter l'opinion contraire.

Sans doute dans une pareille disposition perce l'intention du testateur d'arriver par équivalent à une substitution au profit de l'aîné des enfants du prétendu usufruitier ; sans doute même, le caractère d'éventualité qui est, en principe, le signe distinctif des substitutions avec les clauses autorisées par l'art. 899, se retrouve ici, puisque l'institution est faite, non pas au profit de l'enfant qui se trouve l'aîné à la mort du testateur, mais bien de celui à qui appartiendra cette qualité au décès du père, prétendu usufruitier. Mais, malgré toutes ces apparences de substitution, nous ne craignons pas de déclarer que nous sommes à n'en pas douter, en face d'un legs pur et simple d'usufruit et d'un legs conditionnel (dont la condition n'est pas la mort de l'héritier chargé de l'acquitter) de la propriété.

En effet, cette circonstance qui empêche qu'aucun des enfants soit considéré comme plein propriétaire du vivant du père, ne fait pas que la propriété appartienne ou puisse jamais appartenir à celui-ci, qui a été gratifié du seul usufruit ; elle ne peut, au contraire, appartenir, jusqu'à l'évènement de la condition, qu'à l'héritier *ab intestat*, à qui elle restera définitivement, si le legs devient caduc, par le prédécès de tous les enfants de l'usufruitier.

Cette doctrine ne cesserait d'ailleurs d'être vraie qu'autant que le légataire de l'usufruit serait l'héritier *ab intestat* lui-même. Dans ce cas, en effet, comme ce serait lui qui se trouverait à la fois revêtu de la pleine propriété et en même temps tenu de l'obligation de conserver et de rendre lors de son propre décès à une personne déterminée, il ne faudrait pas hésiter à y voir une véritable substitution, ainsi que l'avait décidé, à tort, d'une manière générale, le législateur de l'an II. — Toutefois, et même dans ce cas spécial, cette solution ne sera plus exacte, si l'héritier *ab intestat* renonce à la succession. Rien alors, en effet, ne l'empécherait de faire valoir son legs d'usufruit en laissant à l'héritier du degré subséquent, venant à son défaut à la succession légitime, la charge du legs conditionnel avec la chance de demeurer propriétaire incommutable en cas de caducité du legs !

De ce que, dans notre espèce, il n'y a pas de substitution, il résulte que l'enfant, légataire conditionnel de la nue-propriété, ne pourra jamais profiter de ce legs, s'il n'est pas conçu du vivant du testateur (art. 906).

344. — Nous déciderons de même qu'il n'y a pas de substitution prohibée :

1° Dans la disposition par laquelle « un testateur, qui institue » deux légataires universels, stipule que le fonds appartiendra à » celui des deux qui aura des enfants, c'est-à-dire que celui qui » ne sera pas marié ou qui, étant marié, n'aura pas eu d'enfants, » ne pourra prétendre qu'à l'usufruit, la propriété desdits biens » devant revenir aux enfants de son colégataire. » Il n'y a là rien autre chose, en effet, qu'un double legs : d'usufruit, au profit de celui des deux institués qui n'aura pas d'enfants au jour du décès du testateur, et de nue-propriété au profit des enfants de l'autre.

(Sic., Paris, 22 janv. 1836, Dall., Répert., v°, subst., sect., II, art. 2, § 1, n° 167).

2° Dans la disposition par laquelle « une personne léguerait à « Paul l'usufruit de ses biens, avec cette clause que, lorsqu'elle en « aurait joui pendant sa vie, elle le chargeait de les rendre à « Pierre. »

C'est à tort que l'ancienne jurisprudence sous-entendait, dans cette disposition, un legs de propriété pour le premier légataire chargé de rendre, et considérait ainsi le second légataire comme véritablement substitué. N'est-ce donc pas l'usufruit seulement que le testateur lègue à Paul, d'après les termes les plus précis ? En vain objecterait-on que, avec notre opinion, la charge de rendre eût été inutilement imposée, sous prétexte que les droits de l'usufruitier, finissant avec sa vie, ne sont pas transmissibles ; il n'en est pas moins vrai, répondons nous, que la volonté du disposant est, dans notre cas, manifeste ; et que la première partie de la clause borne trop explicitement à l'usufruit le droit du premier institué, pour permettre toute autre interprétation.

345. — Les clauses varient, on le comprend, d'une espèce à l'autre ; mais notre principe distinctif est désormais acquis ; et il faudra, en s'y conformant, étendre la décision précédente à tous les cas où celui qui est appelé à la nue-propriété possède un droit pur et simple, susceptible de s'ouvrir immédiatement après le décès du disposant : au contraire, on devra considérer comme grevé de substitution, le légataire d'un simple usufruit, toutes les fois que, en réalité, c'est lui qui, sa vie durant, a la propriété des biens, et que le légataire apparent de la nue-propriété n'a, par le fait, qu'un droit subordonné à celui-ci.

346. — Grâce à ces principes indéniables, nous pourrons aborder à présent une hypothèse assez pratique, et dont la solution peut soulever des doutes sérieux : « Je lègue à Pierre et à Paul l'usu- « fruit de mes biens, et au survivant la propriété. »

Pour soutenir qu'il y a là une substitution, on pourrait argumenter :

D'une part, de ce que l'on remarque ici tous les inconvénients pratiques des substitutions prohibées ;

D'autre part, de ce que cette disposition renferme tous les éléments d'une pareille substitution ; attendu que le légataire prémourant qui a eu, sa vie durant, l'usufruit pour moitié de biens dont la pleine propriété passe à une autre personne, lors de son décès, se trouve dans une situation identique à celle d'un grevé chargé de conserver et de rendre.

Nous n'hésitons pas, cependant, à repousser cette doctrine et à déclarer que nous sommes tout simplement ici en présence de deux choses : *a*, un legs d'usufruit pur et simple, en faveur de deux légataires ; *b*, puis, et au profit du survivant, un legs conditionnel de la pleine propriété. — Si l'opinion précédemment émise était vraie, que serait, en effet, la chose substituée ? l'usufruit ? mais, nous avons vu, au début de ce paragraphe, que ce démembrement de la propriété ne pouvait, à lui seul, faire l'objet d'une substitution : la propriété ? mais le prémourant n'y a eu aucun droit avant son décès, puisque la survie était la condition de la qualité de propriétaire. Il n'a donc pu être chargé de conserver et de rendre en cette qualité. Aussi est-ce à tort que l'on a voulu prouver le contraire, sous prétexte que, la propriété ne pouvant rester en suspens, elle appartenait aux légataires par la nature même de la disposition ; et cela, d'autant mieux, ajoutait-on, que l'héritier ne devait pas en profiter, la condition de survie devant se réaliser nécessairement à l'avantage de l'un ou l'autre des légataires. Cet argument, qui pourrait séduire au premier abord, repose sur une erreur manifeste. N'est-il pas certain, ainsi que le dit très-bien M. Rolland de Villargues, que non-seulement, il n'est pas du tout impossible que la chose appartienne à l'héritier, mais qu'au contraire, elle doit forcément rester entre ses mains, à titre de nu-propriétaire, jusqu'au jour où elle est dûe au survivant des deux légataires ? ceux-ci ne peuvent, en effet, acquérir de droits que lors de l'accomplissement de la condition ; jusque là, ils en sont absolument dépourvus, ainsi que le décident plusieurs lois romaines (l. 5, § 2 ; l. 21, pr. Dig. *quando dies*.....) ; et il n'y a que l'effet rétroactif attribué aux conditions qui ait la force d'anéantir pour le

passé la transmission faite par interim à l'héritier. — On n'ob-
jectera pas enfin que ce serait l'héritier lui-même qui se trouve
grevé dans le sens de la loi; car, nous le savons, c'est à la mort du
grevé que doit se faire la restitution; et, dans le cas qui nous
occupe, c'est à la survie de l'un des deux légataires a l'autre
qu'elle est subordonnée.

347. — Une espèce de ce genre s'est, au surplus, présentée devant la Cour de cassation: « Un sieur Piédelièvre, après avoir
« légué à la demoiselle Oseraie, âgée alors de dix ans, l'usufruit
« de tous ses immeubles, avait ajouté la clause suivante : Dans le
« cas où ladite Aimée-Justine Oseraie viendrait à se marier et à
« laisser, lors de son décès, un ou plusieurs enfants légitimes, les
« biens que je viens de lui laisser en usufruit deviendraient, dans
« ce cas seulement, sa propriété exclusive, et par conséquent com-
« poseraient à ce titre, sa succession, sans que mes héritiers pré-
« somptifs y puissent rien prétendre. »

Les héritiers du testateur prétendirent que cette clause constituait une substitution. Mais la Cour de cassation décida, au contraire, qu'il n'y avait là que deux legs absolument distincts : l'un, de
l'usufruit, au profit de la mineure Oseraie ; l'autre, de la propriété,
au profit de la même demoiselle Oseraie ; mais ce dernier, sous la
condition suspensive qu'elle laissera à son décès, des enfants
légitimes. Donc, jusqu'à l'accomplissement de cette condition, la
nue-propriété appartient à l'héritier légitime qui devra la rendre
non plus à l'époque de son propre décès, mais bien à la mort de la
légataire elle-même. L'ordre successif n'existe donc pas; d'où l'art.
896 n'est pas applicable. — « Il n'y a là, comme le dit si bien
« M. Demolombe, qu'un legs conditionnel de la nue-propriété, qui
« doit être pur et simple, et sans aucune charge de conserver ni de
« rendre en cas d'accomplissement de la condition, et qui, au con-
« traire, doit n'avoir aucun effet et devenir complètement caduc,
« en cas d'inaccomplissement de la condition. » (Rouen, 24 fév.
1834, Sir. 1835, II, 30; Cass. 17 juin 1835, Sir. 1836, I, 44;
Revue Crit. de législ., t. IX, p. 299 et 300; Demol, n° 121).

348. — Une autre espèce semblable s'est également présentée

devant la Cour de cassation; mais elle comporte des difficultés beaucoup plus sérieuses.

Une testatrice avait fait la disposition suivante :

« Dans le cas où mon petit-fils, Emmanuel Lezé, né du mariage « d'Emmanuel Lezé et de dame Louise Dureau, décédés, mourrait « sans postérité, je veux qu'il soit réputé n'avoir recueilli qu'en « usufruit sur sa tête la moitié de ma succession; dans le même cas, « je lègue la propriété de cette moitié sous condition suspensive à « mes neveux et nièces qui la recueilleront par souches. Si un ou « plusieurs de mes neveux et nièces mouraient avant moi, laissant « de la postérité, j'appelle celle-ci à prendre la place des père et « mère. Il en résulte que mon petit-fils ne possédera la moitié de « ma succession que sous condition résolutoire, savoir : qu'il « mourra laissant de la postérité. »

La Cour de cassation a jugé qu'il n'y avait pas là de substitution, mais tout simplement deux legs conditionnels distincts : l'un d'usufruit, et l'autre de nue-propriété; en d'autres termes, une clause permise par l'art. 899. Le tribunal de première instance y avait vu, au contraire, une substitution, et M. Demolombe prétend (t. XVIII, p. 137, n° 120) que telle doit être la vraie solution. Malgré la puissante autorité de ce savant jurisconsulte, nous pensons cependant que la Cour de cassation a bien jugé, et que, rédigée comme elle l'a été, par une main habile et expérimentée, la disposition qui nous occupe ne peut laisser place à l'interprétation d'une substitution prohibée.

Suivons, en effet, le raisonnement de la Cour de cassation : ou la condition, dit-elle, se réalisera avant le décès de la testatrice (c'est-à-dire ou le légataire prédécédera sans enfants), et alors celui-ci n'aura jamais eu aucun droit, ni d'usufruit, ni de propriété. Le legs sera caduc, et les neveux et nièces recueilleront cette portion en vertu d'une substitution vulgaire, puisqu'ils viennent alors à défaut de l'institué; ou, au contraire, cette condition ne se réalisera qu'après le décès de la testatrice; auquel cas, le légataire aura recueilli l'usufruit sous une condition résolutoire désormais accomplie, c'est-à-dire que les neveux et nièces, en vertu de la rétroactivité de leur condition suspensive, recueilleront la nue-propriété du jour du décès de la testatrice, et recevront par conséquent les biens, non pas du petit-fils, mais directement de cette dernière.

Rien, ce nous semble, de plus logique et de plus juridique que ce raisonnement. Et qu'y répond donc M. Demolombe? que, si cet arrêt doit faire jurispudence, il faut rayer, d'un seul trait de plume notre art. 896; attendu que, sous cette forme habile, à l'avenir à la portée de tous, notre disposition ne cache rien autre qu'une substitution prohibée et en produit tous les effets.

A cela nous répondons de prime abord que ce n'est pas éluder la loi que d'user d'un droit qu'elle donne, et que si, au surplus, il y a véritablement lieu de regretter qu'une pareille disposition soit valable, il n'en est pas moins certain que le législateur seul peut porter remède à cet état de choses, l'interprète ne pouvant absolument pas étendre la prohibition des substitutions à une clause qui n'en présente pas tous les caractères, ni tous les inconvénients.

Voyons maintenant comment notre savant contradicteur a cru pouvoir assimiler notre cas à celui d'une substitution prohibée. Le petit-fils, dit-il, devient réellement à la mort de son aïeule, plein propriétaire des biens légués, de plus, il conserve cette propriété jusqu'à sa mort, et la rend, à cette époque, aux neveux et nièces de la testatrice, s'il meurt sans postérité. Il y a donc bien, tout au moins, une substitution conditionnelle. Mais nous avons déjà montré, qu'il n'est pas exact de dire que le petit-fils devient plein propriétaire, sous prétexte que la nue-propriété ne peut s'asseoir sur la tête de qui que ce soit; rien n'est plus erroné, car, si la condition se réalise, le petit-fils n'aura jamais été qu'usufruitier; les neveux et nièces ayant été légataires purs et simples de la nue-propriété qu'ils auront donc reçue directement de la testatrice, et par suite du jour de sa mort. Notons, au surplus, que l'interprétation de M. Demolombe viole absolument l'intention de la testatrice qui, dans notre cas, a formellement déclaré restreindre le droit de son petit-fils à un droit d'usufruit (Aubry et Rau, t. VI, p. 12, note 8, § 694.)

En vain M. Demolombe se retranche-t-il, pour démontrer l'inapplication de l'art. 899, derrière cet autre argument, que ledit article ne prévoit que le cas où l'on laisse *actuellement* la nue-propriété à l'un et l'usufruit à l'autre. Il est bien certain, en effet, que par cela seul que notre article ne prohibe pas une pareille disposition sous condition, il l'autorise formellement; et que l'interprète ne peut introduire une distinction qu'aucun texte ne fait même pressentir.

M. Demolombe objecté enfin qu'à la mort du petit-fils, les choses se passeront *absolument* comme dans le cas de substitution. Mais c'est là encore une exagération: car, les substitués, qui tiennent leur droit du grevé, ne doivent être conçus qu'à la mort de celui-ci; tandis que, dans notre cas, les neveux et nièces, qui reçoivent directement les biens de la testatrice, sans intermédiaire aucun, doivent, eux, être conçus à la mort de cette testatrice. C'est là, une différence capitale.

Ainsi, on le voit, notre cas est loin d'être identique à celui d'une substitution; et comme, en matière de prohibition, l'on doit toujours interpréter strictement, et jamais par voie d'extension, il faut écarter ici l'application de l'art. 896. (Comp. revue crit., t. IX, p. 29 et suiv.).

§ V. — *De la prohibition d'aliéner en tant qu'elle peut engendrer une substitution.*

349.— Il est reconnu par tous les auteurs, tant anciens que modernes, que, constituée en termes généraux, la prohibition d'aliéner ne peut former une substitution. Et, en effet, d'une part, cette prohibition se trouve dépourvue de toute sanction, puisqu'aucune action n'en résulte au profit de qui que ce soit: d'autre part, elle ne revêt pas tous les caractères de la substitution; car, si elle impose au gratifié la charge de conserver, il n'en est pas de même de celle de rendre; et dès lors la sous-institution n'existe pas :
« elle met seulement, comme le dit M. Laurent (t. XIV, N° 462),
» la chose hors du commerce, sans que l'on puisse dire pour
» cela qu'elle soit frappée d'inaliénabilité au profit de qui que ce
» soit. Voilà pourquoi, ajoute ce même auteur, cette clause est
» réputée non écrite, comme contraire à l'intérêt général (art. 900);

» mais la disposition elle-même est valable. » (*Sic.*, Coin-Delisle, art. 896 N° 32, Rolland de Villargues, N° 299; Marcadé, art. 896, N° 3 et Demol., N° 147).

350. — Et il en serait encore ainsi, lors même que le testateur aurait confirmé la défense d'aliéner par une sanction pénale, s'il avait dit, par exemple: « Je lègue tel immeuble à Pierre, avec » défense de l'aliéner, à quelque titre que ce soit; et, s'il l'aliène, » il paiera tant à mes héritiers légitimes. » L'effet de la substitution prohibée est, on le sait, de conférer au substitué le droit de faire révoquer l'aliénation qui pourrait en avoir été consentie au mépris de la volonté du testateur : or, ici, il n'y a rien de semblable dans la pensée du testateur lui-même, puisque l'aliénation indûment faite par le légataire ne peut, au contraire, entraîner d'autre conséquence que le paiement par lui fait aux héritiers légitimes de la somme fixée, et qu'elle reste, par conséquent, entièrement valable et irrévocable.

351. — Il en serait autrement, toutefois, si cette prohibition était stipulée dans l'intérêt d'un tiers déterminé; une pareille addition suffirait, à n'en pas douter, pour créer une substitution véritable. Cette clause, en effet, n'a d'effet pour le tiers que s'il doit profiter de l'inaliénabilité; or, il n'en profitera que s'il est substitué à celui qui est chargé de conserver · la charge de conserver implique donc ici celle de rendre. En ne prêtant pas ce sens à notre clause, elle n'en aurait aucun; et l'on ne peut admettre que le disposant ait ainsi pris soin d'ajouter une clause précise sans vouloir manifester une intention bien formelle (Caen, 5 déc. 1860, cass. 7 mai 1862, Dall. 1862, 1. 289).

Nous pensons même, avec MM. Demolombe (n° 119) et Aubry et Rau (t. VII, p. 308, note 21) que cette intention du disposant ressortirait suffisamment, et que, par suite, il y aurait encore substitution dans le cas d'une prohibition d'aliéner imposée au donataire ou légataire, non plus dans l'intérêt d'un tiers déterminé, mais même dans l'intérêt de ses enfants ou de ses héritiers, par exemple, ou encore des enfants ou autres héritiers du disposant.

352. — Que faut-il décider en ce qui concerne la défense

d'aliéner hors de la famille? En droit romain, les lois 69, Dig., de leg. 3°, et 4, code, de fidéic., décident de la façon la plus formelle qu'elle renfermait un fidéicommis; il en était de même dans l'ancien droit, où elle était présumée constituer une substitution. Mais, dans notre droit moderne, la solution doit, selon nous, être toute différente. Il ne peut plus être question de présumer une substitution, puisque ce serait supposer que le disposant a voulu faire un acte prohibé par la loi et nul comme tel : il faut donc examiner la disposition en elle-même : or, deux motifs nous font repousser la pensée d'une substitution dans une pareille clause : a la défense d'aliéner hors de la famille n'implique pas suffisamment la charge de conserver, les familles étant tellement grandes, puisqu'elles embrassent tous les parents jusqu'au douzième degré ; que l'aliénation, même limitée dans ce cercle, devient des plus faciles ; b il n'y a, du reste ici, non plus que dans la prohibition générale d'aliéner, aucune charge de rendre ; personne n'ayant été désigné pour bénéficier de cette restitution, personne, par conséquent, n'ayant été substitué.

353. — D'après ces mêmes principes, on ne peut voir davantage une substitution dans une prohibition d'aliéner à titre gratuit, ni à fortiori, dans celle de tester. Dans ces deux cas, en effet, la charge de conserver n'existe pas, le donataire ou légataire ayant toujours le droit d'aliéner à titre onéreux, comme bon lui semble. En vain, a-t-on objecté que les biens dont le légataire ne dispose pas, devront être rendus à ses héritiers, sans qu'il puisse en disposer par testament, et qu'il y a là, par suite, une espèce de substitution. — La vérité est qu'il n'en conservera pas moins la liberté de disposer à son gré à titre onéreux, et qu'on ne peut dès lors voir là qu'un fidéicommis de eo quod supererit, que nous étudierons tout à l'heure, et dont nous montrerons la parfaite validité.

354. — Que déciderons-nous maintenant d'une disposition par laquelle le testateur aurait institué Pierre avec la charge de rendre à Paul, tout en permettant au premier d'aliéner tous les biens légués en cas de besoin? Y a-t-il là substitution ?

Oui, disent MM. Grenier et Coin-Delisle (art. 896, N° 30); car, s'il est vrai que le besoin n'est pas quelque chose d'absolu, mais au contraire un fait relatif soit aux facultés, à l'état, à la position de la famille de celui qui l'éprouve, soit aux évènements extérieurs qui viennent altérer nos biens ou en exiger l'emploi, comme un procès, une maladie, la faillite d'un débiteur, etc.; ce n'en est pas moins une chose purement arbitraire et dépendante de notre volonté. Les circonstances auxquelles il est relatif sont la mesure de son étendue, indépendamment de notre volonté même; aussi ces mots : « en cas de besoin, » n'enlèvent-ils point à la disposition le caractère de la substitution prohibée. — Tel est encore le sentiment de M. Marcadé qui, toutefois, commence par déclarer que la signification de ces mots sera soumise à l'appréciation souveraine des tribunaux qui décideront s'il y a là véritablement place au caprice du grevé, ou si, au contraire, celui-ci n'a droit à l'aliénation qu'au cas de nécessité absolue.

Pour notre part, nous pensons avec la plupart des auteurs, et notamment MM. Rolland de Villargues, Merlin, et Aubry et Rau, que ces expressions excluent toute idée de substitution. Quand un testateur, en effet, a permis au grevé d'aliéner, en cas de besoin, les biens qu'il lui a légués, il nous paraît peu vraisemblable qu'il ait voulu soumettre au contrôle de l'autorité judiciaire et livrer aux chances d'un débat contradictoire l'appréciation des besoins qui pourraient justifier l'aliénation; il nous semble beaucoup plus conforme, à son intention probable, d'admettre, qu'à cet égard, il s'en est entièrement rapporté au grevé lui-même, à sa discrétion, à sa conscience, et qu'il a entendu lui conférer une faculté illimitée. En décidant ainsi, on ne viole aucune loi; on respecte le principe qui n'admet de substitution que dans le concours de deux institutions obligatoires; et l'on applique cette règle, si usitée en pareille matière, que les mots équivoques doivent s'interpréter dans le sens qui donne effet à l'acte.

355. — L'obligation imposée au donataire ou légataire d'instituer telle personne pour son héritier, implique-t-elle une substitution?

En droit Romain, les lois 114, § 6, dig. *de leg.* 1°, et 17, dig. *ad senat. Tribell.* nous apprennent qu'une pareille institution pouvait valoir à titre de fidéicommis. Et nous pourrons ajouter que cette solution avait fini par prévaloir sous notre ancienne jurisprudence (Thévenot, n° 184.)

Mais nous ne pensons pas qu'il en soit encore ainsi sous le Code civil; et cela, pour deux raisons : d'abord, parce que, en admettant qu'il y ait deux libéralités successives, elles ne porteraient pas sur le même objet, la seconde, devant comprendre toute l'hérédité du premier gratifié; et ensuite, parce que, s'il y a là une obligation tacite de rendre, il n'en est pas de même de celle de conserver, qui n'est nullement comprise dans une pareille disposition. Aussi, disons-nous avec MM. Aubry et Rau (t. VII, p. 309 et suiv.) et Laurent (t. XIV, n° 466), « que c'est seulement par voie de présomption et de conjecture, » comme cela avait lieu en droit romain et dans l'ancien droit, « que l'on pourrait décider que l'intention du « testateur est que le légataire conserve les biens légués pour pou- « voir les transmettre, à son tour, à un second légataire; or sous « l'empire du Code, il ne peut plus être question de substitutions « conjecturales. »

356. — Une deuxième question qui pourrait soulever des dou- tes, c'est celle qui consiste à savoir s'il y aurait substitution, dans une disposition où le testateur chargerait son légataire universel de laisser à sa mort, certains biens à ses deux fils aînés, en imposant aux héritiers présomptifs de ceux-ci, l'obligation de transmettre les mêmes biens à leurs enfants à naître par ordre de primogéniture, de mâle en mâle; en d'autres termes, dans la clause par laquelle le légataire serait tenu de créer une substitution relative aux biens légués. La cour de Bruxelles l'a résolue affirmativement dans un arrêt du 10 février 1809; mais cette décision a été critiquée, et avec raison selon nous. Le testateur, en effet, qui impose à son légataire l'obligation de créer une substitution, ne fait pas lui-même une substitution; il formule seulement une clause illicite, tombant sous l'application de l'art. 900.

357. — Jadis, dans nos provinces flamandes, il y avait une dis- position très-usuelle, qui présentait quelque analogie avec la subs- titution. Dans le but de continuer la communauté après la mort de

l'un d'eux, les époux instituaient héritier universel dans leur contrat de mariage, celui des deux qui survivrait à l'autre, avec plein pouvoir pour celui-là d'aliéner les biens de son vivant, tout en réservant, du reste, aux parents du prédécédé le droit de recueillir la moitié des biens délaissés par le survivant, au cas où ces biens se retrouveraient dans sa succession. C'était donc investir le dernier mourant de tous les biens de la communauté, en l'autorisant à les aliéner, en cas de nécessité du moins (c'était là une condition tacite dans cet arrangement de famille), en même temps qu'accorder aux héritiers du prédécédé le droit de venir prendre au décès du dernier mourant, la moitié des biens, absolument comme si la communauté ne s'était dissoute qu'à ce moment. Ces clauses, aujourd'hui, sont tombées en désuétude depuis la publication du Code civil, qui ne permet plus de stipuler que la communauté continuera après la mort de l'un des époux.

Mais, si elles se reproduisaient, devrait-on les considérer comme impliquant une substitution véritable, ou simplement comme des clauses illicites, contraires aux art. 1442 et 1388 ? Au premier abord, on serait tenté d'y voir une substitution, puisque tous les éléments de l'art. 896 se retrouvent ici ; a) la double libéralité : la première réciproque, au profit du survivant des deux époux; la seconde, au profit des héritiers du prédécédé ; b) l'ordre successif, puisque d'une part, ce n'est qu'à la mort du survivant que s'ouvre le droit desdits héritiers; et que, d'autre part, le droit éventuel de ces derniers, est subordonné à leur survie. Il ne faudrait cependant pas hésiter à rejeter cette doctrine, car une condition nécessaire à la substitution, fait ici absolument défaut ; c'est la charge de conserver. Nous avons vu, en effet, que le survivant avait jusqu'à concurrence de ses besoins, le plein pouvoir d'aliéner : il ne peut donc être question ici de l'application de l'art. 896.

§ VI. — *Des substitutions permises, en tant qu'elles peuvent masquer des substitutions prohibées.*

358. — Nous avons vu que les articles 1048 et 1049 renfermaient une exception au principe général de l'art. 896, que les

substitutions sont prohibées. Mais, pour que ces articles trouvent leur application, et qu'une substitution puisse être considérée comme rentrant dans l'exception qu'ils régissent, deux conditions sont strictement nécessaires : 1° Elle doit être faite par les seules personnes et uniquement au profit des personnes qui y sont limitativement mentionnées; 2° elle doit nécessairement porter sur une quotité de biens qui ne peut dépasser celle déterminée par ces articles.

Qu'arrivera-t-il donc si l'une de ces conditions fait défaut, dans une disposition où se trouveraient d'ailleurs réunies toutes les autres prévues par les art. 1048 et 1049 ? C'est ce que nous allons examiner, en supposant successivement l'absence de l'une de ces deux conditions.

359. — *Première hypothèse.* — La disposition a été faite par un autre que le père ou la mère, le frère ou la sœur du grevé, ou au profit d'un autre que les enfants au premier degré du premier gratifié.

Cette hypothèse en contient, en réalité, plusieurs : Et d'abord, le disposant peut n'être ni le père ni la mère, ni un frère ni une sœur du grevé; ou bien encore, les appelés peuvent être des personnes autres que les enfants du premier gratifié, les autres conditions des art. 1048 et 1049 se trouvant d'ailleurs réunies. Dans ce cas, aucun doute n'est possible, nous sommes en présence d'une substitution prohibée. Personne, en effet, ne nie qu'il y ait là une substitution; or, comme elle ne rentre pas dans les termes précis de l'exception, elle tombe nécessairement sous le coup de la règle édictée par l'art. 896.

Même solution dans le cas où, malgré la réunion de toutes les conditions exigées par ces art. 1048 et 1049, le disposant aurait négligé d'appeler *tous* les enfants nés ou à naître du grevé. Ces articles exceptionnels n'étant plus applicables dans l'espèce, la règle de l'art. 896 doit immédiatement reprendre son empire.

360. — Mais une hypothèse qui a soulevé de plus sérieuses difficultés, c'est celle où un père aurait fait (depuis la loi du 7 mai 1849, bien entendu) une substitution à deux degrés. Quel serait le sort d'une pareille disposition ?

D'après un premier système, soutenu par Toullier (N° 279), et repris dernièrement avec une nouvelle force par M. Bertauld (quest. prat. N° 504), on ne peut voir ici une application de l'art. 896. En effet, disent ces éminents auteurs, il y a bien là, de la part du disposant, un excès de pouvoir de nature à ne pas permettre que la disposition soit valable dans toute son intégrité : mais, ajoutent-ils, il n'y a pas pour cela de raison suffisante pour annuler le tout. Il y a, du reste, pour ainsi dire, deux parties dans l'hypothèse actuelle : l'une parfaitement valable, en tant qu'elle ne concerne pas les appelés au deuxième degré ; l'autre, et celle-ci seule, entachée de nullité, comme contraire aux termes de nos art. 1048 et suivants. Or, n'est-ce pas le cas d'appliquer cette maxime si vraie ? *Utile per inutile non vitiatur.* Une pareille répression serait d'ailleurs bien suffisante ; car, une fois cette dernière clause rayée, on se trouve en face d'une disposition que le législateur a cru devoir autoriser exceptionnellement dans le but de permettre à un chef de famille d'assurer l'avenir de ses petits enfants ou de ses neveux, contre les prodigalités de leurs père et mère.

Nous hésitons, pour notre part, à nous rallier à ce premier système qui ne tient aucun compte de l'art. 896, lequel cependant pose la règle générale qui domine toute la matière. Qu'à ce principe dominant, les art. 1048 et suivants soient venus apporter une exception, et que cette exception soit juste et équitable, c'est ce que nous ne voulons nullement contester ; mais ce qu'il importe de remarquer avant tout, et ce qu'il ne faut pas perdre de vue, c'est que cette exception, comme toutes les autres, *strictissima interpretationis est*, et doit être soigneusement renfermée dans les limites que la loi lui assigne ; c'est, de plus, qu'une fois son application reconnue impossible, la règle seule peut et doit reprendre son empire. Ceci posé, et c'est un point incontestable, revenons à notre hypothèse. Elle comporte, ainsi que nous l'avons vu, et ainsi que le reconnaissent nos adversaires eux-mêmes, une clause incompatible avec l'application des art. 1048 et suivants ; ceux-ci étant écartés, l'art. 896 reste donc seul, et seul peut régir notre espèce. — Ajoutons que, dans le système contraire, outre que l'on divise un tout que la loi considère elle-même comme indivisible, puisqu'elle le maintient ou l'annule pour le tout, on sacrifie l'art. 896 aux art. 1048 et suivants, c'est-à-dire que l'on fait prévaloir l'exception sur la règle.

361. — *Deuxième hypothèse.* — La disposition dépasse la quotité disponible.

Ainsi, une personne qui a encore son père, lègue toute sa fortune à son frère, avec charge de la conserver et de la rendre, lors de son décès, à ses enfants nés ou à naître.

Une pareille disposition tombera-t-elle sous le coup de l'art. 896, ou sera-t-elle, au contraire, simplement réductible? Elle sera, de l'accord de tous les auteurs, simplement réductible; et cela, selon nous, pour deux raisons : 1° Parce que, aux termes de l'art. 920, toute disposition portant atteinte à la réserve, est seulement sujette à réduction, et que, cet article ne distinguant pas, son application doit s'étendre naturellement e' avec la même force, aux dispositions avec charge de restitution; 2° Parce que, comme le dit très-bien M. Laurent (t. xiv, n° 531) « il n'y a pas lieu à nullité, car la dis- » position n'est pas viciée; elle ne devient pas une substitution » prohibée par cela seul que le disposant a grevé de substitution » une partie de la réserve; la disposition est valable, sauf qu'elle » est excessive. » (Duranton, t. ix, p. 524, n° 533).

362. — Toutefois, il est une hypothèse qui s'est présentée, et qui est loin d'être aussi facile à résoudre. Un père lègue à l'un de ses enfants la quotité disponible, sous la condition qu'il la conservera, grossie de sa part de réservataire, pour rendre le tout à ses enfants nés ou à naître; quel sera l'effet d'une pareille disposition?

La solution de ce problème n'a pas soulevé moins de trois systèmes :

D'après un premier, soutenu notamment par MM. Toullier (t. iii, n° 732) et Grenier (t. iii, n° 341), une condition de ce genre est toujours valable, soit qu'elle se trouve dans une donation entre vifs, soit qu'elle ait été insérée dans un testament.

Suivant un second système, au contraire, qui a été présenté par M. Coin Delisle (art. 1048, n° 14), puis repris avec énergie par M. Bertauld (t. i, n°s 508 et suivants), la solution à donner ici

13

comporte une distinction : ou la clause a été insérée dans une donation entre-vifs, et alors elle est nulle; ou elle l'a été dans une disposition de dernière volonté , et dans ce cas , elle est parfaitement valable.

Enfin , dans un troisième système , auquel nous nous rallions entièrement , on décide que toujours , et dans tous les cas , cette clause sera nulle et entraînera la nullité de la disposition tout entière.

363. — Et d'abord , quand cette clause se trouve insérée dans une donation , nul doute qu'il en soit ainsi ; puisque , en ce qui concerne les biens réservés , elle constituerait de la part du réservataire , une renonciation à un droit de succession , c'est-à-dire un pacte successoire prohibé par le Code. Mais en est-il de même dans le cas où cette clause se trouve écrite dans un testament ? c'est ici assurément qu'est le nœud de la difficulté que l'on a tranché de trois manières différentes :

1° Cette clause est entièrement valable, même en ce qui concerne les biens réservés ;

2° Elle n'est obligatoire qu'en ce qui touche la portion disponible, et doit être réputée non écrite , en ce qui a trait aux biens réservés;

3° Enfin , cette clause est absolument nulle , et annule la disposition tout entière.

C'est , ainsi que nous l'avons fait pressentir en annonçant la solution que nous nous proposions d'adopter dans l'examen de ce problème , la dernière de ces opinions que nous sommes disposé à embrasser ici.

Pour soutenir la première , c'est-à-dire que la clause qui nous occupe est parfaitement valable, même en ce qui concerne les biens réservés , M. Bertauld a raisonné ainsi : les art. 1048 et suivants ont été introduits par le législateur, pour préserver les petits enfants contre les prodigalités de leur père : la charge de conserver et de rendre, dont ils sanctionnent l'obligation dans ce cas exceptionnel, se recommande donc par les effets les plus salutaires; et s'il a cru devoir en même temps en restreindre la faculté, c'est assurément en raison d'un intérêt étranger ; intérêt qui ne peut être que celui de la réserve. Or, ajoute ce savant professeur, le droit du réservataire est-il donc tel qu'après l'ouverture de la succession , il serait insusceptible de transaction ? non, évidemment, car, puisque celui-ci peut y renoncer en faveur de ses enfants , pourquoi ne pourrait-il pas aussi bien s'obliger à le conserver pour eux ? Bien plus, aux termes de l'art. 917, si un père lègue à un tiers l'usufruit de tous ses biens , son fils, qui est un héritier réservataire , n'a d'autre alternative que d'exécuter le legs tel qu'il existe, et de se contenter de la nue-propriété de tous les biens composant la succession, ou de réclamer la pleine propriété des biens réservés, en abandonnant toute espèce de prétention sur la quotité disponible, qu'y aurait-il donc de plus illicite dans l'option qui serait léguée ici entre la pleine et incommutable propriété de la portion réservée, et la pro-priété de cette portion , agrandie de la quotité disponible, mais à charge de substitution ?

Telle est l'argumentation en faveur du premier système ; elle nous séduirait entièrement, si elle pouvait répondre à cette objec-tion qui, pensons-nous, est péremptoire en faveur de l'opinion contraire. — Sans doute, dirons-nous, le testateur peut, lorsqu'il dispose de la quotité disponible en faveur d'un réservataire, im-poser certaines charges à la réserve; mais pour qu'il en soit ainsi, il faut que la charge n'ait rien de contraire à l'ordre public : or précisément , celle qui nous occupe est contraire à l'ordre public ; le législateur a voulu empêcher qu'une grande partie du sol ne fût frappée d'inaliénabilité, et placée hors du commerce : c'est en ce sens que la limite du disponible est d'ordre public. Libre sans doute, au réservataire de renoncer à l'hérédité au profit de ses enfants; car, dans ce cas, les biens restent dans le commerce : les renonciations sont de droit commun, tandis que les substitutions sont hors du droit commun. Dès lors , à quoi bon rechercher le motif qui a porté le législateur à restreindre ainsi la faculté qu'il conférait au père de famille dans les articles 1048 et suivants? Qu'importe que ce soit l'intérêt du réservataire, ou un intérêt d'un autre genre qu'il ait voulu sauvegarder? La loi n'est-elle pas suffisamment claire et précise par elle-même pour éviter à l'interprétation toute espèce d'embarras? De deux choses l'une : ou bien notre substitution est permise, ou bien elle est prohibée ;

done, du moment où l'on reconnaît (et c'est ce qui est incontestable), qu'il existe une substitution autre qu'une substitution permise, il faut déclarer, sans hésitation, qu'elle est prohibée, et lui appliquer, en conséquence, l'art. 896. — Ainsi se trouve également réfutée, ce nous semble, la deuxième opinion qui ne voulait voir dans notre espèce qu'une clause illicite, tombant sous l'application de l'art. 900.

§ VII. — *De la disposition* de co quod superorit, *comparée à la substitution prohibée.*

361. — Voici l'espèce que comporte cette disposition : « Je » lègue ma fortune à *Primus*, à la charge, par ce dernier de res- » tituer, lors de son décès, à *Secundus* ce qui lui restera de cette » fortune. »

En droit Romain, cette disposition *de co quod supererit* était rangée dans la classe des fidéicommis, ainsi que cela résulte des lois 70 § 3, Dig. *de leg.* 2° ; 51 et 58 § 7, Dig. *ad Senat. Trebell.*

Mais, pour la réglementer, on avait cru devoir restreindre entre les mains du grevé la faculté d'aliéner que paraissait lui conférer une pareille disposition. — C'est ainsi que nous voyons les lois précitées décider que ce droit d'aliéner n'est permis au fiduciaire que dans la limite de ses besoins réels, et qu'autant qu'il intervient de bonne foi et sans fraude « *arbitrio boni viri.* » Justinien avait même établi dans sa novelle 108 que le fiduciaire serait toujours obligé de laisser au fidéicommissaire le montant de la falcidie, c'est-à-dire le quart de l'hérédité, et même qu'il ne pourrait aliéner les trois autres quarts à titre gratuit que dans trois cas expressément déterminés : 1° pour constitution de dot ; 2° pour donation *propter nuptias* ; 3° pour rachat de captifs.

Ces mêmes principes du droit romain pénétrèrent dans notre ancienne jurisprudence, où ils furent entièrement adoptés, ainsi que l'attestent Ricard (chap. XII, n° 77) et Thévenot, (n°° 419-439) : reste à voir ce qu'ils sont devenus sous l'empire de notre Code.

Mais, avant d'entrer dans les développements que réclame

l'examen de cette question, il est nécessaire de bien faire ressortir l'utilité pratique de la disposition qui nous occupe. Elle est, comme on va le voir, du plus haut intérêt.

365. — Le fidéicommis *de eo quod supererit*, loin d'être nuisible, présente un immense avantage qui l'a fait employer de tous temps dans nos provinces flamandes ; et grâce à notre législation actuelle assez défectueuse en ce qui concerne les droits de l'époux survivant, il est encore aujourd'hui d'un usage assez usité entre époux. —S'ils n'ont point d'enfants, l'amour qu'ils se portent les engage naturellement à laisser au survivant la fortune de celui qui prédécède, afin que, souffrant dans ses affections, il ne souffre point dans ses intérêts, et qu'après avoir vécu ensemble dans des habitudes d'aisance, celui qui survit, réduit à ses biens propres, ne soit pas exposé à des privations qu'il n'avait jamais connues. Cependant, et malgré ce légitime sentiment de soutien réciproque, les époux ne veulent pas dépouiller leurs familles des biens qu'ils en ont reçus : aussi et dans ces conditions, n'ont-ils que deux moyens de disposer, selon leur volonté, au profit de leur conjoint : par fidéicommis ou en usufruit, comme le faisaient nos anciennes coutumes. Mais qui donc ignore les inconvénients de ce dernier mode, et combien il expose l'usufruitier à des ennuis et à des tracasseries de toutes sortes de la part du nu-propriétaire ? Qui donc ignore qu'il reste dans l'impossibilité de disposer, quelle que soit la nécessité qui le frappe ? Notre institution *de eo quod supererit* concilie seule tous les intérêts en assurant au survivant la jouissance et la disposition des biens du prédécédé, c'est-à-dire la sécurité et l'indépendance, sans pour cela dépouiller les familles, ni compromettre l'intérêt des héritiers du disposant. (Sir. 1839, II, 491).

366. — L'historique et l'utilité pratique de notre institution étant connus, nous pouvons à présent en aborder l'étude approfondie. Cet examen se résume, du reste, en deux questions principales :

1° La disposition *de eo quod supererit*, constitue-t-elle encore, sous notre code une substitution prohibée ?

2° La charge de rendre qu'elle renferme est-elle obligatoire pour le grevé ?

367. — A. La disposition *de eo quod supererit* renferme-t-elle une substitution prohibée?

L'affirmative a été soutenue par MM. Meyer et Cotelle (Thémis, t. v, p. 35 et suiv.; et p. 457 et suiv.; t. vi, p. 335 et suiv.), ainsi que par M. Rolland de Villargues, dans une dissertation publiée par Sirey, 1819, ii, 59. Toutefois, ce dernier auteur a abandonné cette idée, et enseigne l'opinion contraire dans son traité des substitutions (N° 233). Voici comment raisonnaient les défenseurs de ce premier système : D'une part, disaient-ils, la tradition historique est conforme à cette opinion ; car, ainsi que nous venons de le voir, dans l'ancien droit, comme en droit romain, la disposition *de eo quod supererit* était rangée dans la classe des fidéicommis ; or, aucun texte, aucune raison n'existe qui permette de décider autrement aujourd'hui. Et d'ailleurs les principes conduisent au même résultat : car il est évident que le grevé qui se trouve obligé de rendre, se trouve, par là même, engagé d'honneur à conserver : on retrouve donc, dans le cas qui nous occupe, tous les éléments constitutifs de la substitution prohibée ; à savoir : deux libéralités subordonnées l'une à l'autre, dans lesquelles le droit du second gratifié ne s'ouvre qu'au décès du premier, et à la seule condition qu'il lui survivra ; en d'autres termes, on se trouve en face de toutes les conditions exigées par l'art. 896 ; et on ne peut échapper à son application.

Nous ne pouvons, pour notre part, admettre un pareil système, qui nous paraît contraire, à la fois, au texte et à l'esprit de l'art. 896.

Et d'abord, nous écartons, sans hésiter, l'argument tiré de la tradition qui, dans cette matière, est un guide qui égare. Les Romains, en effet, voyaient avec faveur les fidéicommis ; aussi cherchaient-ils à leur donner effet partout où ils le pouvaient. Notre code, au contraire, les a en horreur, et les prohibe. — Bien plus, toute prohibition, fût-elle d'ordre public, est de droit étroit et ne peut jamais être étendue — Ceci posé, voyons donc si la dispo-

sition qui nous occupe tombe ou non sous l'application de
l'art. 896. Nous avons commencé par dire qu'elle était absolument
contraire à son texte, aussi bien qu'à son esprit ; nous le répétons,
et nous le prouvons. D'abord, disons-nous, elle est contraire à son
texte : Que prohibe, en effet, l'art 896? Toute disposition renfermant la charge de conserver et de rendre; eh bien ! nous le demandons, cette obligation de conserver peut-elle être raisonna-
blement reconnue dans notre cas? Non assurément, puisqu'au contraire, le grevé conserve le droit de disposer à son gré de l'objet de
la disposition, et n'est tenu de rendre que ce dont il aura bien
voulu ne pas se déposséder. Et cela est si vrai, ce droit d'aliéner
est si absolu et si indéfini que le droit romain, pour le restreindre,
avait cru nécessaire de lui imposer certaines limitations expressément énumérées dans un texte précis, limitations relativement
auxquelles notre code est resté entièrement muet ! — En outre, la
solution précédente est également contraire à l'esprit de l'art. 896;
quel est, en effet, le but de cet article? c'est de sauvegarder le
crédit en empêchant de frapper les biens d'inaliénabilité, et de les
mettre ainsi hors du commerce; c'est de faire disparaître cette
entrave que fait naître l'indisponibilité de l'objet de la disposition
entre les mains du grevé. Eh bien précisément, cette entrave
n'existe pas dans notre espèce ; et cette indisponibilité n'est pas
non plus à craindre, puisque le premier gratifié conserve le droit
absolu de disposer à son gré ! — Ajoutons que la jurisprudence est
aujourd'hui unanime en ce sens, et que tel a été de tous temps le
sentiment de la Cour de cassation. Citons parmi les plus récents
arrêts sur cette matière : Dall. 71. 2. 43; 11 déc. 1873, Dall. 75.
2. 30; Douai, 18 fév. 1874, Dall. 75, 2. 171 ; Rennes, 20 janv. 1873;
Dall. 76. 2. 17.

368. — *B.* La solution de ce premier problème nous amène à la
recherche de celle que comporte la deuxième question que nous
nous sommes proposé d'examiner, à savoir : si la charge de
rendre, dans la disposition *de eo quod supererit*, est obligatoire
pour le grevé, ou bien, au contraire, si elle ne doit pas être
réputée non écrite, aux termes de l'art. 900.

C'est encore controversé.

D'après un premier système, la clause de restitution doit être réputée non écrite. Trois sortes d'arguments sont mis en avant par les défenseurs de cette opinion : 1° l'art. 896 distingue deux espèces de substitutions : celles prévues dans son premier alinéa, et ne comportant nullement la charge de conserver et de rendre, puis celles visées par le deuxième alinéa, avec cette charge aggravante de conserver et de rendre. Or, continuent-ils, la nullité absolue et radicale ne s'applique, sans doute, avec ce deuxième alinéa, qu'à ce dernier genre de substitution ; mais il n'en est pas moins vrai que la prohibition du premier alinéa s'étend indistinctement aux unes et aux autres ; et que, dans toute disposition renfermant une substitution, celle-ci doit être frappée de nullité. — Et ce qui, du reste, le prouve bien, c'est que, pour autoriser les substitutions vulgaires, le législateur a cru devoir rédiger, à leur égard, un article spécial et exceptionnel, l'art. 898, dans lequel il déclare qu'elles ne seront pas considérées comme des substitutions. (Comp. Revue de législ. et de jurisp., t. v, p. 157 et 188.) 2° Tout le monde reconnaît, dit-on en second lieu, que lorsqu'un disposant, après avoir gratifié une personne, charge celle-ci de rendre à une autre, lors de son décès, une valeur quelconque à prendre dans l'hérédité, il y a là une immixtion illicite dans la succession de cette personne ; si bien que, si cette clause ne tombe pas directement sous l'application de l'art. 896, elle n'en constitue pas moins un vice de nature à la réputer non écrite aux termes de l'article 900. Or, notre disposition renferme tout au moins une clause de ce genre, en exigeant la restitution de *id quod supererit*. 3° Enfin, en se plaçant à un troisième point de vue, on a dit que cette seconde libéralité se trouvait nulle, et tombait sous l'application des art. 944 et 1174, comme dépendant d'une condition potestative, et ne formant dès lors aucun lien sérieux.

369. — Tous ces motifs, quelque graves qu'ils soient, n'ont pu nous déterminer à adopter ce premier système. Mais nous préférons nous rallier au deuxième, et décider, avec lui, que la clause de restituer est, dans notre cas, parfaitement valable et obligatoire pour le gratifié auquel elle est imposée ; pourvu, bien entendu, que l'individu au profit duquel elle s'exerce soit déjà né ou au moins conçu,

soit au moment où la libéralité a été consentie , si elle a eu lieu par
acte entre-vifs, soit au décès du testateur, s'il s'agit d'un testament.
Cette opinion, nous la fondons sur le principe édicté par l'art. 1121
« que l'on peut stipuler, au profit d'un tiers, lorsque telle est la
» condition d'une donation que l'on fait à un autre..... » principe qui reste vrai et seul applicable, tant que l'on ne se trouve pas
dans un cas d'exception expresse, comme celui, par exemple, qui,
dans la matière qui nous occupe, est prévu par l'art. 896. Or, nous
disons que notre règle de l'art. 1121 n'est pas atteinte, en ce qui
concerne la disposition *de eo quod supererit*, par l'art. 896, et nous
le prouvons; ou plutôt nous l'avons prouvé par avance, car nous
avons démontré que la libéralité qui nous occupe est absolument
étrangère à la substitution, et constitue dès lors une disposition
d'une nature toute différente de celle que régit l'art. 896. Nous
avons ainsi écarté le premier argument de nos adversaires, car
celui qu'ils tirent de l'art. 898, à l'appui de ce premier, tombe
également de lui-même, quand on se rappelle que le législateur a
voulu simplement dans cet article exprimer l'idée que la substitution vulgaire n'a rien de commun avec la substitution fidéicommissaire, idée que M. Coin-Delisle a du reste parfaitement traduite
par ces mots que « la substitution vulgaire n'est pas comprise dans
» la prohibition des substitutions. » Quant à l'argument de principe, basé sur ce qu'il est illicite de s'immiscer dans la succession
d'une personne que l'on gratifie , pour régler soi-même la dévolution de l'objet dont on se dessaisit en sa faveur, il nous semble
qu'il ne trouve pas non plus place ici. Car ce principe, se trouvant,
lui-même, en opposition directe avec celui qui permet à toute
personne de disposer sous telles conditions que bon lui semble des
biens qui lui appartiennent, le seul moyen de les concilier, c'est de
s'en tenir au texte. Or, précisément le texte ne déclare illicites que
les substitutions; et notre disposition, nous l'avons vu, n'en contient aucune trace. C'est bien à tort, en effet, que, dans son rapport
dans l'affaire Flamenq-Flamenq, M. le conseiller Mestadier qualifie
la disposition *de eo quod supererit* de « substitution non prohibée »
(Sir. 1850, I, p. 88-90). Une pareille dénomination est, nous l'avons
prouvé, tout-à-fait contraire à la vérité. Aussi devons-nous, à

défaut d'un texte qui déclare nulle l'une ou l'autie, considérer tout à la fois comme valables les deux institutions. Disons, au surplus, que, puisqu'il n'y a pas ici de substitution, mais tout simplement une donation entre-vifs ou un legs, il est nécessaire pour que la la disposition reste valable, mais il suffit que, comme nous l'avons dit dans l'énoncé de la solution que nous proposons, le second gratifié soit au moins conçu, lors de la disposition, si c'est une donation, ou lors du décès du testateur, s'il y a eu testament : faute de quoi, la seconde libéralité sera nulle, comme contraire aux termes de l'art. 906. Est-ce à dire pour cela que, comme le pense M. Bertauld, ce seul fait suffise pour créer une substitution? Nous avouons ne pas saisir l'argument qu'émet ici ce savant professeur, et ne pas comprendre comment l'application d'un article de droit commun, l'art. 1040, peut impliquer ici la présence d'une substitution. Rien de plus juste, en effet, que la règle édictée par cet article; rien de plus élémentaire que son application, puisque tout se résume dans ce principe qu'un gratifié doit toujours être capable, lors de la réalisation de la condition sous laquelle il est appelé à recueillir.

Nous arrivons ainsi à la réfutation du troisième et dernier arguque l'on oppose à notre système. Voici en quoi il consiste : La deuxième institution ne saurait, dans tous les cas, valoir, attendu qu'elle est faite sous une condition purement potestative de la part du premier institué, et tombe dès lors sous l'application des art. 944 et 1174. Cet argument n'a pas, à notre sens, plus de valeur que les précédents. Une obligation ne se trouve nulle, en effet, aux termes l'art. 1174, que « lorsqu'elle est contractée sous une condition potestative de la part de celui qui s'oblige; » et l'art. 944 ne déclare nulle également que « la donation faite sous des conditions dont l'exécution dépend de la seule volonté du donateur » : il est clair d'ailleurs, dit M. Marcadé, que « pour qu'il y ait absence de lien, c'est du pouvoir et de la volonté de celui qui se lie que doit dépendre la condition.» Or, dans notre espèce, ce n'est que de la part de celui qui a lui-même reçu, que la condition serait purement potestative; la libéralité resterait donc, encore de ce chef, parfaitement valable.

M. Demolombe va même plus loin encore : « En second lieu, dit

« l'éminent jurisconsulte, il n'est pas vrai que ce soit là une con-
« dition absolument potestative de la part du premier gratifié;
« cette condition, ne dépend pas de la seule et pure volonté, *ex*
« *mero arbitrio*, comme si le disposant avait écrit : Vous rendrez,
« si vous le voulez. Il y a, au contraire, pour lui, obligation de les
« rendre, s'il les laisse à so décès, c'est-à-dire, s'il ne les aliène
« pas : il faut donc qu'il les aliène pour empêcher le deuxième gra-
« tifié de les recueillir; et son incapacité d'aliéner ou d'autres
« causes pourraient empecher l'accomplissement de cette con-
« dition. »

Ainsi, en résumé, textes et principes sont d'accord encore une
fois pour repousser ce dernier argument, et refuser de considérer
comme illicite la deuxième institution dans une disposition *de eo
quod supererit*. Nous pouvons donc conclure de cette longue démonstration que non-seulement, cette disposition ne renferme pas de
substitution, et par suite reste étrangère aux termes de l'art. 896,
mais encore que l'on doit déclarer valable et obligatoire, pour
le grevé, même la sous-institution (Bruxelles, 14 nov. 1809, Sir.
1810, ii, 328; Colmar, 6 fév. 1824, Sir. 1825, ii, 107; Montpellier, 13 fév. 1829, Dall. 1830, ii, 9; Cass. 5 juillet 1832, Sir. 1832,
i, 430; Cass. 14 mars 1832; Sir. 1832, i, 118; Cass. 8 juillet 1834,
Sir. 1834,i, 754; Cass. 17 fév. 1836, Sir. 1836, i, 82; Cass. 27 fév.
1843, Sir. 1843, i, 440; Cass. 28 nov. 1849, Sir. 1850, i, 81;
Cass. 4 juillet 1853, Sir. 1854, i, 108; Merlin, rép. v° subs. fidéic.
§ 13, n° 1; Delvincourt, t. ii, p. 392;Toullier, t. iii. n° 38; Duranton, t. viii, n°° 74-76; Coin-Delisle, art. 896, n° 27; Troplong, t. i,
n°° 130-132; Aubry et Rau, t. vii, p. 310; Demol. t. i, n°° 133-135.)

370. — Maintenant que nous avons démontré la validité de
notre disposition, nous devons en dire les effets.

Et d'abord, quel droit faut-il reconnaître au grevé sur les biens
compris dans une disposition de ce genre?

Cela dépend exclusivement des termes de l'acte et de l'intention
du disposant qui peut, à son gré, étendre ou restreindre ces droits.
Mais que décider si l'acte est muet sur ce point, et que l'on ne
puisse en rien présumer l'intention du disposant?

371. — A coup sûr, le grevé peut disposer à titre onéreux; le peut-il aussi à titre gratuit? Nous n'hésitons pas à répondre affirmativement pour le cas ou l'aliénation résulte d'une donation entre-vifs; mais la question est plus douteuse en ce qui concerne les dispositions de dernière volonté.

Pour la négative, on a dit que la clause de rendre ainsi stipulée devait avoir un sens; et que, permettre au grevé de disposer par testament, c'est-à-dire d'une manière illimitée, c'était précisément lui retirer toute signification; de plus, a-t-on ajouté, ce serait, de la part du grevé, un acte immoral et déloyal, que de venir ainsi détourner de la succession de son auteur quelque chose qu'il a promis d'y rapporter.

Nous préférons cependant l'affirmative, parce que, d'une part, elle nous paraît conforme à l'intention du disposant qui, par son silence, a tacitement conféré au grevé la liberté la plus absolue sur les biens, objet de la libéralité, et que, d'autre part, celui-ci se trouvant sous notre code, plein propriétaire, il peut, en cette qualité, disposer en toute liberté des biens qui lui ont été donnés. (Paris, 22 avril 1841, Dall. v° subst. N° 75, 4°).

372. — Il nous reste, pour terminer nos développements sur ce genre de disposition spéciale, à dire quels biens doivent être compris dans la restitution. Nous savons qu'en droit romain, cette restitution comprenait non-seulement les biens existants en nature lors du décès du fiduciaire, mais encore : 1° le prix des ventes qu'il avait faites; 2° les objets acquis en remploi de ceux qu'il avait aliénés; 3° le montant des valeurs qu'il avait employées au paiement de ses propres dettes, etc..... (l. l. 70 § 3, 72, Dig., de leg. 2°; l. l. 54 et 58 § 8, Dig. ad senat. Trebell.)

Mais nous pensons qu'il ne peut plus en être ainsi sous notre code qui confère au grevé le droit d'aliéner d'une façon absolue et illimitée; et que la restitution doit être restreinte aux seuls biens existants en nature lors de l'ouverture du droit de l'appelé. Aussi proposerons-nous d'appliquer ici par analogie l'art. 747, et de faire porter la restitution: 1° sur les biens existants en nature; 2° sur la créance du prix des biens aliénés et sur les actions en reprises; deux choses qui, on le sait, ont été considérées par le législateur comme l'équivalent de ces objets eux-mêmes.

SECTION II.

DE LA PREUVE DES SUBSTITUTIONS.

373. — Une grave controverse s'élève sur le point de savoir à l'aide de quels modes de preuves on peut établir l'existence d'une substitution prohibée, et deux systèmes, soutenus chacun par de puissantes autorités, se trouvent en présence sur la solution à donner à ce difficile problème.

D'après une première opinion, soutenue notamment par MM. Merlin (v° subst. § 14) Coin-Delisle (art. 896, N° 55) et Demolombe (t. I, N° 172), cette preuve pourrait être recherchée partout, et résulter de tous les moyens du droit commun, tels que : aveu, témoins, simples présomptions, etc.....

Trois arguments principaux militent, d'après ces auteurs, en faveur de ce système : 1° la substitution prohibée, disent-ils, est une fraude à la loi, et une fraude d'autant plus grave que la loi dont elle cherche à éluder la disposition, est une loi d'ordre public. Or, toute fraude peut se prouver à l'aide de tous genres de preuves ; il en sera ainsi dans notre cas ; 2° en matière d'interposition de personnes, que prohibe l'art. 911, il est unanimement reconnu par tous les auteurs modernes, que tous les moyens possibles de preuves sont admis ; or, la substitution prohibée n'est qu'une aggravation de l'interposition de personnes ; donc ces mêmes règles rigoureuses lui sont également applicables ; 3° c'est le seul moyen d'assurer une sanction énergique à la prohibition de l'art. 896 ; car il peut se faire que l'on soit en présence d'une substitution indéniable, et que néanmoins son existence ne se trouve pas suffisamment démontrée par l'acte même de disposition : on serait donc dans ce cas impuissant à réprimer cette fraude manifeste !

374. — Cette argumentation assurément est très spécieuse ; mais

nous pensons qu'elle n'est que spécieuse, et que les vrais principes du droit s'opposent absolument à son adoption : aussi pré-
férons-nous nous rallier au second système, et dire que l'existence
d'une substitution ne peut être établie que par un acte revêtu des
formes de la donation ou du testament.

Et d'abord, empressons-nous de dire que cette solution est
conforme, sinon au droit romain, qui autorisait pour le fidécommis toute espèce de preuves, ainsi que l'indiquent les lois 22 et
32 Cod. *de fideic.*, au moins au droit ancien où, ainsi que le dit
Thévenot (ch. 86), « la preuve du fidéicommis ne serait admise
» ni par témoins, ni par serment du grevé; on le tenait même
» ainsi, ajoute cet auteur, dès avant les ordonnances intervenues
» sur les donations et les testaments, en 1731 et 1735. (Ricard,
» chap. 4, n° 156). »

Ceci posé, voici notre démonstration :

375. — Une substitution, ainsi que nous l'avons vu, ne peut
exister sans le concours de deux libéralités subordonnées l'une a
l'autre ; or, il ne peut y avoir de libéralité possible en dehors d'un
acte susceptible de la contenir, c'est-à-dire d'une donation entre-
vifs ou d'un testament : dès lors, la substitution elle-même réclame
nécessairement l'intervention d'un acte de cette nature; et la
preuve ne peut s'en faire que par l'acte même qui la renferme. A
quoi aboutirait, en effet, la preuve testimoniale ou le serment
du grevé? La substitution n'en resterait pas moins nulle, si elle
n'était revêtue de la forme requise ; or « *frustra probatur quod
probatum non relevat.* »

En vain, pour échapper à cette logique, objecte-t-on que la
substitution constitue une fraude à la loi, et que, par suite, comme
toutes les fraudes semblables, elle doit pouvoir se démontrer à
l'aide de tous les genres de preuves. Nous ne pouvons admettre
ce faux-fuyant; car, pour qu'une substitution soit frauduleuse, il
faut, avant tout, qu'elle existe : or, nous venons de le prouver,
une substitution n'existe légalement et ne produit d'effets juridiques, qu'autant qu'elle se trouve exprimée dans un acte régulier : en dehors de cette condition, l'acte est nul et ne peut donc
être frauduleux : « *ex nihilo nihil.* »

En effet, de même que, dans une substitution exceptionnellement permise, la double libéralité faite tant au profit du grevé que du substitué ne peut être établie que par un acte revêtu des formalités prescrites pour les dispositions à titre gratuit ; de même, on ne peut attaquer une donation ou un legs comme renfermant une disposition prohibée, qu'autant que la charge de conserver et de rendre a été imposée par un acte passé dans les formes exigées pour la validité des dispositions entre-vifs ou testamentaires.

376. — Qu'on n'oppose pas non plus une prétendue analogie entre l'interposition de personnes et notre disposition ! elle ne saurait exister que dans l'esprit de nos contradicteurs, et pour les besoins de leur cause. Nous ne pouvons du reste mieux montrer les différences capitales qui séparent ces deux institutions qu'en nous reportant à ce que disent si justement à ce sujet MM. Aubry et Rau (t. vii, p. 392, note 77) : « Lorsqu'on attaque une disposition
» comme étant faite à un incapable par le moyen d'une interpo-
» sition de personne, on n'allègue pas l'existence de deux dispo-
» sitions successives faites, l'une au profit du donataire ou légataire
» apparent, et l'autre au profit d'un incapable : on soutient qu'il
» n'y a pas une substitution sérieuse au profit du donataire ou
» légataire ostensible, et que la donation ou le legs est unique-
» ment fait au profit d'un incapable. Il est tout naturel dès lors
» qu'on soit, en pareil cas, admis à prouver, par toutes sortes de
» preuves, l'interposition de personne, puisqu'il ne s'agit, après
» tout, que d'établir le but réel d'une disposition dont les parties
» ont frauduleusement dissimulé la véritable destination. Au con-
» traire, lorsqu'on attaque une donation ou un legs, comme
» renfermant une substitution, on allègue l'existence de deux
» dispositions distinctes et successives, l'une au profit du grevé,
» l'autre au profit de l'appelé : et si, au lieu de rapporter un acte
» régulier en la forme, qui établisse cette dernière disposition, le
» demandeur convient qu'il n'existe pas de pareil acte, sa demande
» doit, par cela même, être rejetée. »

377. — Vainement, enfin, s'est-on retranché, dans le système que nous combattons, derrière la sanction énergique de l'art. 896.

La réponse à cet argument a été faite déjà, et nous ne pouvons que la répéter ici. L'art. 896, et par suite son application rigoureuse ne trouvent place qu'autant que la substitution existe, non seulement en fait, mais encore au point de vue juridique : or, nous avons démontré que sous ce rapport, la substitution n'a aucune vitalité. Bien plus, nous disons même, qu'en fait, elle n'existe pas davantage ; car, du moment où la loi se refuse à la reconnaître valable, l'appelé n'a dès lors aucune action pour exiger la restitution, la charge de rendre restant dénuée de toute force obligatoire.

SECTION III.

DE L'INTERPRÉTATION DES SUBSTITUTIONS.

378. — Nous avons énuméré, dans la première section de ce chapitre, les trois caractères distinctifs, auxquels on pourra toujours reconnaître une substitution. Mais la difficulté à les discerner dans toutes les espèces, qui varient à l'infini, pourra surgir d'une rédaction vicieuse, ou même, le plus souvent, captieuse. Il convient donc de poser quelques jalons capables de servir de guide pour l'interprétation sûre et exacte de ces genres de dispositions. Quatre règles peuvent, selon nous, faciliter ces recherches.

379. — *Première règle.* — Il n'y a point de termes prescrits et déterminés pour établir une substitution.

« C'est ici, dit M. Coin-Delisle (n° 35) , comme dans toutes les
» dispositions de l'homme, une volonté qu'il faut saisir, quelque
» forme qui l'enveloppe. » Une règle contraire serait, d'ailleurs, souverainement injuste et illogique , car l'usage des formules sacramentelles a été complètement banni par notre législation moderne.

380. — Aussi , approuvons-nous la constatation d'une substitution dans l'exemple suivant : « J'institue *Primus* mon héritier,
» et, après qu'il aura recueilli, *j'institue* ses enfants. » Quoiqu'en effet le mot « instituer » désigne par lui-même une institution

directe, ces mots « après qu'il aura recueilli » montrent bien que les enfants de *Primus* ne lui sont en réalité que sous-institués, c'est-à-dire substitués (Coin-Delisle, art. 896, n° 39 ; Marcadé, art. 896, n° 7 ; Demol., n° 143).

381.—De même de cette espèce : « Je lègue mes biens à *Primus*, » et, *après lui*, je veux qu'ils retournent à *Secundus* » ou bien « qu'ils lui soient reversibles » ou encore « qu'ils lui appartien- » nent. » Ces termes « après lui » montrent, à n'en pas douter, les deux libéralités subordonnées l'une à l'autre et constituent l'ordre successif.

382. — *Deuxième règle.* — La substitution n'existe néanmoins qu'autant qu'elle résulte nécessairement des termes de l'acte ou au moins de l'intention du disposant.

Cette seconde règle est fondée sur ce que les substitutions, même permises, ont pour effet d'imposer une charge à la liberté des pro- priétaires, et doivent dès-lors être interprétées étroitement, comme tout ce qui impose des bornes à la liberté.

Aussi, ce principe de Droit Romain, qui admettait même les substitutions conjecturales, est-il abrogé aujourd'hui, et Merlin en donne cette raison : « Sous l'empire du code prohibitif des substi- » tutions et des dispositions qui les contiennent, admettre aveu- » glément les conjectures du droit romain tendrait à anéantir la » volonté du testateur en annulant la disposition principale. ». D'Aguesseau lui-même avait déjà, du reste, mis fin à ces interpré- tations arbitraires, en obligeant les parties à expliquer leur volonté d'une manière plus expresse; et cette règle doit, à plus forte raison, être suivie sous le Code civil.

383. — *Troisième règle.* — Comme conséquence de la règle précédente, la substitution doit être conçue dans des termes dispo- sitifs et obligatoires.

Le législateur, nous le savons, réprouve les substitutions, parce qu'elles empêchent la libre circulation des biens, et qu'elles entra- vent la liberté d'action des héritiers du substituant. Pour qu'il y ait substitution, il faut donc, ainsi que nous l'avons dit déjà, qu'il y ait un lien de droit qui enchaîne les personnes et les propriétés,

une impossibilité légale d'aliéner; ce qui implique, comme le dit le
texte de l'art. 896, une *charge*, c'est-à-dire une obligation civile de
conserver et de rendre les biens substitués. — De là suit que cette
obligation, dont la preuve ne peut résulter, ainsi que nous l'avons
vu à la section précédente, que de l'acte de disposition lui-même,
doit se trouver énoncée en des termes suffisamment dispositifs et
obligatoires, sans que, pour cela, bien entendu, il soit besoin de
recourir à des formules sacramentelles.

D'où la conséquence qu'il ne suffirait pas que les termes fussent
simplement énonciatifs. Ce ne serait pas assez, par exemple, qu'un
testateur eût parlé, dans son codicille, d'une prétendue substitution
par lui faite dans son testament, s'il n'y avait, d'ailleurs, ni dans le
testament ni dans le codicille, des termes emportant disposition
présente et actuelle. C'est, au surplus, à ce principe que se rattache
encore la règle dont nous avons parlé dans le chapitre précédent,
que ceux mis dans la condition ne sont pas regardés comme étant
dans la disposition.

384. — *Quatrième règle.* — Enfin, dans le doute, mais dans un
doute véritable seulement, la disposition doit être interprétée en ce
sens qu'elle ne renferme pas de substitution prohibée.

C'est là, en effet, l'application d'un principe général, adopté
déjà en droit romain dans les lois 12, Dig., *de rebus dubiis* et 16
pr. Dig., *ad senat. Trebell.*, et reproduit par l'art. 1157 de notre
code civil: « lorsqu'une clause est susceptible de deux sens, on
» doit plutôt l'entendre dans celui avec lequel elle peut avoir
» quelque effet, que dans le sens avec lequel elle n'en pourrait
» produire aucun. »

Ce principe est d'ailleurs d'autant mieux applicable à notre
matière que, la substitution étant prohibée, et l'étant même avec
une rigueur exceptionnelle, la présomption de l'existence d'un
pareil acte serait des plus dangereuses et des plus contraires à la
liberté de disposer.

385. — C'est donc aux magistrats chargés de procéder à l'examen des faits, qu'appartient le droit de discerner si la disposition,
dans les circonstances où elle se produit, renferme ou non les conditions exigées par l'art. 896.

886. — Mais ce n'est pas à dire pour cela que le rôle des tribunaux appelés à connaître de ces sortes de dispositions se renferme
tout entier dans une simple question de faits, échappant dès lors à
la censure de la Cour suprême. Non, le devoir qui incombe aux
tribunaux est double, si nous pouvons nous exprimer ainsi, en ce
qui concerne la nature des droits qui leur compètent en cette
matière : ils ont, en effet, préalablement à résoudre une simple
question de fait : savoir quelle a été l'intention du disposant en
faisant l'acte soumis à leur appréciation ; quelles sont les limites
dans lesquelles il convient de le circonscrire pour se conformer à
cette intention ; puis et ensuite, un second point doit être l'objet
de leur examen, et celui-ci est tout de droit : sous l'application de
quels articles doit-on faire tomber la disposition dont le caractère
vient d'être déterminé d'après la volonté présumée de son auteur ?
Aussi, et puisque la Cour de cassation a pour mission de casser les
arrêts qui présenteraient soit une violation, soit une fausse application de la loi ; puisque, d'un autre côté, l'art. 896 a pris soin de
déterminer les caractères distinctifs de la disposition qu'il prohibe,
il est manifeste que celle-ci peut être très-valablement appelée à
statuer sur le bien fondé du jugement intervenu, et à examiner si
la disposition que l'on attaque, interprétée en fait comme elle l'a
été par les tribunaux d'un ordre inférieur, présente ou non, en
droit, les caractères d'une substitution. C'est là, du moins, un
point qui nous paraît incontestable et qui a été consacré maintes
fois par la Cour de cassation elle-même. (Cass. 22 juin 1812, Sir.
1813, I. 24 ; Cass. 3 juin 1823, Sir. 1823, I, 309 ; Cass. 29 mars
1829, Sir. 1830, I, 293 ; Cass. 31 janvier 1842, Sir. 1842, I,
269).

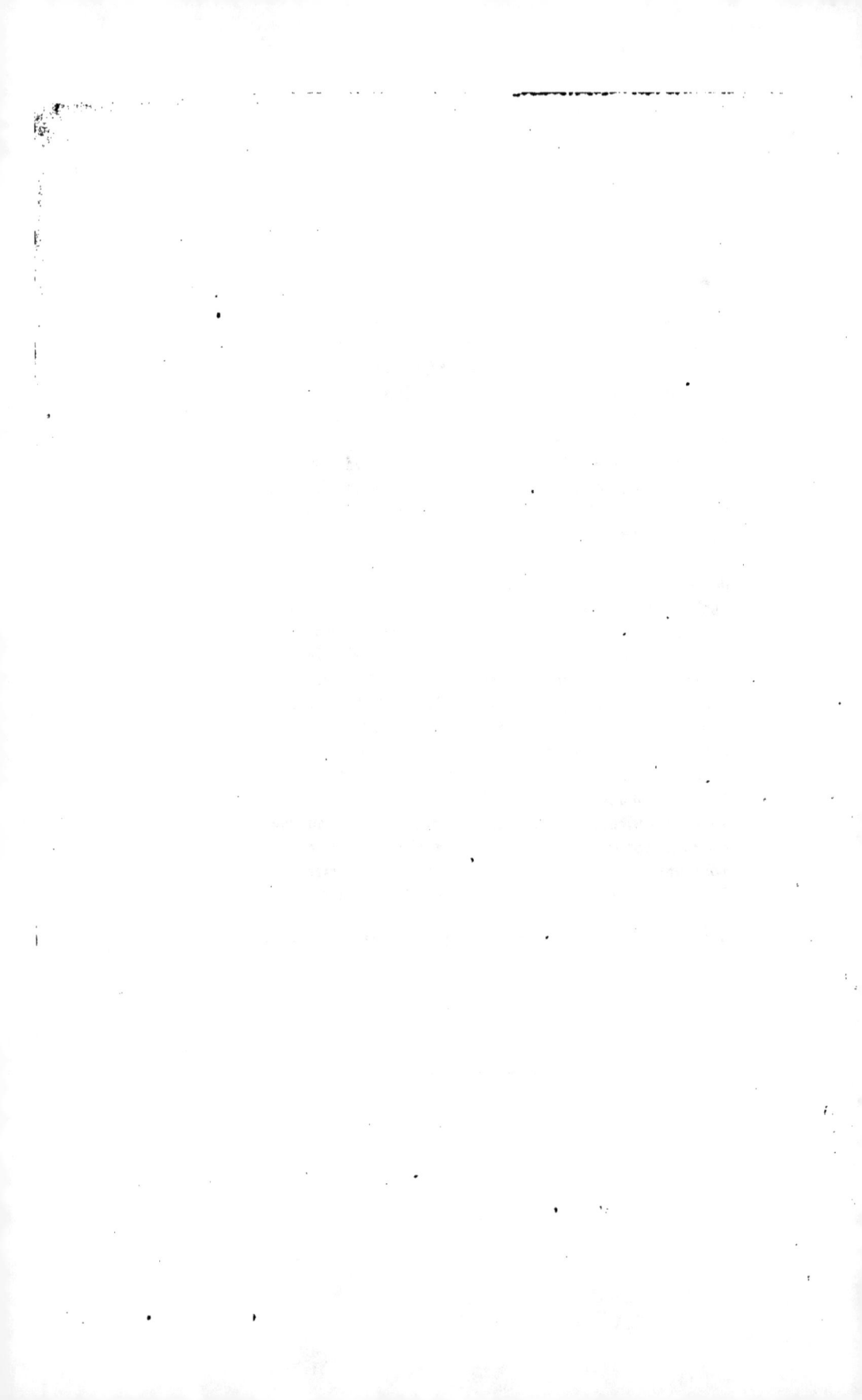

CHAPITRE III.

EFFETS DES SUBSTITUTIONS PROHIBÉES PAR L'ART. 896.

---

387. — En matière de legs et de donations, les conditions contraires aux lois ou aux bonnes mœurs sont réputées non écrites ; le contrat subsiste purement et simplement.

Dans les contrats à titre onéreux, au contraire, la nullité de la condition contraire aux lois entraîne la nullité du contrat lui-même. Nous savons déjà que le code a transporté dans la matière des substitutions les règles établies pour les contrats à titre onéreux ; c'est, en effet, ce qui résulte du deuxième alinéa de l'art. 896 : « Toute disposition par laquelle le donataire, l'héritier institué ou » le légataire sera chargé de conserver et de rendre à un tiers, » sera nulle, même à l'égard du donataire, de l'héritier institué ou » du légataire. »

Il est vrai que, malgré les termes aussi précis de cet article, certains auteurs ont essayé de soutenir que cette nullité ne s'appliquait qu'à la sous-institution ; mais cette opinion n'a pu prévaloir ; et elle est aujourd'hui universellement abandonnée.

Voici, du reste, les arguments invoqués à l'appui de cette opinion :

1° Il n'existe aucune raison de déroger ici au principe fondamental précité que les conditions contraires à la loi sont réputées non écrites, lorsqu'elles sont insérées dans un acte à titre gratuit ; du moment, en effet, où la sous-institution est réputée non-avenue, la charge de conserver et de rendre ne saurait exister; avec elle disparaissent tous les inconvénients des substitutions;

2° Le texte lui-même de l'art. 896 ne signifie rien autre chose; car, après avoir, dans son premier alinéa, prohibé les substitutions, c'est-à-dire les institutions en sous-ordre, il déclare nulle, dans son second alinéa, toute disposition par laquelle le premier gratifié serait chargé de conserver et de rendre à un deuxième gratifié: et rien n'est plus logique, puisque cette seconde disposition seule est illicite, et comme telle annulable. Quant à ces mots « sera nulle » même à l'égard du donataire, de l'héritier institué ou du léga- » taire, » que veulent-ils dire, si ce n'est que cette nullité dont se trouve frappée la sous-institution sera opposable par ce premier gratifié, aussi bien que par l'héritier *ab intestat* du disposant? On se trouve ici en présence d'une nullité d'ordre public; et il fallait admettre qu'elle pût être invoquée par toute personne intéressée ;

3° Cette doctrine, enfin, est conforme à la tradition historique; car la loi du 14 octobre - 25 novembre 1792 qui, la première, a aboli en France les substitutions, ne déclarait nulle que la gratifi- cation du sous-institué; or, rien dans les travaux préparatoires, ne montre chez le législateur de 1804 l'intention de modifier cet état de choses.

Ces arguments spécieux au premier abord, sont, à la vérité, bien faciles à réfuter. Et d'abord, nous répondons au premier, en disant que ce qui prouve précisément que le législateur a dérogé, en la matière, au principe général de l'art. 900, c'est qu'il a édicté, à cet effet, l'art. 896 qui seul, dès lors, régit la disposition qui nous occupe. Or, il est de toute évidence (les expressions sont trop explicites pour laisser place au doute à cet égard) que la déchéance qui frappe les dispositions entachées de substitutions, s'applique à l'acte tout entier. C'est, en effet, méconnaître la véritable portée des mots de l'art. 896: « la disposition sera nulle..... même à » l'égard du donataire, de l'héritier institué et du légataire, » que de leur attacher la signification que veut leur donner le système précédent. Que peut donc vouloir dire cette phrase, si elle n'a pas pour but de faire tomber la disposition tout entière, y compris la libéralité consentie au profit du grevé? Et quel est l'interprète de bonne foi qui pourrait nier que notre article a évidemment pour but de déterminer les personnes que la nullité doit atteindre, pour admettre que l'on a voulu désigner par l', celles qui auront qualité suffisante pour la proposer? C'est là une interprétation tout-à-fait inadmissible.

Nous ajouterons que l'argument historique invoqué par l'opinion précédente, ne nous semble pas plus irréfutable. Il suffit, en effet, de rapprocher le texte de la loi du 14 novembre 1792 de celui de l'art. 896, pour se convaincre que celui-ci vise un tout autre but et édicte une sanction toute différente de celle prévue par l'ancienne loi.

388. — Nous savons maintenant d'une façon générale comment se trouve sanctionnée la prohibition de l'art. 896; nous allons examiner successivement sous ce chapitre.

1° Quels sont les motifs qui ont dicté au législateur une sanction aussi énergique;

2° Quelle est, au juste, l'étendue de notre nullité;

3° Par qui et contre qui elle peut être demandée;

4° Quand et comment elle peut être couverte.

SECTION I".

MOTIFS POUR LESQUELS, EN CAS DE SUBSTITUTION, IL Y A TOUT A LA FOIS NULLITÉ DE L'INSTITUTION PRINCIPALE ET DE LA SOUS-INSTITUTION.

389. — Cette importante dérogation de notre art. 896, aux principes généraux de l'art. 900, peut paraître arbitraire et a besoin d'être expliquée. M. Bertauld (t. ı, N° 363) a d'ailleurs suffisamment répondu à toute inquiétude de ce genre, en indiquant successivement sept motifs principaux de cette sanction rigoureuse.

1° Le législateur a considéré les substitutions comme contraires au principe d'égalité des successions, parce qu'elles peuvent servir de moyen à accumuler sur une seule tête, au détriment des autres, les biens de toute une famille ;

2° Il les a considérées comme immorales, en ce qu'elles confèrent au grevé un droit équivalent à une libération vis-à-vis de ses créanciers ; celui-là pouvant toujours se retrancher derrière la charge de conserver et de rendre ;

3° Comme conséquence de ce second inconvénient, il les a envisagées comme étant de nature à porter atteinte au crédit public, en engageant les créanciers à exiger toutes sortes de garanties superflues ;

4° Il a vu en elles un obstacle à la libre circulation des biens (la charge de conserver et de rendre impliquant une indisponibilité plus ou moins longue), en même temps qu'une dévolution arbitraire, en opposition à celle déterminée par la loi ;

5° Cette sanction était d'ailleurs commandée par la seule interprétation possible de la volonté du disposant qui, en faisant à la fois une institution et une sous-institution, avait certainement entendu faire un tout indivisible ;

6° Au reste, si l'on avait maintenu la disposition principale, il eût été à craindre qu'en fait, l'institué ne se fût considéré comme engagé d'honneur et de conscience à exécuter la substitution ;

7° Enfin, elles sont contraires au principe de la liberté individuelle, en permettant au disposant d'entraver ainsi la liberté de tester chez toute une série de personnes instituées.

390. — Quel est celui de ces motifs qui doit être considéré comme le motif prédominant ? C'est là une question que nombre d'auteurs ont examinée et résolue de différentes manières, dans le but d'en tirer des conséquences plus ou moins juridiques, relativement à certaines applications spéciales. — Pour notre part, nous estimons que l'on doit placer au premier rang les deux motifs basés : l'un sur l'atteinte à la liberté individuelle, et l'autre, sur l'indisponibilité des biens. Mais nous pensons en même temps qu'il serait arbitraire de les faire prévaloir pour cela sur les autres, et de chercher dans cette prédominance la solution vraie d'une question quelconque. Les rédacteurs du code les ont, sans doute, tous envisagés ; et rien ne nous permet de supposer qu'ils se soient

laissés influencer par telle ou telle considération, plutôt que par telle ou telle autre. Aussi, le plus ou moins de mérite d'un motif relativement à d'autres ne saurait-il, à notre sens, importer en quoi que ce soit, du moment où, à lui seul, il eût suffi à faire proclamer la nullité de notre article.

SECTION II.

391. — La nullité frappe, non-seulement la clause de substitution, mais encore la disposition principale, à laquelle est attachée la charge de conserver et de rendre.

392. — Elle frappe ces dispositions, disons-nous, mais aussi rien que celles-là !

Toutefois, l'application de cette règle pourra donner lieu à certaines difficultés d'interprétation pour la solution desquelles il sera essentiel d'examiner avec soin s'il n'y a qu'une disposition unique ; ou si, au contraire, il y a plusieurs dispositions distinctes et indépendantes.

Faisons à quelques cas spéciaux et les plus pratiques, l'application de cette seconde idée :

A. « *Primus* donne sa maison à *Secundus*, à charge, par ce » dernier, de la rendre, à sa mort, à *Tertius*, puis, dans le même » acte, il donne purement et simplement son cheval à *Quartus.* » Il est évident que nous sommes ici en présence de deux dispositions absolument distinctes et indépendantes l'une de l'autre ; que la première seule renferme une substitution, et que la nullité dont elle est frappée ne peut produire aucun effet sur la validité de la seconde.

B. « Une personne lègue à *Primus* l'usufruit de ses biens pure- » ment et simplement ; puis elle lègue la nue-propriété à *Secundus*, » à charge par ce dernier de la conserver et de la rendre, lors de » son décès, à *Tertius* » La substitution n'affecte ici que le legs de la nue-propriété ; celui de l'usufruit aura donc son plein et entier effet ; et l'héritier légitime ne pourra recueillir que la nue-propriété.

C. « *Primus* lègue le fonds A à *Secundus*, en le chargeant de le » conserver et de le rendre, à son décès, à *Tertius*. » Ici, à l'inverse de ce qui se passe dans les deux précédentes hypothèses, il n'y a qu'une seule disposition ; et elle renferme une substitution : tout est donc nul.

D. « Dans un premier testament, je lègue purement et simple- » ment à *Primus* le fonds A ; puis, dans un testament postérieur, » je le charge de conserver et de rendre, lors de son décès, le » même fonds à *Secundus*. » Ces deux legs constituent-ils autre chose qu'une seule et même disposition, annulable comme substi- tution ? Non évidemment ; car cette particularité que les deux dispositions qui se complètent l'une l'autre, n'ont pas été rédigées d'un seul contexte, ne peut influer sur la nature de l'ensemble : et cela, d'autant moins que , dans notre espèce, elles vont venir se juxtaposer, et produire en même temps leur effet au jour du décès du testateur.

E. Il en serait de même d'ailleurs du cas où « une personne » donataire d'un certain bien, en vertu d'une première donation » pure et simple, accepterait plus tard une nouvelle donation faite » sous cette condition que le bien compris dans la première sera » grevé de restitution. » Le consentement mutuel qui intervient dans cette seconde donation transforme, en effet, la première en une véritable substitution.

393. — F. « Je lègue tous mes biens à Pierre, à charge d'en » rendre la moitié à Paul, lors de son décès. » Que devra-t-on annuler dans une pareille disposition ? le legs tout entier ? ou ce legs jusqu'à concurrence seulement de la moitié grevée de restitution ?

C'est une question controversée. D'après une première opinion, enseignée notamment par MM. Coin-Delisle (art. 896, n° 41), Meyer (Thémis, t. vi, p. 35 et suiv.) et Marcadé (art. 896, n° 8), le legs tout entier doit être annulé. En effet, disent ces auteurs, dans la pensée du disposant, la disposition formait nécessairement un

tout indivisible; et ce serait dès lors dénaturer sa véritable intention, que de scinder arbitrairement une disposition pareille. Donc,
pour se conformer à la volonté du défunt, il faut ou valider tout
ensemble les deux gratifications, ou bien les annuler l'une et
l'autre; et, puisqu'on ne peut tout maintenir, il faut tout annuler.

Du reste, ajoutent ces mêmes auteurs, le texte de l'art. 896, qui
fait la seule loi en matière de substitution, ne fait aucune distinction
entre les substitutions partielles ou totales : ce n'est point l'étendue de la substitution, ce n'est pas la quotité des biens sur lesquels
elle porte, c'est la clause de conserver et de rendre qui emporte
nullité : non seulement de cette substitution entière, mais encore
de l'institution elle-même; or, il n'est aucun motif de faire une
distinction entre la charge de conserver et de rendre la totalité des
objets donnés ou légués et celle de conserver et de rendre partie de
ces mêmes objets : toutes les considérations qui ont engagé le législateur à prohiber les substitutions, militent également contre celles
qui frappent tout ou partie des biens. — Au surplus, ce système
reconnaît que, si le testament contient l'institution de plusieurs
héritiers ou légataires, dont l'un est grevé de restitution et les
autres libres, ces institutions pures et simples peuvent être
maintenues.

Cette concession nécessaire et forcée suffit, ce nous semble,
pour faire repousser tout ce premier système. Que renferme, en
effet, notre exemple, si ce n'est un double legs, fait, il est vrai, à
une même personne, mais, en réalité, absolument distinct l'un
de l'autre? N'y a-t-il pas d'abord, au profit de Pierre, un premier legs, pur et simple, de la moitié des biens; puis, et à côté,
un autre legs de l'autre moitié, fait avec charge de conserver et
de rendre au profit du même légataire? Eh bien! s'il en est ainsi,
pourquoi donc annuler le premier de ces legs, puisque le second
seul est affecté de la charge illicite, et présente, comme tel, l'apparence d'une substitution? (Cass. 27 juin 1811, sir. 1811, 1,
316; Cass. 3 août 1814, sir. 1815, 1, 17; Merlin, Répert, v°
subst., sect. 1, § 14, N° 3; Rolland de Villargues, N° 277 ; Troplong, t. 1, N° 165 et Demol, N° 179.)

394. — Nous arrivons ainsi à l'examen de l'hypothèse dans

laquelle l'une ou l'autre des deux dispositions qui seraient de nature à constituer une substitution, est atteinte d'un vice intrinsèque susceptible de la rendre nulle ou annulable, indépendamment de la déchéance que prononce l'art. 896. Quel sera, dans ce cas, le sort de notre disposition?

Cette hypothèse, comme on le voit, en renferme deux bien distinctes; étudions-les séparément :

395. — Et d'abord, supposons que la clause de substitution, c'est-à-dire la sous-institution seule est inefficace, soit pour cause de caducité, soit pour cause de nullité de forme ou de fond. Dans ce cas, cette sous-institution se trouvant réputée non avenue, ne peut conséquemment influer sur le sort de la disposition principale, qui, considérée dès lors en elle-même, et abstraction faite de sa relation avec celle-là, n'est entachée d'aucun vice, et reste, par conséquent, entièrement valable. C'est ce que nous avons décidé pour le cas d'une substitution avec faculté d'élire

396. — Maintenant, que faudrait-il décider, si c'était cette disposition principale elle-même qui eût été frappée d'une nullité intrinsèque, ou fût devenue caduque pour un motif quelconque? Le même raisonnement que ci-dessus nous amène à faire déclarer valable, dans ce cas, la libéralité faite aux substitués, en d'autres termes, la sous-institution. Il faut, en effet, pour qu'il y ait substitution, que les deux libéralités concourent réellement. — Si l'ordonnance de 1747, art. 26, tit. i, donnait une décision tout opposée dans le cas où le grevé était l'héritier institué, c'est qu'elle se fondait sur le principe du droit romain, que l'institution d'héritier était nécessaire pour la validité du testament; ce qui le montre d'une manière évidente, c'est que l'ordonnance exceptait de cette règle le testament militaire, où l'institution d'héritier n'était pas nécessaire, et les testaments qui contenaient la clause codicillaire, par laquelle le testateur déclarait que, si son testament ne pouvait valoir comme tel, sa volonté était qu'il valût comme codicille. — Il aurait fallu également excepter le cas où il existe un cohéritier du grevé renonçant, ou un substitué vulgaire qui accepte. (Pothier, traité des subst., sect. vii, art. 1, § 2.)

Dans les pays coutumiers, au contraire, où les testaments n'é-
taient proprement que des codicilles *ab intestat* on tenait pour principe que les substitutions testamentaires ne pouvaient jamais recevoir d'atteinte par suite du prédécès du grevé (Pothier, *loc. cit.*).

Ce principe doit donc être suivi sous le code, qui, pas plus que
le droit coutumier, n'exige l'institution d'héritier comme condition
de la validité des testaments.

L'ordonnance, dans les cas où elle validait la libéralité du second
ordre, malgré la nullité où la caducité de la libéralité dont est gratifié le grevé, ne s'arrêtait pas à cette considération que la première ne serait que l'accessoire de la seconde. C'est qu'en effet, les
deux dispositions sont distinctes l'une de l'autre, en ce sens du
moins que l'institution ne peut être considérée comme le fondement
sur lequel repose la substitution. La relation qui existe entre elles
ne concerne que le mode d'exécution, mais non leur existence respective comme libéralité. Les biens légués n'arriveront plus, il est
vrai, au second institué par l'entremise du premier, dont le droit
est considéré comme nul et non avenu ; mais ce changement dans
le mode d'exécution sera précisément la cause de la validité de la
seconde disposition, puisqu'en l'absence du grevé, il n'y aura plus
de substitution,

397. — On a prétendu, au surplus, que les biens légués reste-
raient entre les mains du testateur, ou retourneraient aux mains
des héritiers du disposant, pour ne parvenir aux appelés du second
degré qu'au décès de celui qu'on avait voulu gratifier en premier
ordre, si toutefois cette mort, survenue déjà avant celle du testateur, n'était pas précisément la cause de l'inefficacité de la première disposition. Mais nous pensons que ce serait intervertir les
intentions du disposant qui a préféré deux ordres d'appelés à lui-
même et à ses héritiers. Nous serions donc d'avis de déclarer
immédiatement ouverte la libéralité au profit des légataires que le
disposant n'avait appelés qu'en second ordre, mais seulement s'ils
sont existants à l'époque de l'ouverture de la succession, et à l'exclusion de ceux qui ne seraient conçus que postérieurement. Les
articles 906 et 1039 seraient, en effet, applicables, puisqu'ils ne
trouvent exception que quand il y a substitution effective.

Les circonstances et l'interprétation de la volonté du disposant nous conduisent donc infailliblement à cette double alternative : voir une substitution vulgaire tacite au profit des seconds appelés, ou violer l'art. 1157 en les privant d'une libéralité faite à leur profit, et en négligeant la seule manière possible d'interpréter, dans toutes les hypothèses, chaque clause du testament.

398. — Tout ce que nous venons de dire ne doit s'entendre toutefois que de l'inefficacité de l'une des deux libéralités, survenue avant la mort du testateur. Nous avons, en effet, posé plus haut ce principe, que la substitution existe par cela seul qu'il est possible de faire ressortir de la disposition tous les caractères de la substitution, malgré la prévision ou même la réalisation de circonstances par l'accomplissement desquelles la charge imposée au grevé de de conserver et de rendre à sa mort, pourrait défaillir. Or, c'est au jour du décès du *de cujus*, que le testament prend sa force, et conséquemment que se déterminent irrévocablement les caractères de la disposition : la caducité d'une des deux libéralités, si elle est survenue postérieurement, ne peut porter aucune atteinte aux éléments constitutifs de la substitution, qui sont fixés dès lors d'une manière définitive ; et celle-ci subsisterait avec toutes ses conséquences.

Mais, autre chose est une substitution qui, ayant d'abord son existence absolue, peut seulement s'évanouir plus tard par l'effet d'un événement postérieur ; autre chose est celle que l'on soumet, au moment même qu'on l'écrit, à une condition qui l'empêche de naître. Dans le premier cas, la charge de conserver pour rendre qui peut, il est vrai, s'anéantir plus tard, existe quant à présent, et grève réellement le légataire ; ce qui suffit pour annuler le legs : dans le second, au contraire, elle ne se forme pas, et ne peut dès lors produire aucun effet.

399. — Il n'y aurait donc rien que de très-légal dans la clause par laquelle l'auteur d'une disposition aurait déclaré que, dans le cas où elle serait attaquée comme renfermant une substitution, il entendait que la donation ou le legs en premier ordre eût son effet comme libéralité pure et simple, ou que la donation ou le legs de second ordre fût maintenue comme libéralité directe.

400. — Nous venons d'examiner l'hypothèse d'une substitution insérée dans un testament; voyons celle où elle se trouve écrite dans une donation entre vifs. Ici, plus de difficultés : car la donation venant à être annulée pour cause de survenance d'enfants, il est clair que la révocation s'étend aussi bien à l'institution principale qu'à la sous-institution. Vient-elle à être revoquée en ce qui concerne l'appelé pour cause d'inexécution des conditions, la solution reste la même ; car, du moment où le grevé a accepté la donation (c'est à ce moment seul que la donation est parfaite), la substitution existe, et elle existe indépendamment de toute acceptation du chef de l'appelé, puisqu'à cette époque, celui-ci peut n'être même pas conçu : dès lors, la nullité de l'art. 896 ayant dû recevoir son application ne peut se trouver rétroactivement couverte par suite d'un événement ultérieur.

SECTION III.

PAR QUI ET CONTRE QUI DOIT ÊTRE FORMÉE LA DEMANDE EN NULLITÉ POUR CAUSE DE SUBSTITUTION ?

401. — A. Par quelles personnes peut être invoquée la nullité de la substitution ?

En disant que la prohibition qui frappe les substitutions, était une prohibition d'ordre public, nous avons fait pressentir que la nullité qu'elle engendre est une nullité absolue, invocable par tous ceux qui y ont intérêt, c'est-à-dire par tous ceux auxquels elle doit profiter.

Nous citerons donc, en première ligne, comme étant apte à demander cette nullité, l'héritier légitime du disposant. Celui-là, en effet, dépouillé par cette disposition, a un intérêt évident à la faire tomber, pour reprendre le premier rang que lui donne la loi.

Et ce qui est vrai de l'héritier légitime, l'est également de ses ayant cause, et notamment de ses créanciers, qui, aux termes de l'art. 1166 · nvent exercer tous les droits et actions de leur

« débiteur, à l'exception de ceux qui sont exclusivement attachés
» à sa personne. » Le droit dont il s'agit est, en effet, essentiellement pécuniaire, et ne peut, par conséquent, rentrer dans
l'exception de notre article dont la règle seule est dès lors applicable.

402. — Ce droit appartiendrait-il encore à l'héritier légitime,
dans l'hypothèse suivante? « Un homme a institué légataire
» universel *Primus*, puis il a légué le fonds *A* à *Secundus*, qui est
» grevé de l'obligation de le conserver et rendre à *Tertius*? »

Est-ce l'héritier légitime (nous supposons, bien entendu, qu'il
n'est pas réservataire (art. 1001) qui peut ici demander la nullité?
Est-ce, au contraire, le légataire universel?

On a prétendu que ce serait encore l'héritier légitime ; et, pour
le démontrer, on a dit qu'en distrayant expressément le fonds *A* de
l'universalité par lui léguée au légataire universel, le testateur avait,
avant tout, manifesté l'intention de ne lui laisser aucun droit sur ce
fonds : ce serait donc intervertir sa volonté, que de faire profiter
quand même *Primus*, du legs particulier mis à sa charge, d'autant
mieux qu'étant débiteur de *Secundus*, par rapport au fonds *A*, il est
clair qu'il ne peut en être créancier, du moins en ce qui concerne
cet objet.

Nous ne pouvons accepter cette opinion qui serait contraire à
tout ce que nous avons dit jusqu'ici sur l'étendue de la nullité de la
substitution : Dans notre espèce, en effet, le legs particulier seul est
grevé de la charge de conserver et de rendre ; seul, par conséquent,
il est atteint de nullité ; le legs universel subsiste dans toute son
intégrité ; et dès lors, le droit de l'héritier légitime fait place au
sien qu'a proclamé le testateur. La succession *ab intestat* ne pouvant s'ouvrir qu'en l'absence d'une dévolution testamentaire, il est
clair que, dans notre hypothèse, l'héritier voit son droit s'évanouir,
par cela seul que le *de cujus* a institué un héritier auquel il a attribué l'universalité de son patrimoine.

403. — Que si c'est le légataire universel lui-même qui est grevé
de la charge de conserver et de rendre un certain fonds *A*, la question devient plus délicate ; et ce n'est certes pas sur de faibles
motifs que l'on a proposé de décider que l'héritier légitime était

seul capable de provoquer la nullité. Deux arguments principaux, l'un de texte, et l'autre de principe, semblent, en effet, militer très-fortement en faveur de cette première opinion :

1° L'art. 896 déclare nulle la disposition même à l'égard de « l'héritier institué », c'est-à-dire du légataire universel : le droit de ce dernier étant désormais anéanti, en ce qui concerne au moins le bien grevé de substitution, comment donc pourrait-il le revendiquer en quelque sorte, en provoquant la nullité pour en profiter ? Ne serait-ce pas aller, à la fois, contre le texte de notre article et contre la volonté du testateur ? — D'un autre côté, s'il ne le ; eut à titre de légataire universel, à quel titre le pourrait-il ?

2° Au reste, la prohibition des substitutions est d'un ordre public trop élevé, pour laisser au grevé, c'est-à-dire au légataire universel, le soin de réclamer lui-même la nullité de la disposition qui les renferme : ce serait le placer entre la loi, qui défend l'exécution d'une pareille substitution, et sa conscience qui lui commande d'exécuter les conditions de la libéralité que le testateur lui a consentie.

Cette argumentation, quelque séduisante qu'elle soit, ne saurait cependant nous convaincre.

D'une part, en effet, il est évident que, lorsque l'art. 896 déclare que la disposition sera nulle même à l'égard de l'héritier institué, il ne vise que l'hypothèse où la charge de conserver et de rendre porte sur l'universalité tout entière. Or, tout autre est notre cas ; et il est bien plus vrai de dire, comme nous l'avons déjà fait plus haut, que nous sommes ici en face d'un legs universel pur et simple, sur lequel est venu se greffer en quelque sorte un legs particulier renfermant les caractères d'une substitution. Que cette seconde partie de la disposition soit absolument nulle, c'est ce qui est incontestable ; mais le legs universel, exempt de tout vice, n'en reste pas moins valable ; et dès lors, le titre des héritiers légitimes étant évanoui par la présence de ce legs, c'est au bénéficiaire de celui-ci qu'il appartient seul de recueillir les biens du défunt et d'exercer tous ses droits et actions.

Dans ces conditions, il est donc faux de dire que le droit du légataire universel est évanoui, même en ce qui concerne les biens substitués ; car, s'il en est dessaisi par suite de la nullité de la substitution, il en est, pour ainsi dire, ressaisi aussitôt, en sa qualité de légataire universel, qui n'a pu être atteinte par la nullité de cette partie distincte et indépendante de son institution.

Quant à l'objection tirée de ce que, dans notre système, on livre passage aux inconvénients que le texte a voulu prévenir, puisque nous laissons le grevé aux prises avec deux obligations contradictoires, nous y répondons en faisant remarquer d'abord que la situation est la même dans bien d'autres circonstances, et notamment dans le cas où l'obligation de conserver et de rendre se trouve à la charge de l'héritier légitime; puis, ensuite, que le but du législateur est entièrement atteint, du moment où toutes les dispositions qu'il a voulu frapper se trouvent condamnées en droit, telle ou telle d'entre elles parvînt-elle, d'ailleurs, à être exécutée en fait! (Cass. 6 janv. 1863, sir. 1863, 1, 233; Cass. 17 août 1853, sir. 1853, 1, 263; sir. 1837, 1, 318, note 1; Demol. t. 1, N° 191; Bertauld, quest. prat. N° 478 et suiv.)

Ainsi, le légataire universel peut seul, ici comme dans l'hypothèse précédente, invoquer la nullité de l'art. 896 : il est donc inutile d'ajouter, qu'ici encore l'art. 1166 reçoit son application, et que, par suite, les créanciers du légataire universel ou ses ayant-cause ont les mêmes droits que lui.

404. — Un dernier point à examiner sous cette première partie de notre section, c'est celui de savoir si l'auteur même de la libéralité serait recevable à invoquer cette nullité. Peut-être, au premier abord, serait-on tenté de répondre négativement, et de se retrancher derrière la maxime : « nemo auditur propriam turpitudinem allegans. » Mais, il faut bien se garder de s'en rapporter à ce premier aperçu : il faut, au contraire, faire ici abstraction complète de toute question de faute. Le principe qui seul doit toujours dominer, c'est que la nullité, dont s'agit, est absolue; il faut donc décider, sans hésitation, qu'elle peut être invoquée par le disposant lui-même.

405. — Maintenant, faut-il aller jusqu'à dire que les tribunaux peuvent suppléer d'office la nullité d'une substitution? Nous ne le pensons pas, et proposons même de rejeter la distinction faite, à cet égard, par certains auteurs, distinction qui consiste à admettre

l'affirmative au cas où cette nullité aurait été demandée par les parties intéressées, mais en s'appuyant sur des moyens autres que le vice de la substitution (Rolland de Villargues, n° 294 et Coin-Delisle (art. 896, n° 57).

La raison qui nous fait repousser cette distinction, c'est, qu'en règle générale, les tribunaux ne peuvent statuer que sur les questions qui leur sont soumises par les parties, et qu'ils doivent envisager ces questions telles qu'elles se trouvent énoncées par celles-ci, dans leurs conclusions. Celle-ci n'étant, au surplus, qu'une question pécuniaire, le législateur n'a pas craint de laisser à l'intérêt des parties le soin de faire respecter sa prohibition. (Bertauld, quest. prat. n°° 471 et 483).

406. — *B*. Contre qui doit être demandée la nullité résultant de l'art. 896 ?

La réponse à cette seconde partie de notre section ne souffre aucune difficulté : il est certain, en effet, que notre nullité doit et ne peut être demandée que contre l'appelé ou contre le grevé.

SECTION IV.

DE QUELLE MANIÈRE PEUT ÊTRE COUVERTE LA NULLITÉ ÉDICTÉE PAR L'ART. 896 ?

407. — Notre même principe doit toujours dominer ici : savoir que nous sommes en face d'une nullité absolue. Aussi, grâce à ce principe irréfutable, déciderons-nous de prime-abord, que cette nullité ne pourra être couverte par une ratification expresse ou tacite de la part de l'héritier légitime ou du légataire universel.

Vainement objecterait-on que la loi s'en est remise à l'héritier du soin de faire respecter sa prohibition, qu'elle a pensé avec raison que l'intérêt privé de ce dernier suffirait pour empêcher l'exécution d'une disposition qu'elle flétrit ; et que, par conséquent, du moment où il renonce à se prévaloir du droit qui lui est conféré, la loi elle-même est impuissante (Montpellier, 24 mars 1841, et Cass. 18 avr. 1842, Dall. 1843, r, 187 ; Bertauld, Quest. prat. t. I. n° 467.)

A cela, nous répondons avec la Cour de cassation elle-même (24 avr. 1860, Dall. 1860, 1, 224), que la prohibition des substitutions est basée sur des considérations d'ordre public trop puissantes, et la nullité de l'art 896 est par suite, trop absolue, pour être susceptible d'aucune ratification de la part des ayant-droit (art. 6. C. Nap.) Nous ajouterons à cela qu'il nous paraît impossible d'admettre que l'héritier légitime ou le légataire universel puisse, par le fait de sa seule volonté, valider une disposition à laquelle la loi retire toute vitalité.

408.— Il ne faut pas toutefois, que toute convention particulière soit facilement anéantie sous le prétexte d'immixtion du droit public; et nous sommes, pour notre part, tout disposé à reconnaître aux parties le droit d'acquiescer et de transiger sur les effets immédiats d'une substitution, pourvu qu'après l'acquiescement ou la transaction, il n'en subsiste plus aucune trace (Cass. 2 mars 1858 ; Coin-Delisle, art. 896, n° 54, et Demol, n° 186.)

409. — Nul doute d'ailleurs que, si cette nullité ne peut pas être couverte par voie de ratification, elle soit du moins susceptible de prescription, ou pour parler plus correctement (car une nullité n'est pas prescriptible), rien ne s'oppose à la création d'une prescription acquisitive, au profit du bénéficiaire, prescription qui naît avec la nullité, par cela seul que toutes les conditions des art. 2228 et 2229 se trouvent réunies.

Envisageons-donc successivement sur ce point important les trois situations susceptibles de se présenter : 1° celle du grevé vis-à-vis de l'héritier légitime; 2° celle de l'appelé vis-à-vis du grevé; 3° enfin, celle du disposant vis-à-vis du grevé.

410. — I. Par quel laps de temps se prescrit l'action en nullité que confère l'art. 896 à l'héritier légitime ou au légataire universel, à l'encontre du grevé?

M. Bertauld, tout en reconnaissant qu'au cas où la disposition aurait été faite par testament (l'art. 1304 applicable aux seuls contrats, ne peut l'être aux testaments), l'action en nullité ne peut se prescrire que par 30 ans, croit, au contraire, que la prescription décennale suffira pour couvrir celle résultant d'une substitution par voie de donation, l'art. 1304 pouvant alors recevoir son application.

Tel n'est pas notre avis, mais nous restons fermement convaincu que dans les deux cas, la prescription trentenaire est la seule admissible. Pour ce qui a trait à la substitution par voie de testament, cela est incontestable; et M. Bertauld le reconnaît lui-même. Eh bien ! il nous semble qu'il doit en être de même de la substitution par voie de donation. Quelles nullités régit, en effet, l'art. 1304? Ce sont : *a*) celles dérivant d'un vice de consentement; *b*) celles fondées sur l'incapacité des parties. Or, la nullité qui nous occupe ne repose sur aucun de ces deux motifs, mais bien ainsi que nous l'avons déjà montré, sur un vice inhérent à la disposition elle-même (vice qui ne met nullement en jeu la capacité des parties); sur un empiètement que la loi ne peut tolérer. L'art. 1304 doit donc être écarté; et alors on retombe sous l'application du droit commun en matière de prescription, c'est-à-dire sous le coup de l'art. 2262.

411. — II. L'appelé peut-il prescrire à l'encontre du grevé ?

Du vivant du grevé, la négative est indiscutable ; l'objet de la substitution étant, en effet, entre les mains de celui-ci, et l'appelé, vu la nullité de la clause de conserver pour rendre, étant dans l'impossibilité d'exiger cette restitution, c'est au bénéfice du grevé seul que peut s'accomplir la prescription. Mais si, après la mort de ce dernier, l'appelé parvient à se mettre en possession de ces biens, la prescription de l'art. 2262 s'accomplira à son profit ; mais celle-là seulement, car il n'a pas de juste titre. (Bertauld, n° 496 et 497).

412. — III. Enfin, le disposant lui-même peut-il prescrire à l'encontre du grevé ?

Cette question ne peut se présenter que dans l'hypothèse d'une substitution par voie de donation, puisque, au cas de testament, le droit du grevé ne s'ouvre qu'au décès du disposant. Eh bien ! nous répondons en accordant, dans cette hypothèse, au disposant le bénéfice de la prescription de droit commun, s'il remplit d'ailleurs les conditions des art. 2228 et 2229, mais en lui refusant celui de l'art. 1304. Nous venons, en effet, de prouver que cet article était inapplicable à ses héritiers; or, les mêmes raisons que nous avons invoquées à l'appui de cette preuve sont toutes aussi justes et aussi vraies en ce qui concerne le disposant lui-même.

POSITIONS.

DROIT ROMAIN.

I. — La règle que le codicille est réputé faire partie intégrante du testament qu'il accompagne, doit être restreinte par ce principe que la capacité du bénéficiaire est encore, pour cela, nécessaire lors de la rédaction de ce codicille (l. 2, § 2 *de jur. cod.* et l. 2, § 1, *eod. tit.*).

II. — La restitution des fruits n'est pas due, en principe, dans le fidéicommis *de eo quod supererit*, non plus que dans tout autre fidéicommis universel. Les lois 3, § 2, *de usuris* et 58, § 7, *ad Sen. Cons. Trebell*, peuvent très-bien se concilier.

III. — Dans les fidéicommis seulement et à la différence de ce qui se passe dans les legs *per damnationem*, les fruits et intérêts sont dus « *ex mord* ». *Nec obstat* § 4, tit. v.ii, liv. iii des Sentences de Paul.

IV. — Le degré de faute dont est responsable le fiduciaire vis-à-vis du fidéicommissaire est le même dont est tenu l'héritier à l'endroit du légataire, c'est-à-dire qu'il se mesure dans les fidéicommis comme dans les legs, d'après les principes du droit commun, sur l'intérêt de celui qui est tenu de restituer. Les lois 108, § 12, *de leg.* 1° 22, § 3, *ad sen. cons. Trebell*, et 47, § 5 *de leg.* 1°, peuvent se concilier d'après ce principe.

V. — Il y a lieu à l'application du sénatus-consulte Pégasien pour et contre le fidéicommissaire qui, étant chargé de restituer plus des 3/4 de l'hérédité, a exécuté intégralement le fidéicommis sans opérer la retenue. (Sent. de Paul, liv. iv, tit. 3, § 2; l. 45, dig. *ad sen. cons. Trebell*; Règles d'Ulpien, tit. xxv, § 14, et Gaïus, Comm. ii, § 257).

DROIT FRANÇAIS.

CODE CIVIL.

I. — Il y a substitution prohibée, encore bien que le grevé ou l'appelé soit un héritier *ab intestat* du *de cujus.*

II. — La disposition, sous forme de substitution avec *faculté d'élire*, ne tombe pas sous le coup de l'art. 896, mais bien sous l'application de l'art. 900.

III. — L'objet des deux libéralités doit être identique ; sinon , point de substitution.

IV. — La substitution prohibée implique une obligation juridique de restituer : le simple vœu , le désir, la recommandation , etc..., ne peut suffire à l'établir.

V. — Les substitutions permises par les art. 1048 et suivants impliquent, comme les substitutions prohibées, la condition de la mort du grevé.

VI. — Le droit de retour stipulé , soit au profit d'un tiers , soit au profit du disposant et d'un tiers , soit enfin au profit de tous les héritiers, sans l'être en faveur du donateur , contient et contient toujours une substitution prohibée.

VII. — La disposition faite à une personne , avec charge de rendre à une autre, et pouvoir d'aliéner *en cas de besoin* , ne constitue pas une substitution fidéicommissaire.

VIII. — La disposition exceptionnellement permise par les art. 1048 et suiv., redevient une véritable substitution prohibée, lorsqu'elle a été faite au profit d'enfants nés ou à naître, autres que ceux au premier degré.

IX. — Il y a encore une substitution prohibée dans la disposition par laquelle un père aurait légué à l'un de ses enfants la quotité disponible, sous la condition qu'il la conservera, grossie de sa part de réservataire, pour rendre le tout à ses enfants nés ou à naître.

X. — La substitution *de eo quod supererit* ne constitue plus, sous le code civil, une substitution prohibée par l'art. 896.

XI. — Dans la substitution *de eo quod supererit*, la charge de rendre est et reste obligatoire pour le grevé.

XII. — La preuve d'une substitution prohibée ne peut être établie que par un acte revêtu des formes de la donation ou du testament.

XIII. — La disposition ainsi conçue : « Je lègue tous mes biens » à Pierre, à charge d'en rendre la moitié à Paul, lors de son » décès » est valable jusqu'à concurrence de la moitié non grevée de substitution.

XIV. — Le droit de demander la nullité pour cause de substitution appartient au légataire universel et non à l'héritier, dans une disposition de ce genre : « Primus a institué légataire uni- » versel Secundus, puis il a légué le fonds *A* à Tertius, qui est » grevé de l'obligation de le conserver et rendre à Quartus. »

CODE DE PROCÉDURE CIVILE.

I. — Au cas où, en violation de l'art. 48 du Code de procédure civile, une demande soumise à la formalité de la conciliation, aurait été portée directement devant le tribunal de première instance, la nullité qui en résulte pourra être proposée, soit par le défendeur, s'il juge à propos de le faire, soit faute par lui de s'en prévaloir, d'office par le tribunal lui-même, pourvu, dans l'un et l'autre cas, qu'elle le soit de prime abord et avant la pose des conclusions. Car, une fois les qualités prises, c'est-à-dire le tribunal saisi de l'affaire, cette nullité est couverte et insusceptible d'être présentée désormais soit en première instance, soit en appel, soit enfin en cassation.

II. — L'action en réintégrande est une action possessoire soumise à toutes les conditions déterminées par l'art. 23 du Code de Procédure civile, et notamment à la condition de l'annalité.

DROIT COMMERCIAL.

I. — Une femme mariée ne peut être admise à se livrer au commerce sans l'autorisation de son mari. — Mais l'autorisation une fois accordée, les tribunaux peuvent, à la requête de la femme, intervenir pour empêcher le retrait arbitraire de cette autorisation

II. — Lorsqu'un commerçant, en état de faillite a obtenu un concordat par abandon d'actif, dans les termes de l'art. 541 du Code de Commerce, modifié par la loi du 17 juillet 1856, les créanciers qui n'auraient pas produit au moment du concordat, peuvent encore utilement recourir à la voie de l'opposition ouverte par l'art. 503 du Code de Commerce.

DROIT CRIMINEL.

I. — Le témoin qui, ayant participé à un crime, n'altère les faits dont il dépose que pour ne pas s'accuser lui-même, ne peut être poursuivi en faux témoignage.

II. — La complicité d'un fait de suicide n'est punie par aucune loi pénale, alors même que le complice a prêté son bras à la consommation de l'homicide. Cet acte ne peut être assimilé ni au meurtre ni à l'assassinat.

DROIT DES GENS.

I. — Les tribunaux appelés à déclarer exécutoire un jugement rendu par une juridiction étrangère n'ont pas à réviser le fond du procès. Ils doivent seulement examiner si ce jugement ne contient aucune solution contraire à l'ordre public, tel qu'il est entendu en France.

Vu :

e 5 décembre 1877.

Le Doyen,

BLONDEL.

Vu :

Ce 24 novembre 1877.

Le Président de la thèse,

DANIEL DE FOLLEVILLE.

Permis d'imprimer :

Ce 5 décembre 1877.

Le Recteur,

FLEURY.

TABLE DES MATIÈRES.

DROIT ROMAIN.

SECTION Ire.

PAR QUI, A LA CHARGE DE QUI ET AU PROFIT DE QUELLES PERSONNES
PEUT ÊTRE FAIT UN FIDÉICOMMIS.

SECTION II.

DANS QUELS ACTES ET EN QUELS TERMES PEUT-ON FAIRE UN FIDÉICOMMIS ?

CHAPITRE II.

DIFFÉRENTES ESPÈCES DE FIDÉICOMMIS.

SECTION I.

DES FIDÉICOMMIS A TITRE UNIVERSEL ET A TITRE PARTICULIER.

§ I. — Du fidéicommis universel.

§ II. — Du fidéicommis à titre particulier.

SECTION II.

DES FIDÉICOMMIS SIMPLES ET GRADUELS.

SECTION III.

DES FIDÉICOMMIS UNILATÉRAUX ET RÉCIPROQUES.

SECTION IV.

DU FIDÉICOMMIS DE EO QUOD SUPERERIT.

CHAPITRE III.

OUVERTURE DES FIDÉICOMMIS.

SECTION Irᵉ.

CAUSES D'OUVERTURE DES FIDÉICOMMIS.

CHAPITRE IV.

EXTINCTION DES FIDÉICOMMIS.

DROIT FRANÇAIS.

DES SUBSTITUTIONS PROHIBÉES.

DE L'HISTOIRE DES SUBSTITUTIONS.

I. — DROIT ROMAIN.

II. — ANCIEN DROIT.

§ I. — Régime féodal.

§ II. — Ordonnances de 1553, 1560, 1566 et 1629.

§ III. — Ordonnance de 1747.

III. — DROIT INTERMÉDIAIRE.

IV. — DROIT MODERNE.

§ I. — Code civil.

DROIT FRANÇAIS ACTUEL.

CHAPITRE Ier.

MOTIFS QUI ONT FAIT PROHIBER LES SUBSTITUTIONS.

CHAPITRE II.

QUELLES DISPOSITIONS TOMBENT SOUS LE COUP DE L'ART. 896?

SECTION I.

CARACTÈRES DISTINCTIFS DES SUBSTITUTIONS PROHIBÉES.

LILLE. — IMPRIMERIE L. DANEL.

www.ingramcontent.com/pod-product-compliance
Lightning Source LLC
Chambersburg PA
CBHW060351200326
41519CB00011BA/2113